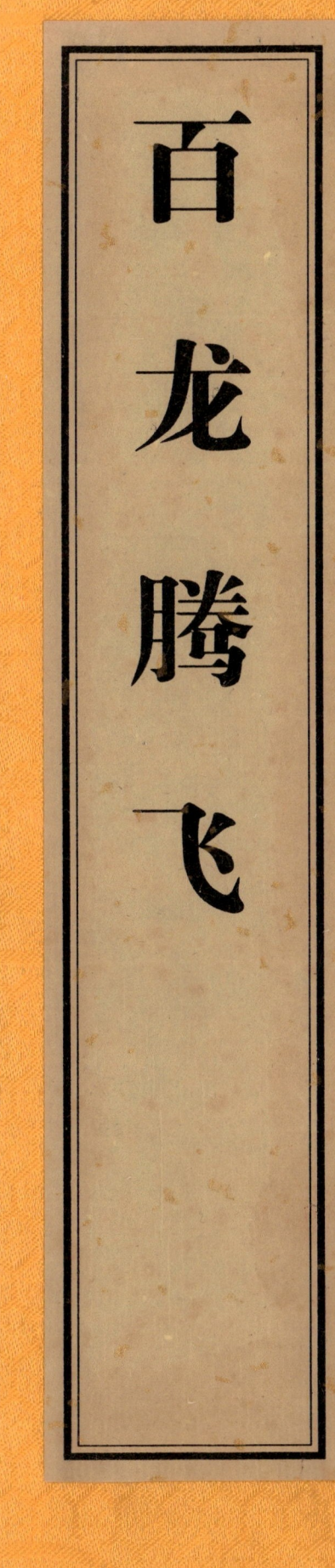

百龙腾飞

图书在版编目（CIP）数据

百龙腾飞 / 王根宝主编. -- 海口：南方出版社，
2011.12
ISBN 978-7-5501-0701-4

Ⅰ.①百… Ⅱ.①王… Ⅲ.①汉字–法书–作品集–
中国–现代②中国画：人物画–作品集–中国–现代
Ⅳ.①J222.7

中国版本图书馆 CIP 数据核字(2011)第 273109 号

王根宝　主编

百龙腾飞

主　　编：王根宝
副 主 编：陈剑锋
编　　委：朱世生　胡江虹　蒋惠俭
书法作者：蒋永义
责任编辑：刘妮
图文制作：扬州广陵古籍刻印社照排中心
发　　行：全国新华书店
出　　版：南方出版社
版　　次：二〇一一年十二月第一版第一次印刷
印　　刷：扬州广陵古籍刻印社
书　　号：ISBN 978-7-5501-0701-4
定　　价：一千二百元

百龙腾飞（全二册）

南方出版社

ISBN 978-7-5501-0701-4

9 787550 107014 >

图书在版编目（CIP）数据

百花谱 / 王辉宇主编. — 海口：南方出版社，
2011.12
ISBN 978-7-5501-0701-4

Ⅰ.①百… Ⅱ.①王… Ⅲ.①花卉 — 水粉 — 作品集
中国 — 现代 ②花卉画 — 中国画 — 作品集 — 中国 — 现代
Ⅳ.①J223.2

中国版本图书馆 CIP 数据核字（2011）第 273109 号

百花谱

王辉宇 主编

百花谱（全二册）

主　编：王辉宇
副主编：彭晓辉　李玉勇
责任编辑：彭晓辉
装帧设计：名　杰
出　版：南方出版社

书　名：百花谱
开　本：889×1194
印　张：

版　次：2011年12月第一版
印　次：2011年12月第一次印刷

ISBN 978-7-5501-0701-4
定价：

南方出版社

又是一轮龙年到。

在中华民族的文化版图上，龙图腾是一种渊源最广博、影响最深远、魅力最强大的文化创造、文化符号与文化现象。从七千多年前的新石器时代，先民对龙之原始图腾崇拜开始，历经了漫长而辉煌的中华文化旅程，到如今，龙已渗透进中国社会的各个方面，成了一种深厚的文化凝聚和情感积淀，形成了中国文化版图的独特符号与中华民族的精神象征。我们的词典里，『龙』亦成为了智慧、活力、祥瑞、理想、创造的代名词。

在中华大地上传播传承继，还被远渡海外的华人带到了世界各地，在世界各国的华人居住地或中国城内，龙的风骨及气象，让所有异域人士感受到一种神秘而古老的文明之魂，并由衷地景仰、钦服、艳羡。久而久之，四海之内，『龙的传人』、『龙的国度』成为最为光彩夺目的形象。

『龙的子孙』、『龙的传人』这些亲切的话语，常令我们心潮澎湃、激情奋发。龙的文化除了

『上下五千年，纵横八万里。胸中金甲千百万，滚滚来何急？』多元一体与综合创新的龙之精神是中国文化的基本精神。龙之足，经纬九州热土，彰显惊世膂力；龙之心，凝聚华夏心性，共图中华复兴；龙之魂，引领万众精神，激发澎湃斗志；龙之骨，炼就铮铮豪气，铸造中华脊梁！滔滔黄河，滚滚长江，让龙的血脉奔流不息！

百龙腾飞【序】

二〇一二年是农历壬辰年，肖龙。在所有生肖中，这一充满吉祥意义的龙之属相最能激起人们的奋发热情和创新智慧，并能促动人们的进取之心与开拓之志。新年伊始，扬州报业传媒集团携同扬州广陵古籍刻印社，以龙为题，匹配历朝历代百位先贤（含古代帝王、辅臣、圣人、贤士、将领、科学家、文人墨客等），佐以书坛名家蒋永义先生的书法，联合推出了《百龙腾飞》线装书，以此作为文化的馈赠礼品。伴随着励志人物与龙之魂魄的印迹，希冀人们在龙的形象感召下，在龙的精神滋养下，为又好又快推进『两个率先』，全面建成更高水平的小康社会，开启基本实现现代化的新征程；为『三个扬州』建设，以『龙马精神海鹤姿』的饱满状态和豪情壮志，谱写时代的腾飞华章。

编者 二〇一一年十二月

目录

百龙腾飞

目录

一

百龙腾飞

目录

二

百龙腾飞

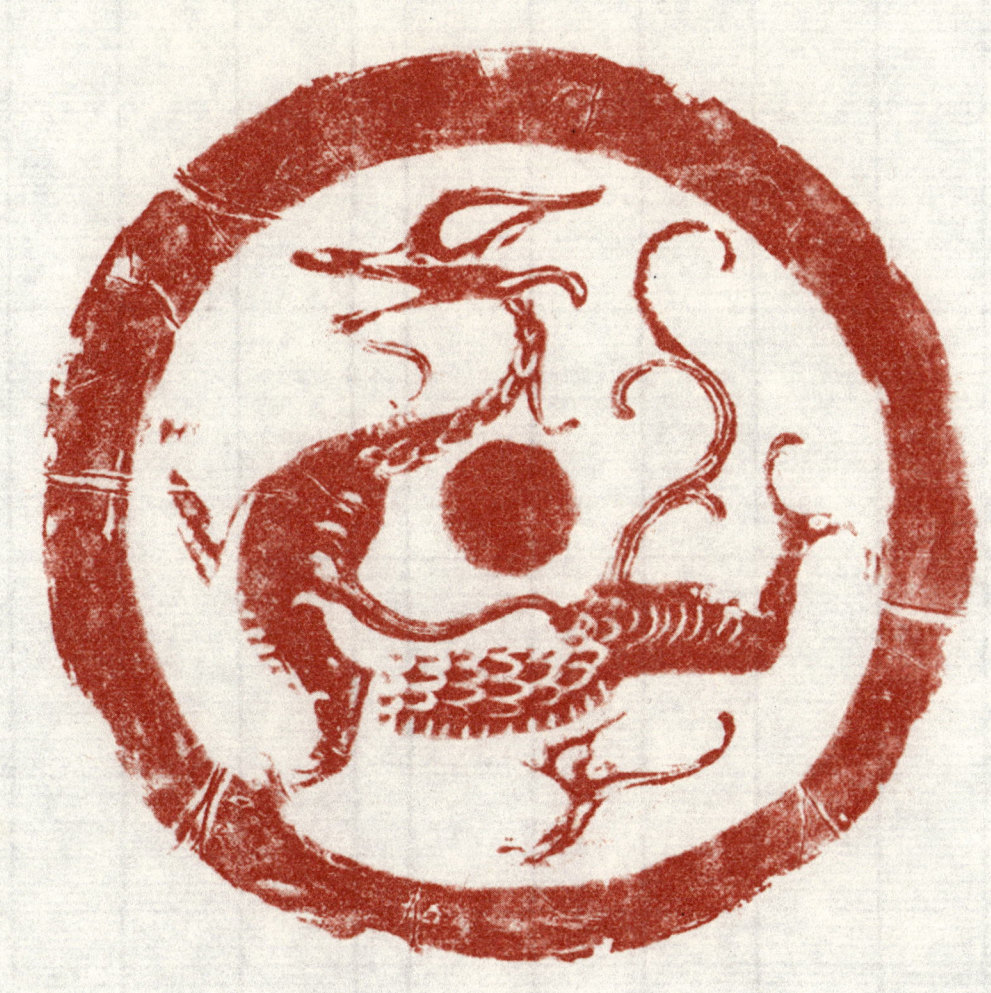

卷上

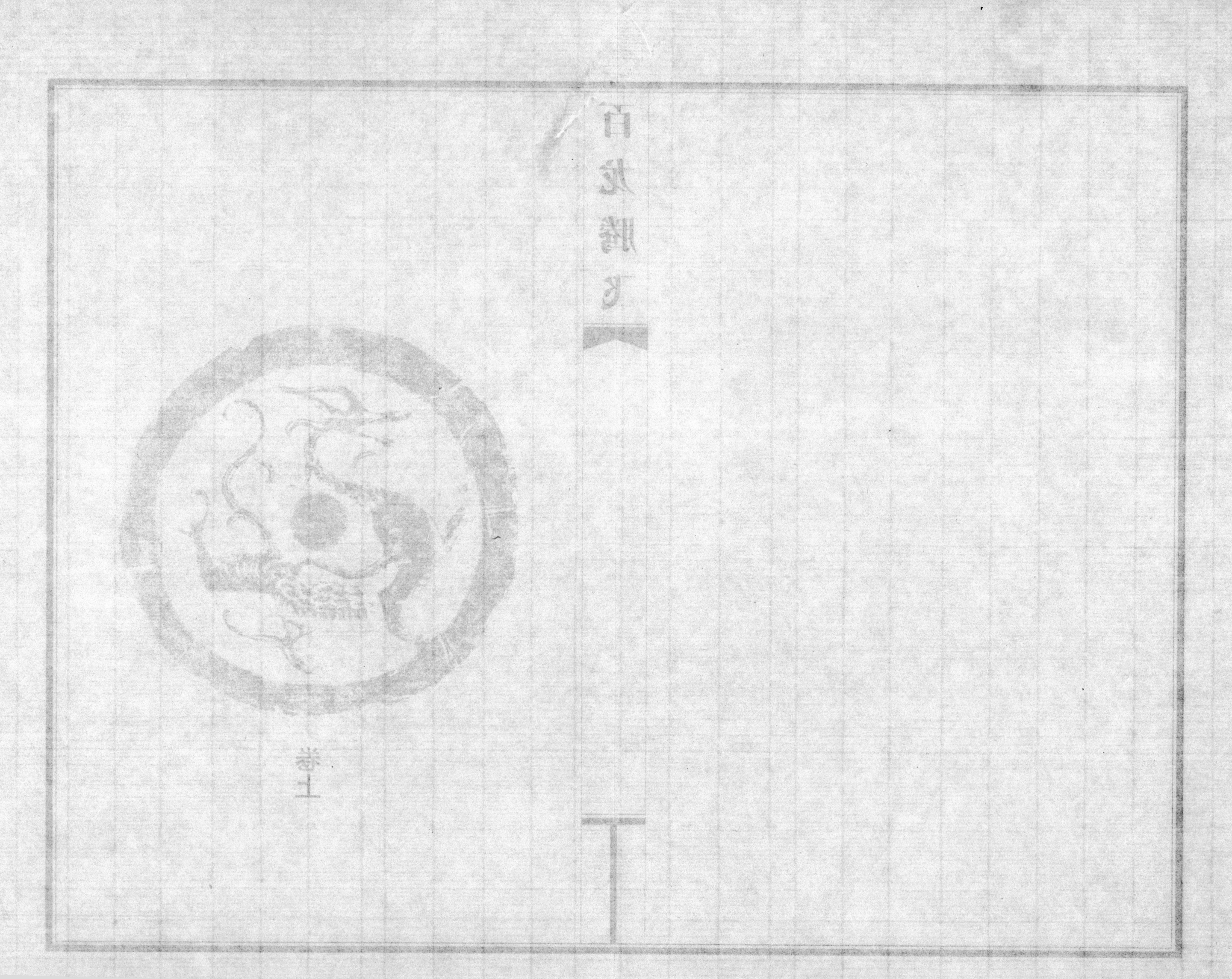

百龙腾飞

正气内存 邪不可干 邪之所凑 其气必虚

黄帝

黄帝

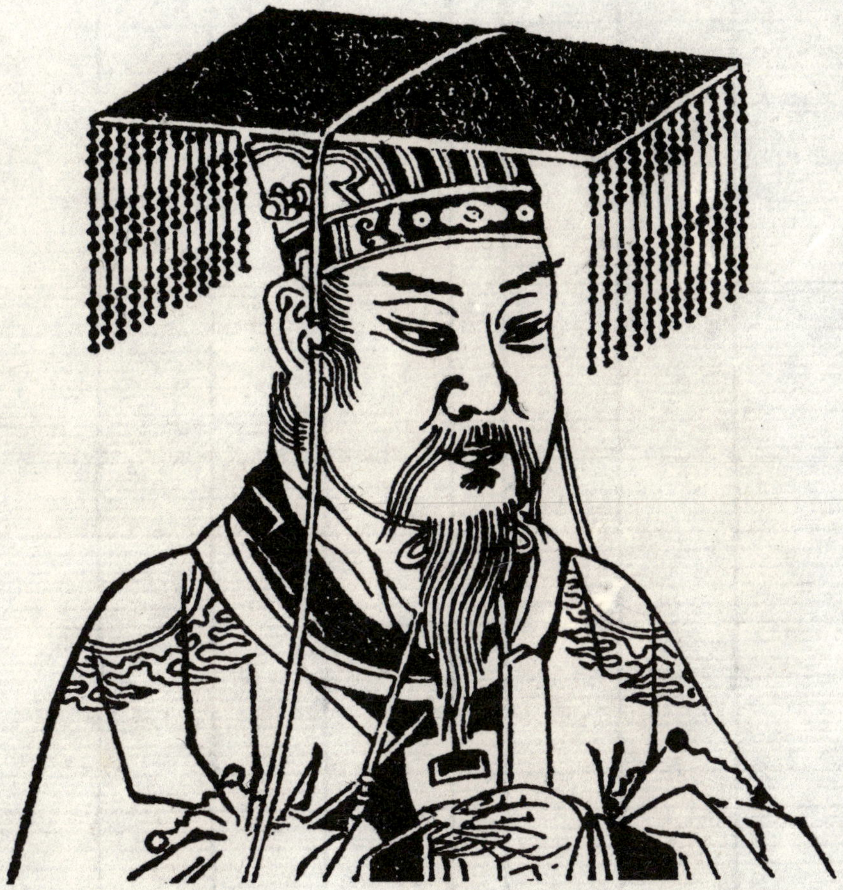

黄帝（生卒年不详），享年不详。本姓公孙，长居姬水，因改姓姬，居轩辕之丘（今河南新郑），亦号轩辕氏。因有土德之瑞，故号黄帝。中国远古时期部落联盟首领，为中华民族始祖，人文初祖。历史上，他因率先统一中华民族的伟绩而被载入史册。

一

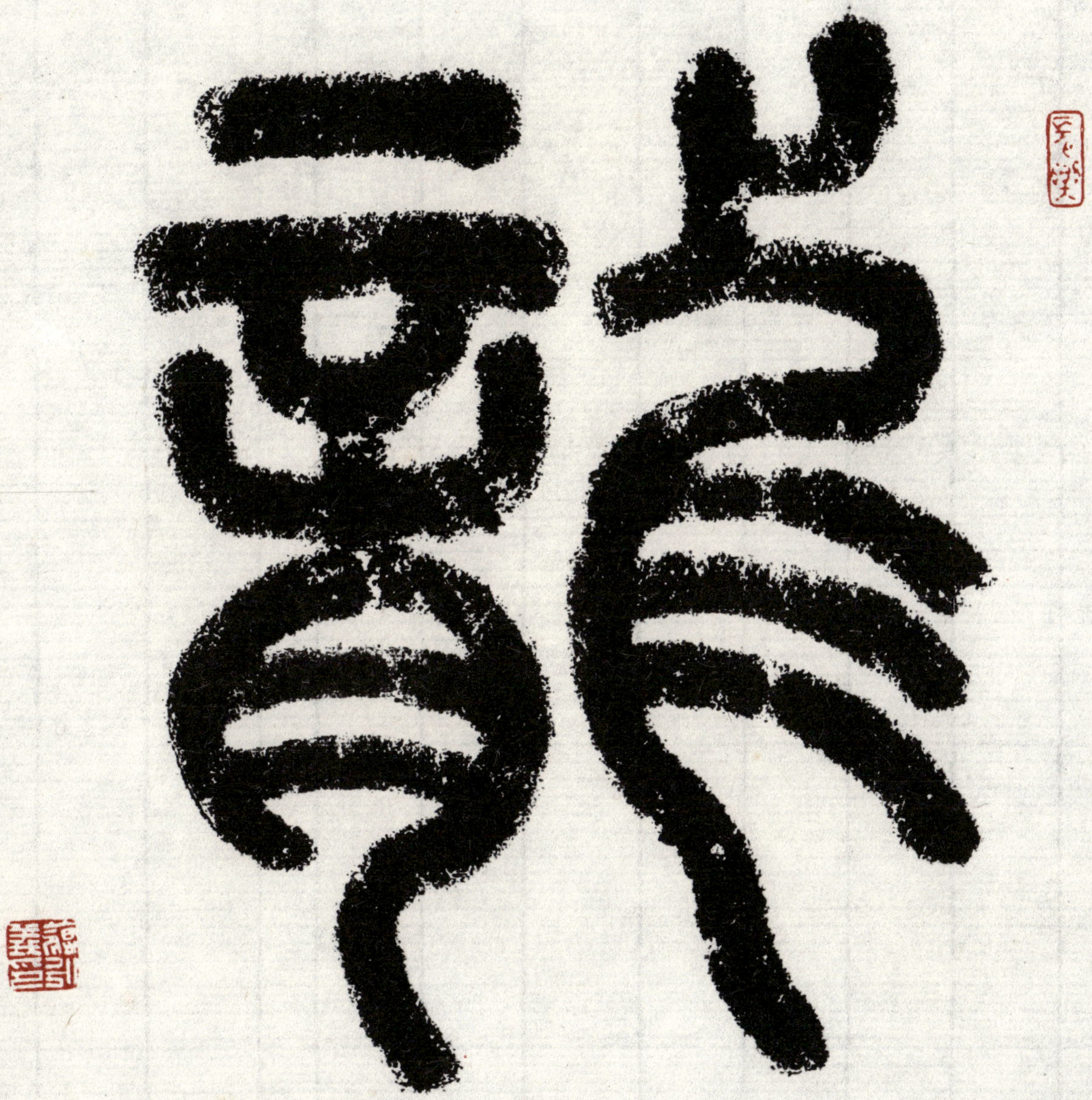

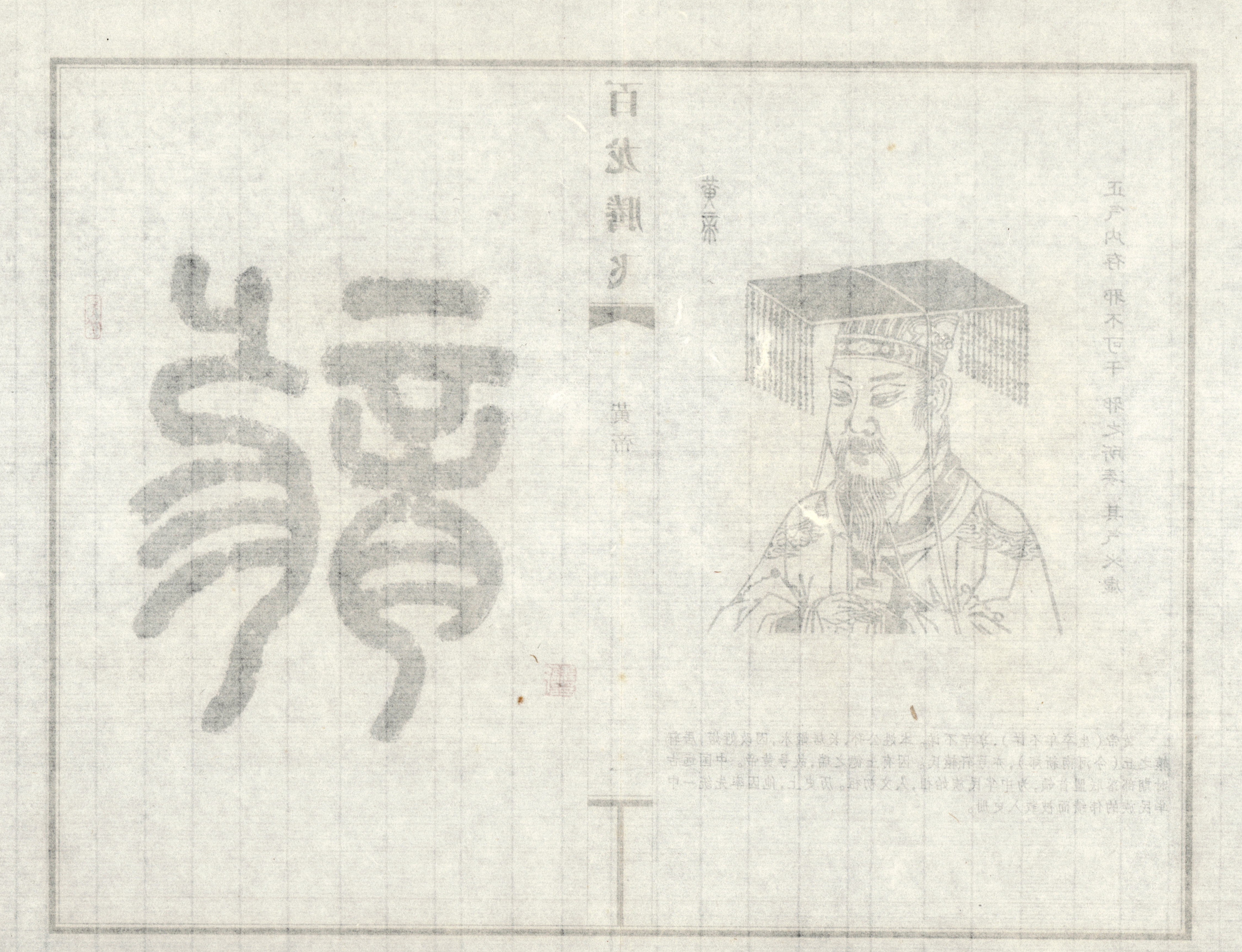

百龙腾飞

伏羲

乾兑离震巽坎艮坤

伏羲

龙

二

伏羲(生卒年不详),享年不详。伏羲、神农与黄帝被尊为中华民族的人文始祖,伏羲是我国古籍中记载的最早帝王之一,他根据天地万物的变化,发明创造出八卦,成为中国古文字的发端,结束了"结绳记事"的历史。他的活动,标志着中华文明的起始。历史上亦留下了大量关于伏羲的神话传说。

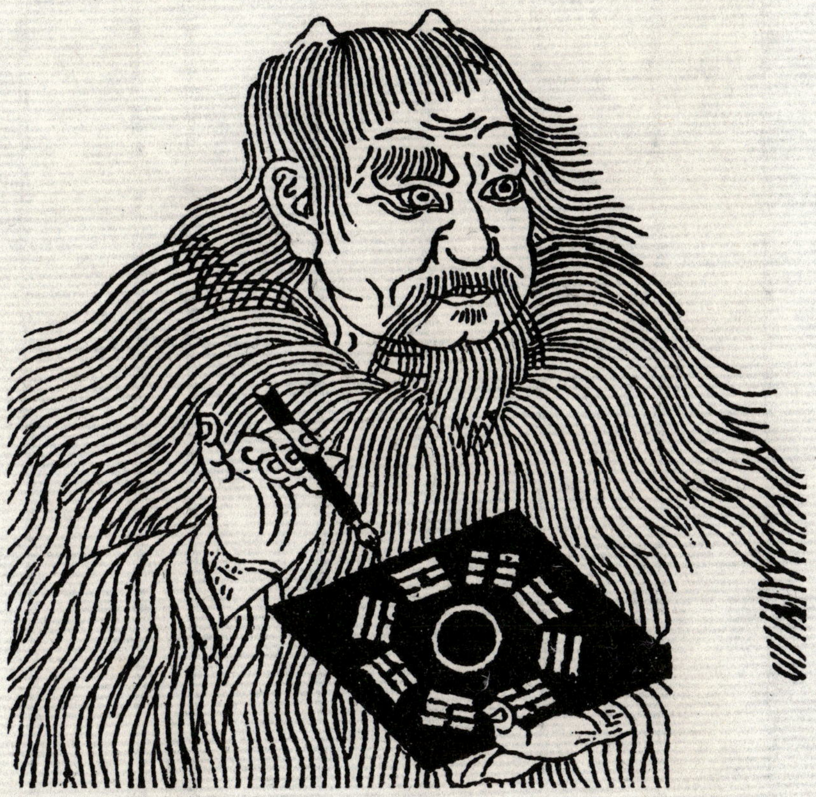

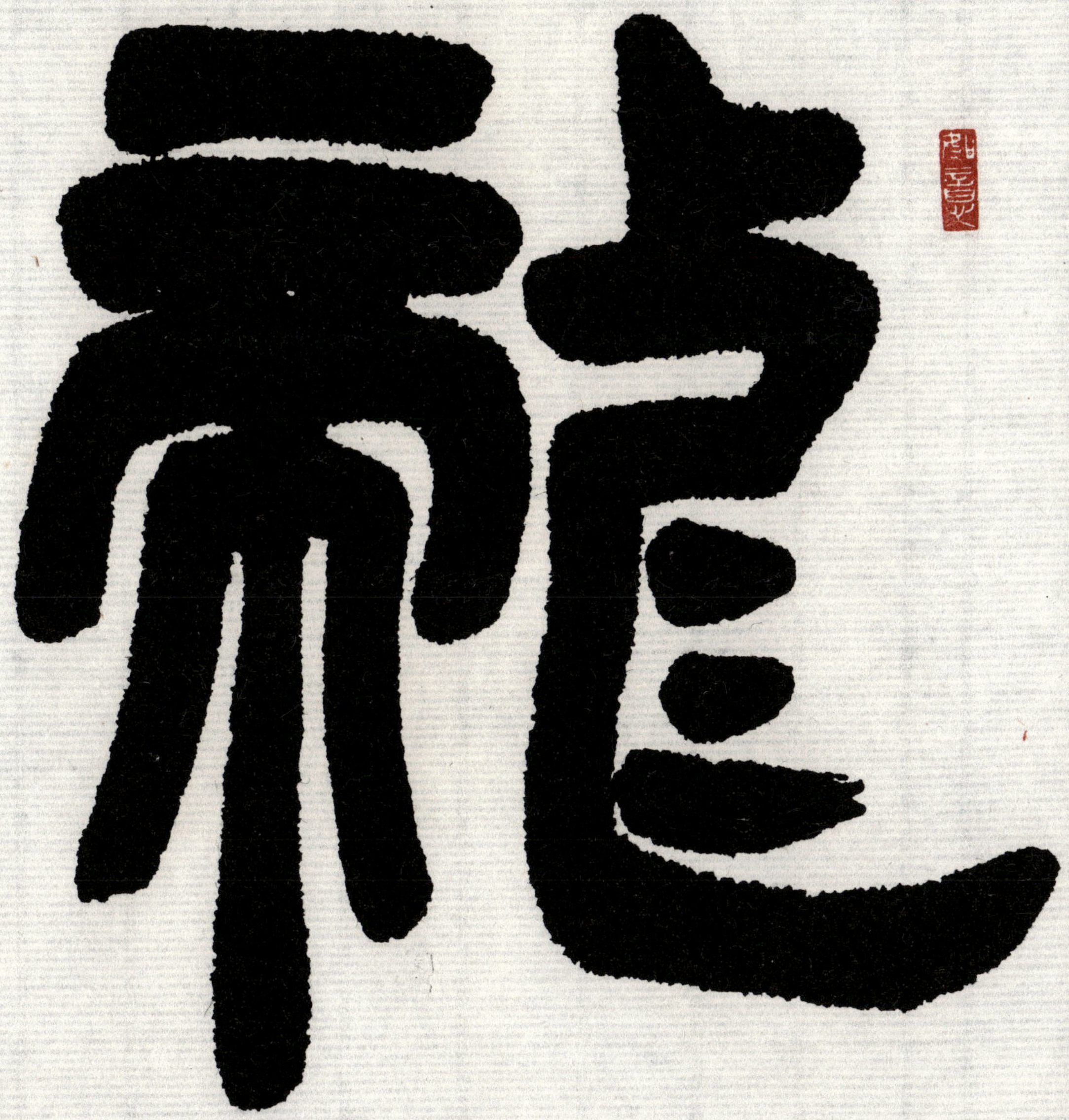

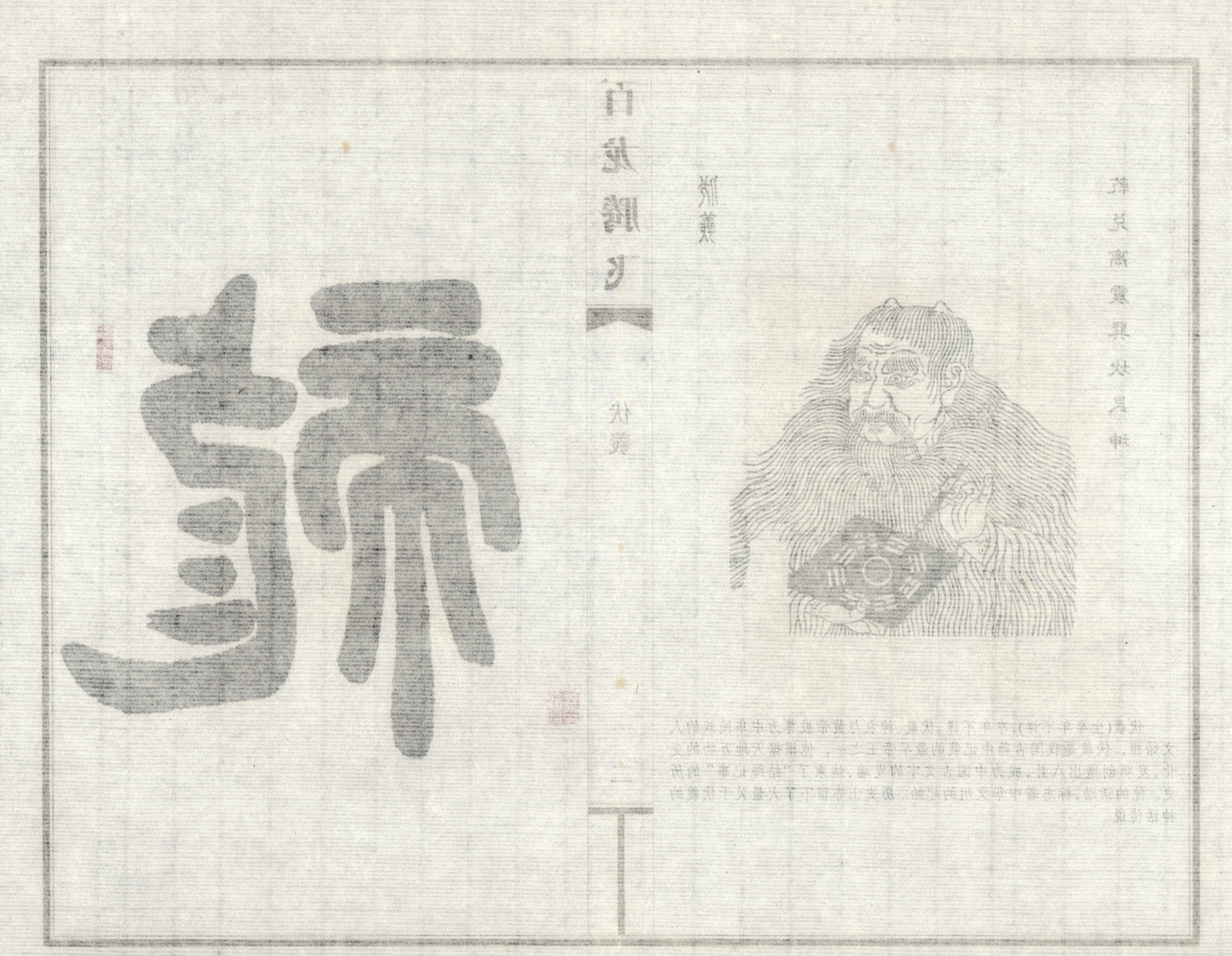

百龙腾飞

仓颉

仓颉

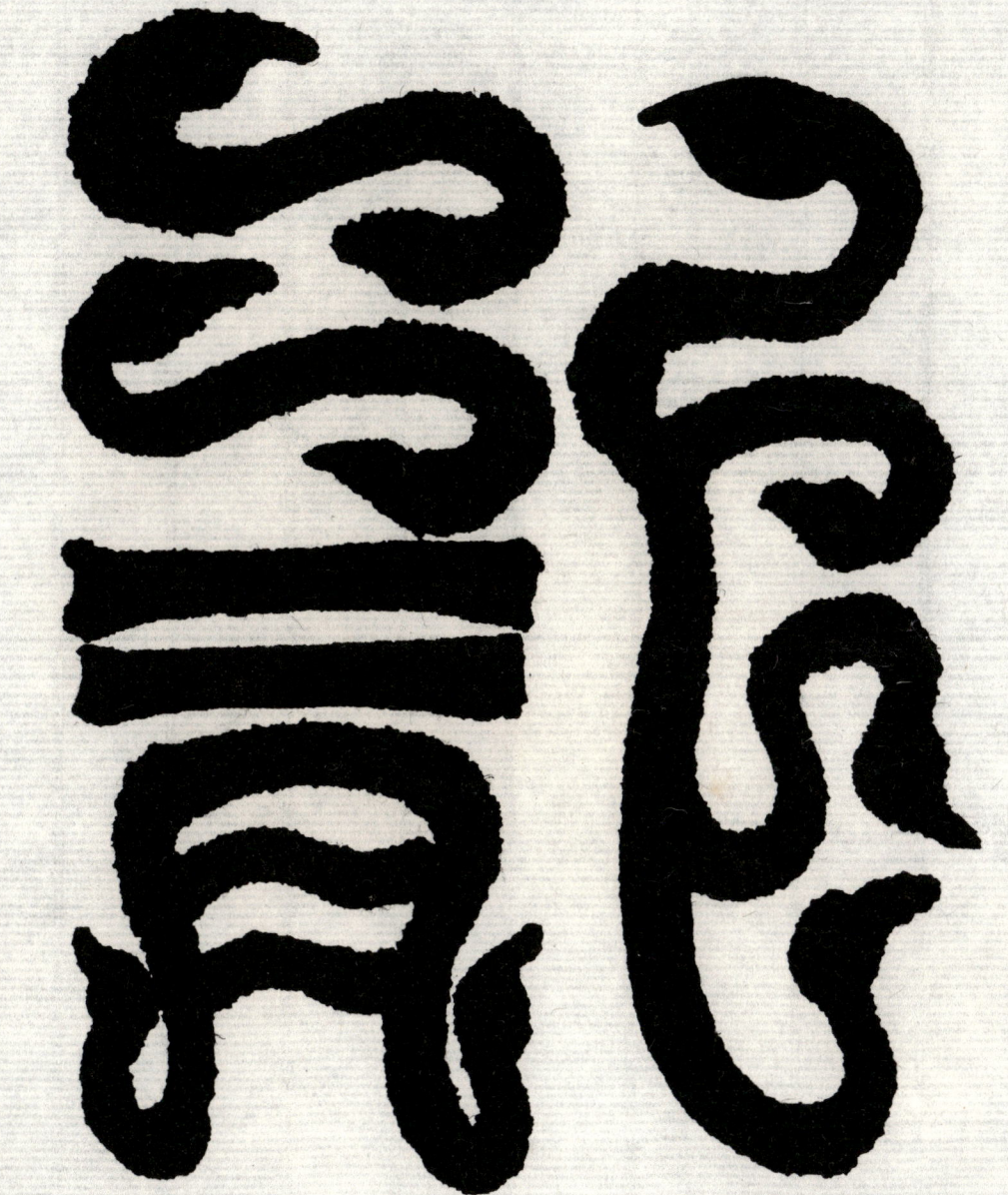

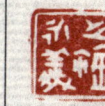

戊巳甲乙 居首共友

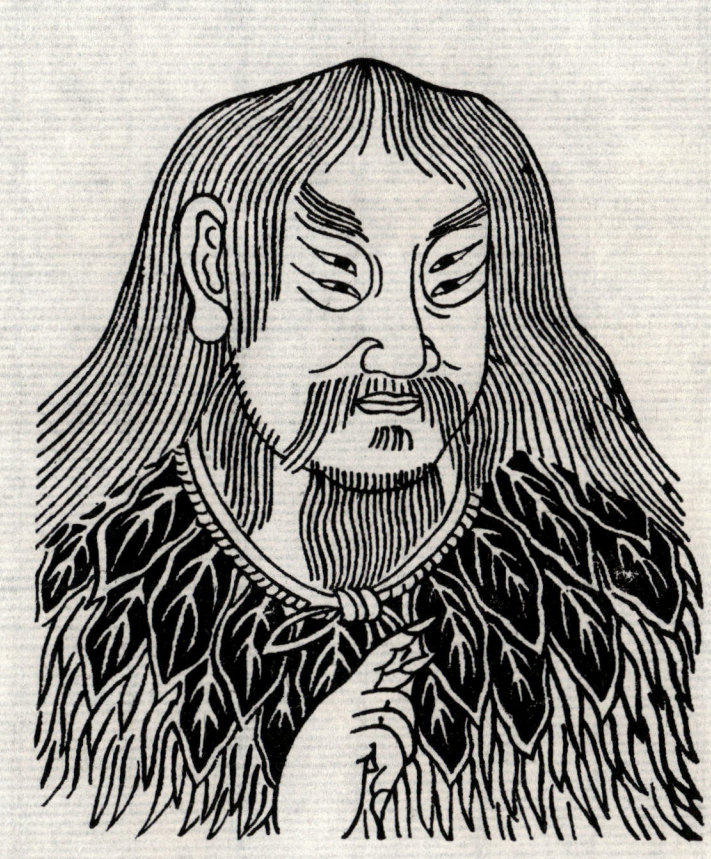

仓颉(生卒年不详),享年不详。史皇氏,陕西渭南人,黄帝时期造字的史官,被尊为"造字圣人"。他是我国原始象形文字的创造者,传说他仰观天象,俯察万物,首创了"鸟迹书",震惊尘寰,堪称人文始祖。他造书两卷,只留下二十八字,被北宋王著破译成"戊巳甲乙,居首共友,所止列世,式气光名,左互义家,受赤水尊,戈矛釜芾"。

三

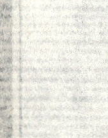

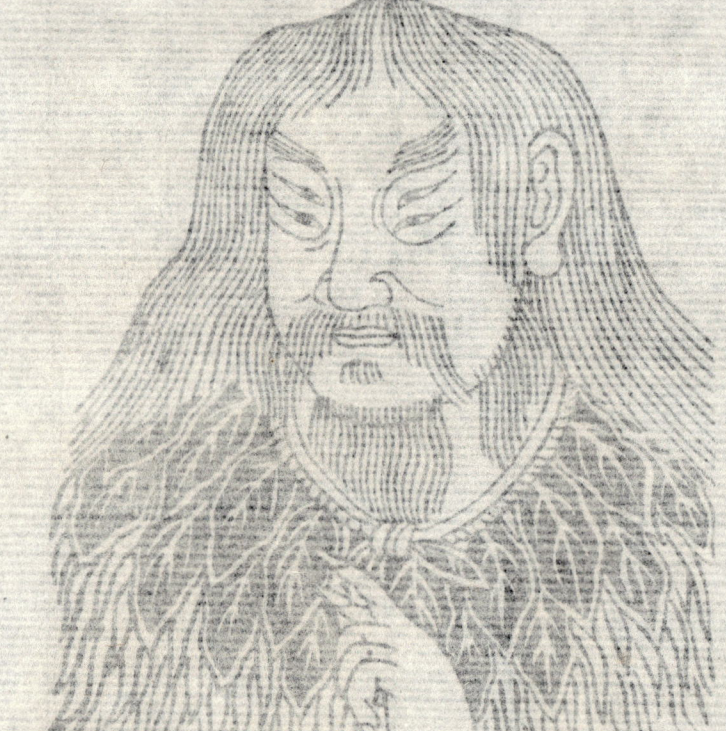

神农氏

因天之时 分地之利

神農氏

龍

四

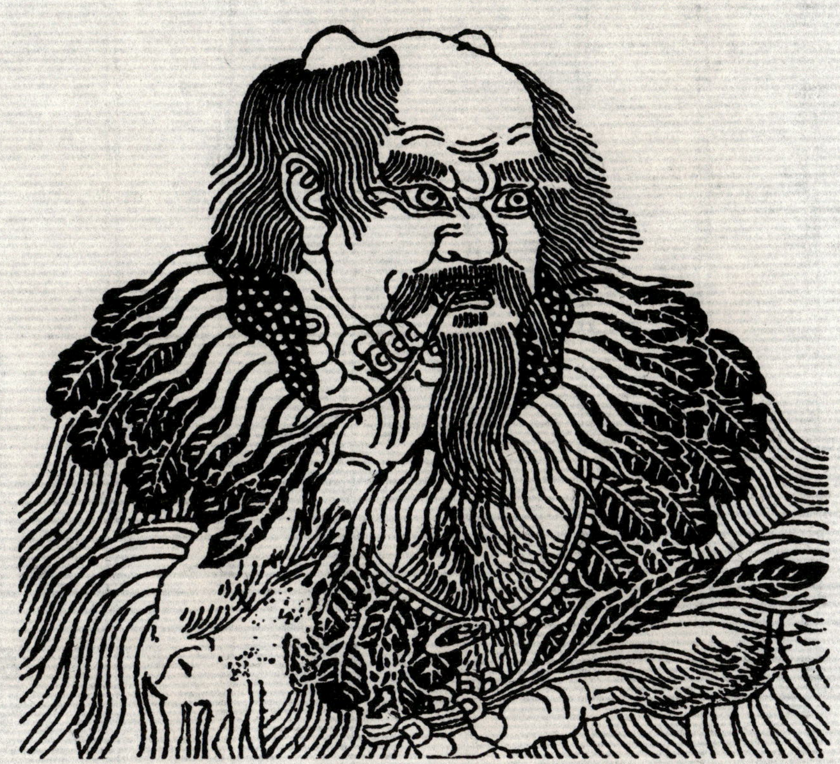

神农氏(生卒年不详),享年不详。即炎帝,远古传说中的太阳神。农业的发明者,医药之祖,有"神农尝百草"的传说。他一生为百姓办了许多好事:教百姓耕作,百姓得以丰衣足食;为了让百姓不受病疾之苦,他尝遍了各种药材;他创造乐器,让百姓懂得礼仪,为后世所称道。

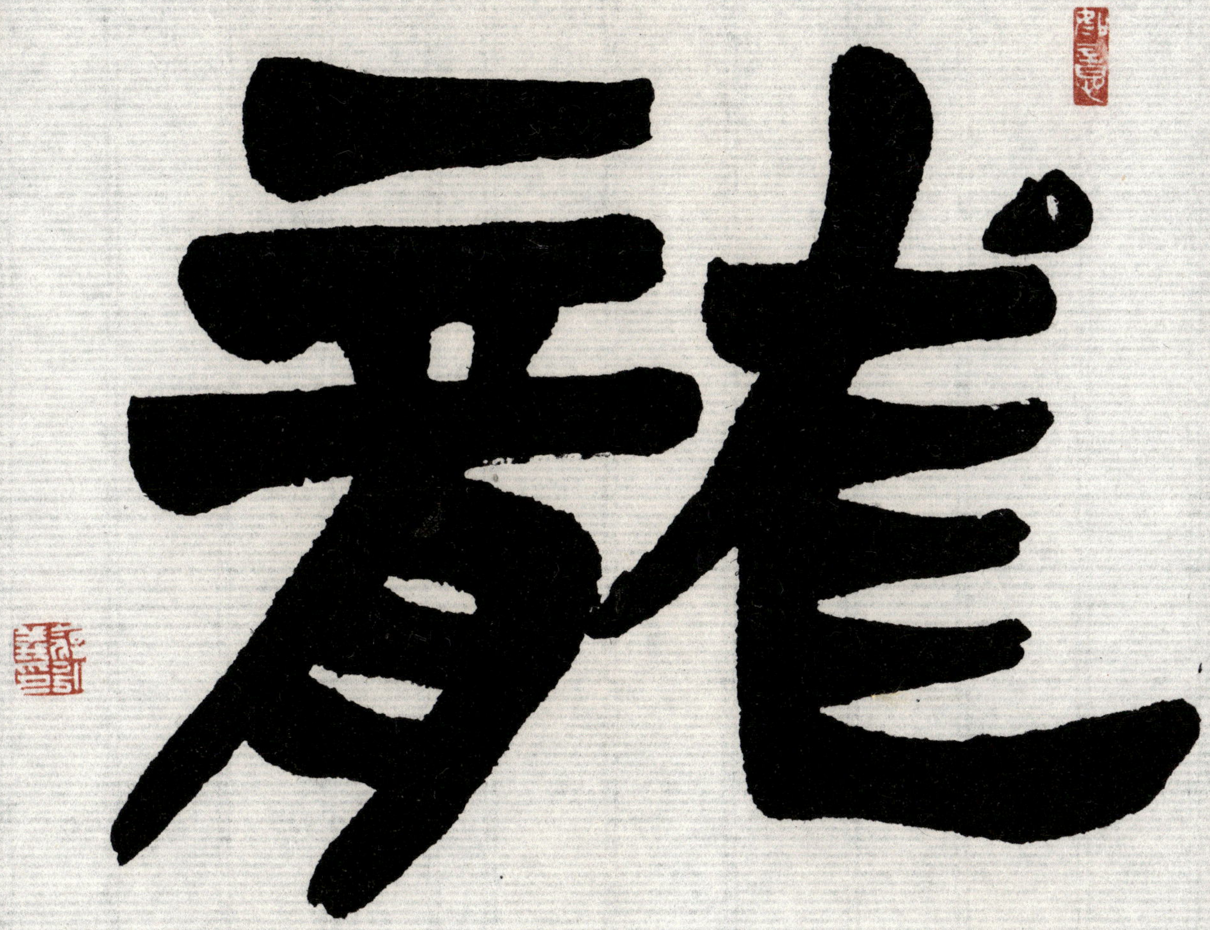

龍門

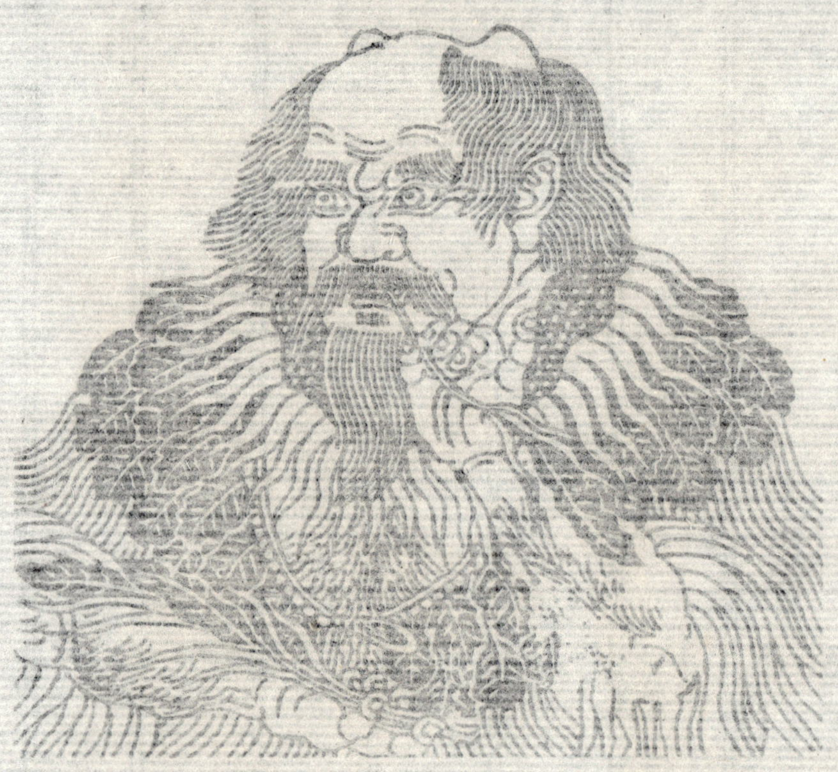

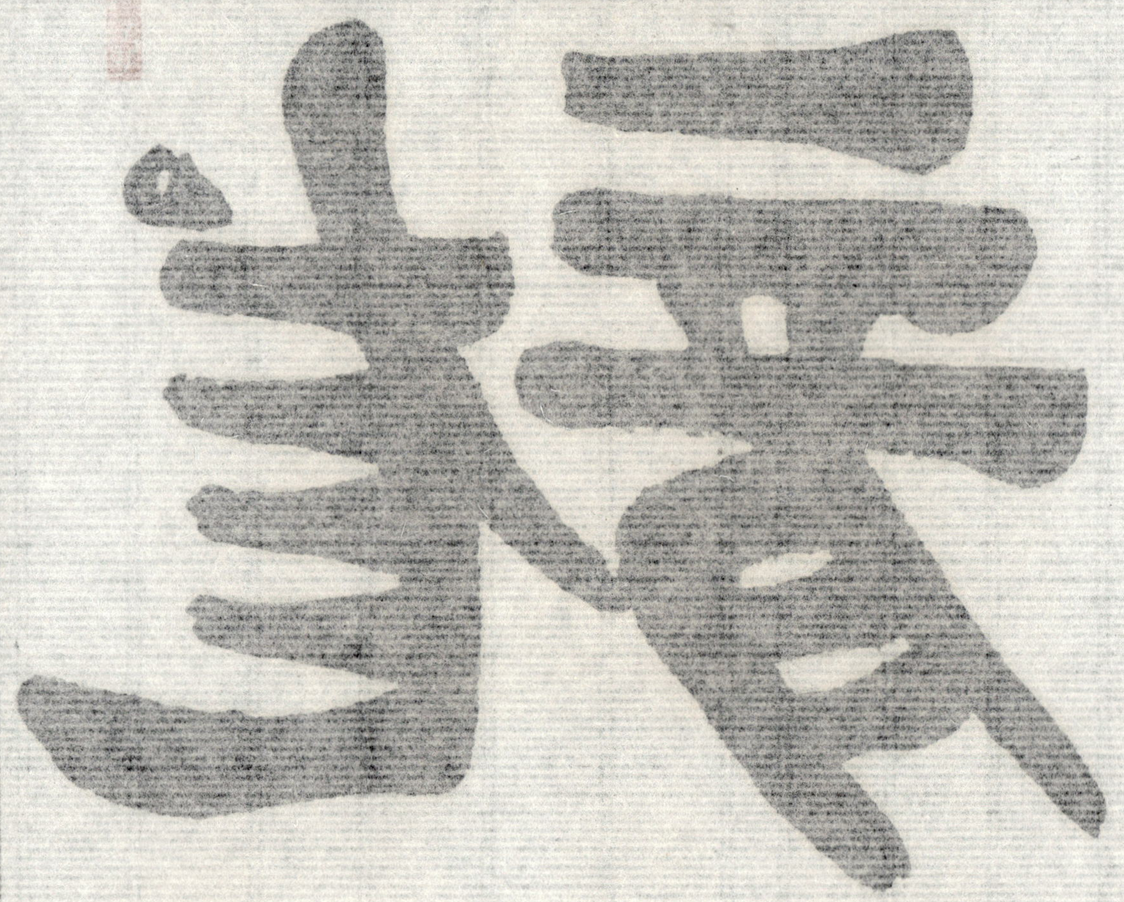

唐尧

教化万民 协和万邦

龙

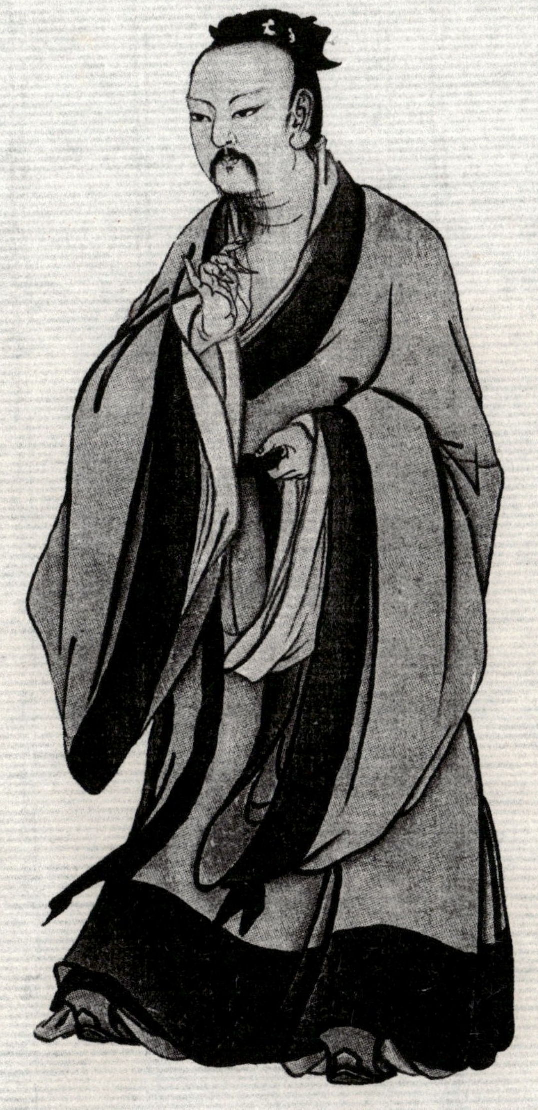

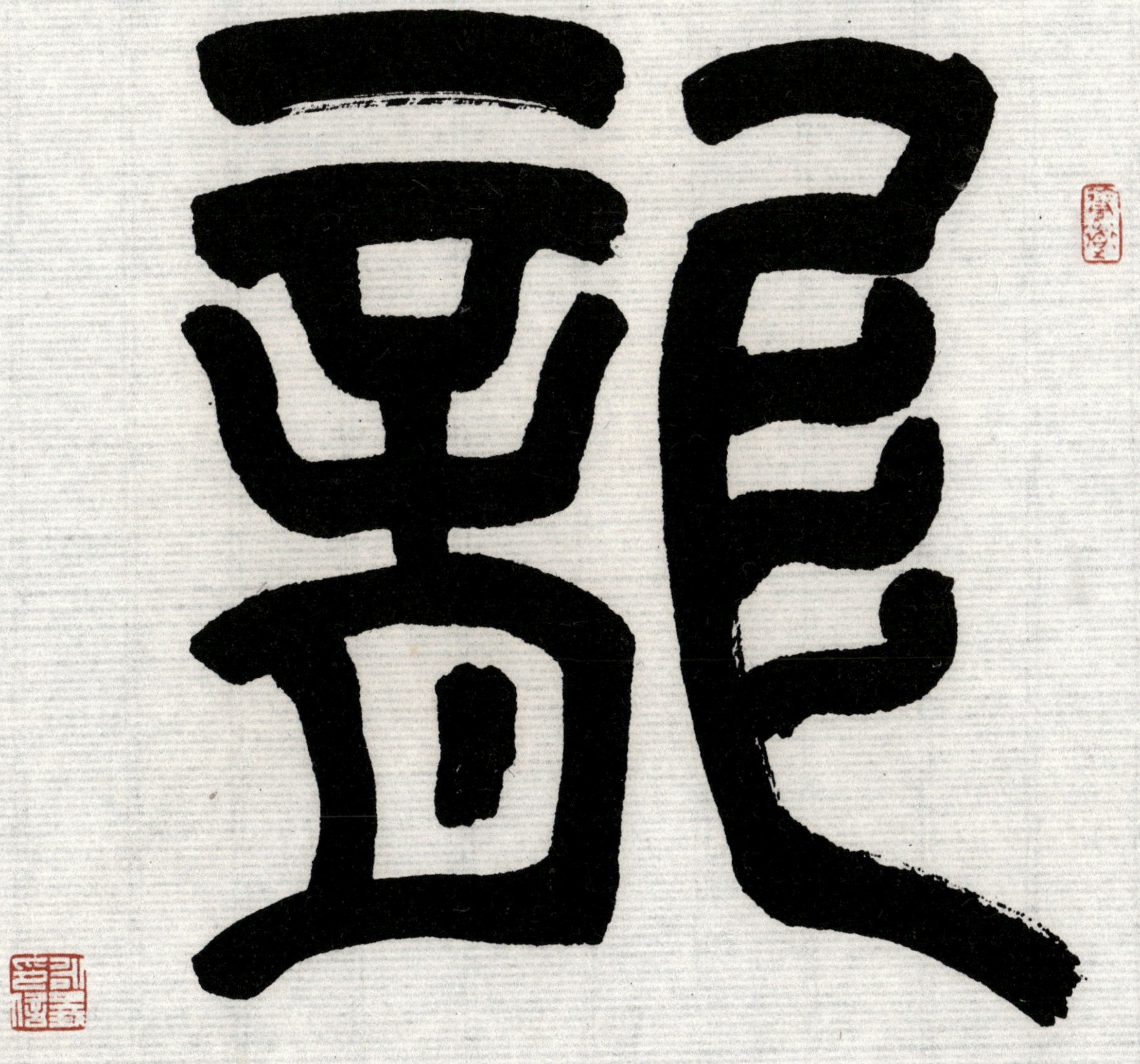

唐尧（生卒年不详），享年不详。姓伊祁，名放勋，因封于唐，故称"唐尧"，山西临汾人。尧在位时，天下洪水汤汤，用鲧治水，九年无功而返；又启用禹，使洪水得以治理；设置谏言之鼓，让天下百姓尽其言。他还开创了帝王禅让之先河，将帝王位置禅让给拥有仁爱之心的舜。

五

黄帝

人皇氏

黄帝像

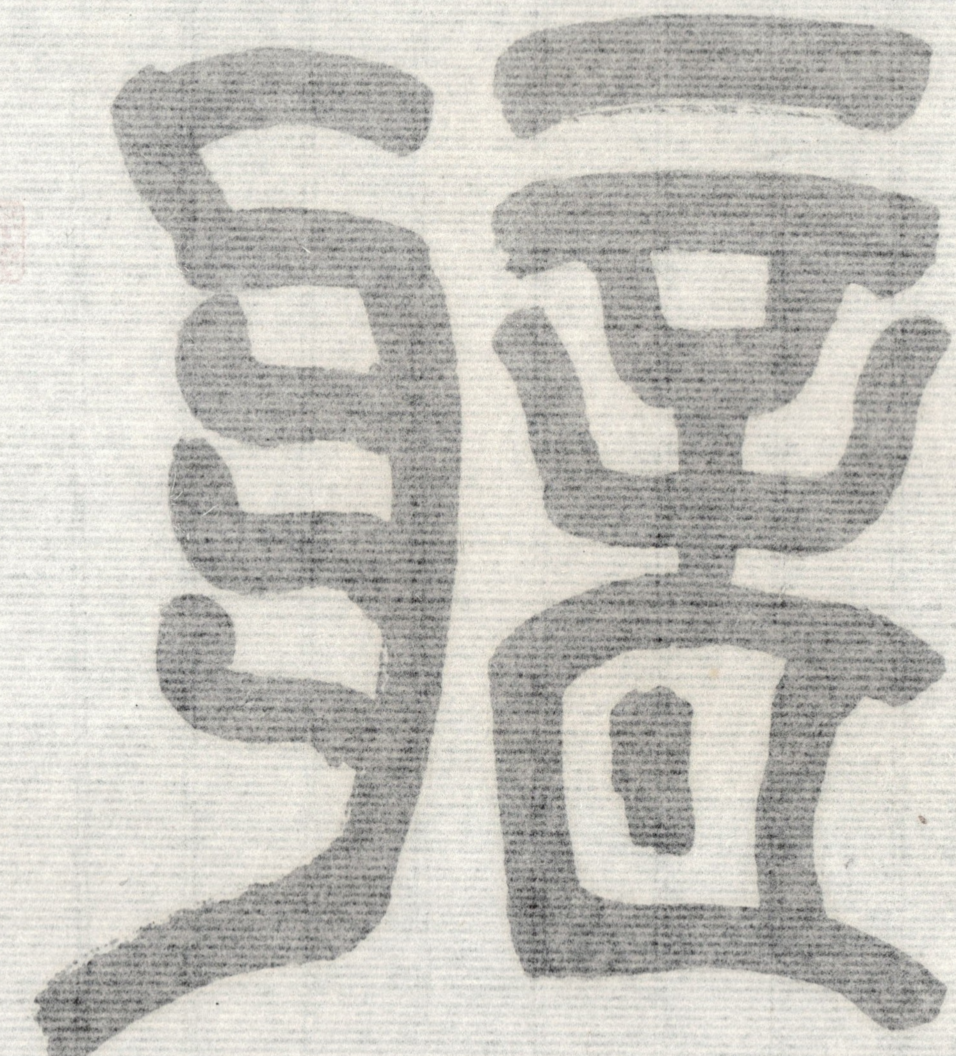

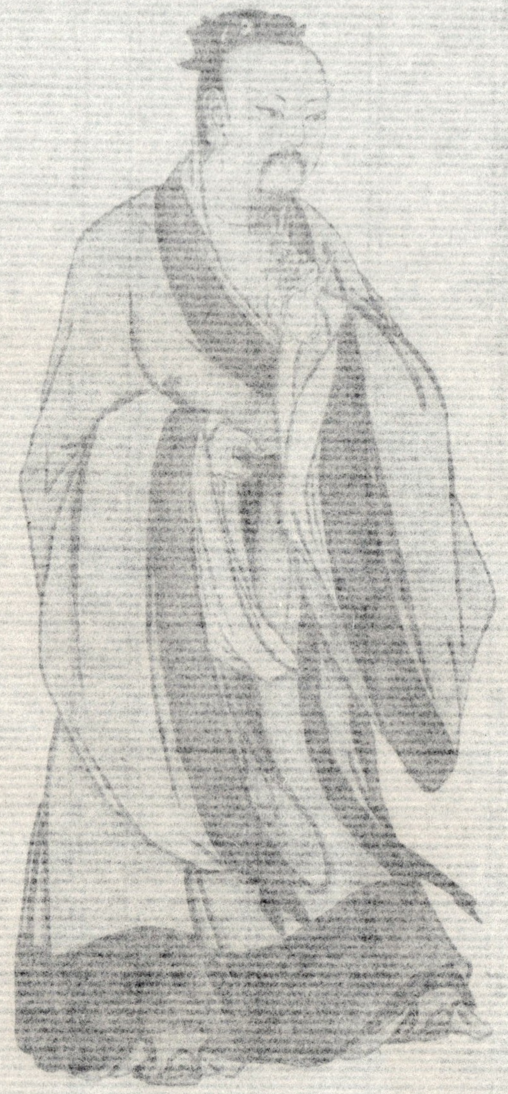

龍

德为先 重教化

虞舜

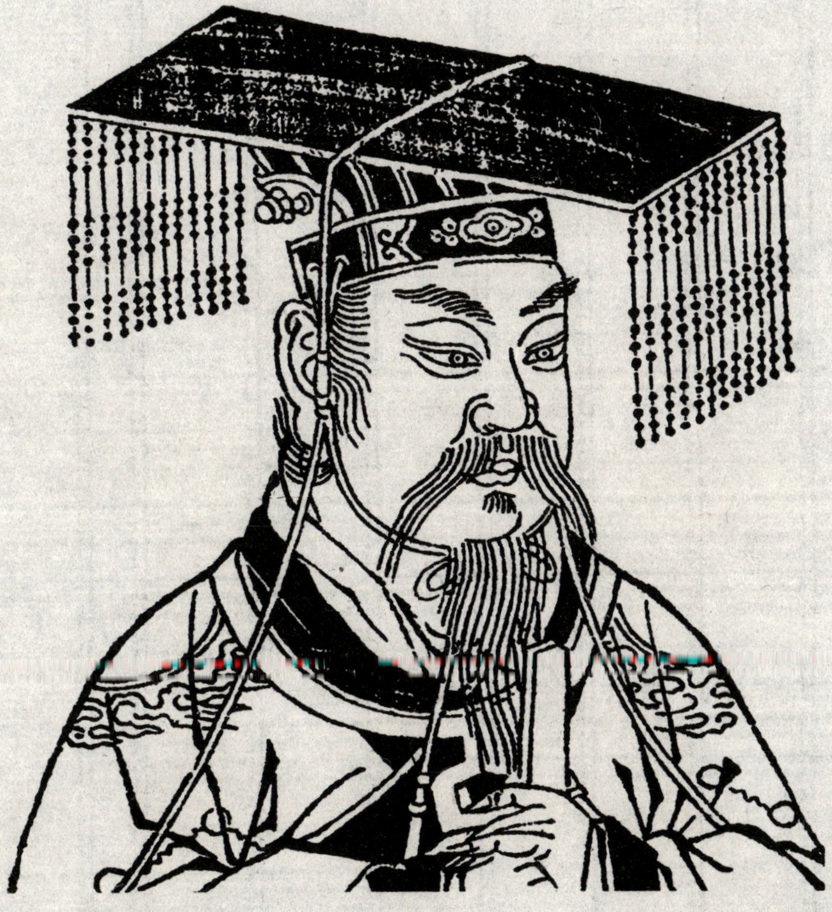

虞舜（生卒年不详），享年不详。姚姓，名重华，字都，河南濮阳人。夏朝著名政治家。舜执政期间，命禹治理水土，命弃掌管农业，命契推行教化，命皋陶执掌刑法，命垂掌管百工，命益掌管山林，命伯夷主持礼仪，命夔掌管音乐和教育，命龙但负责发布命令，收集意见，使得天下的人民安居乐业。

六

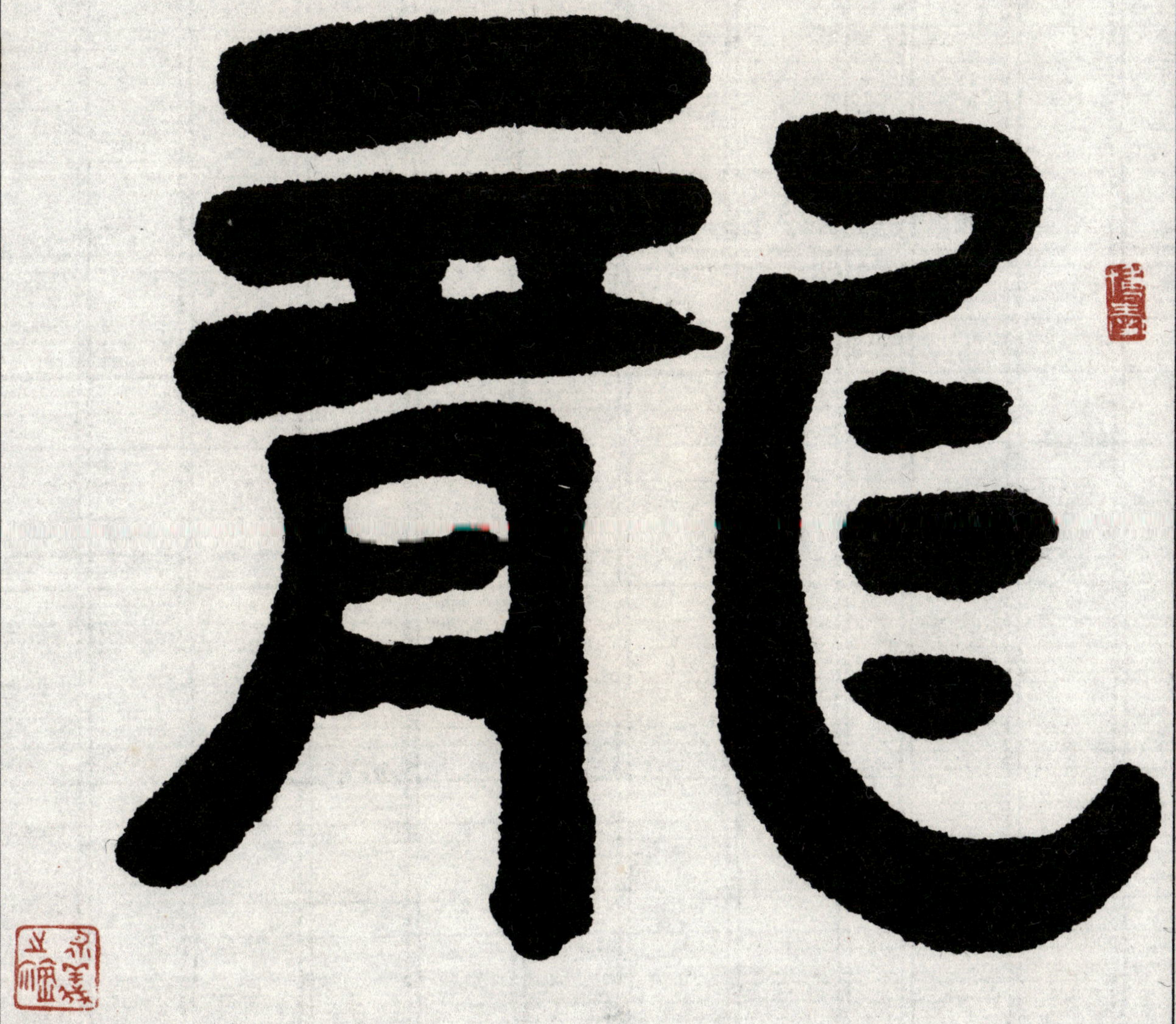

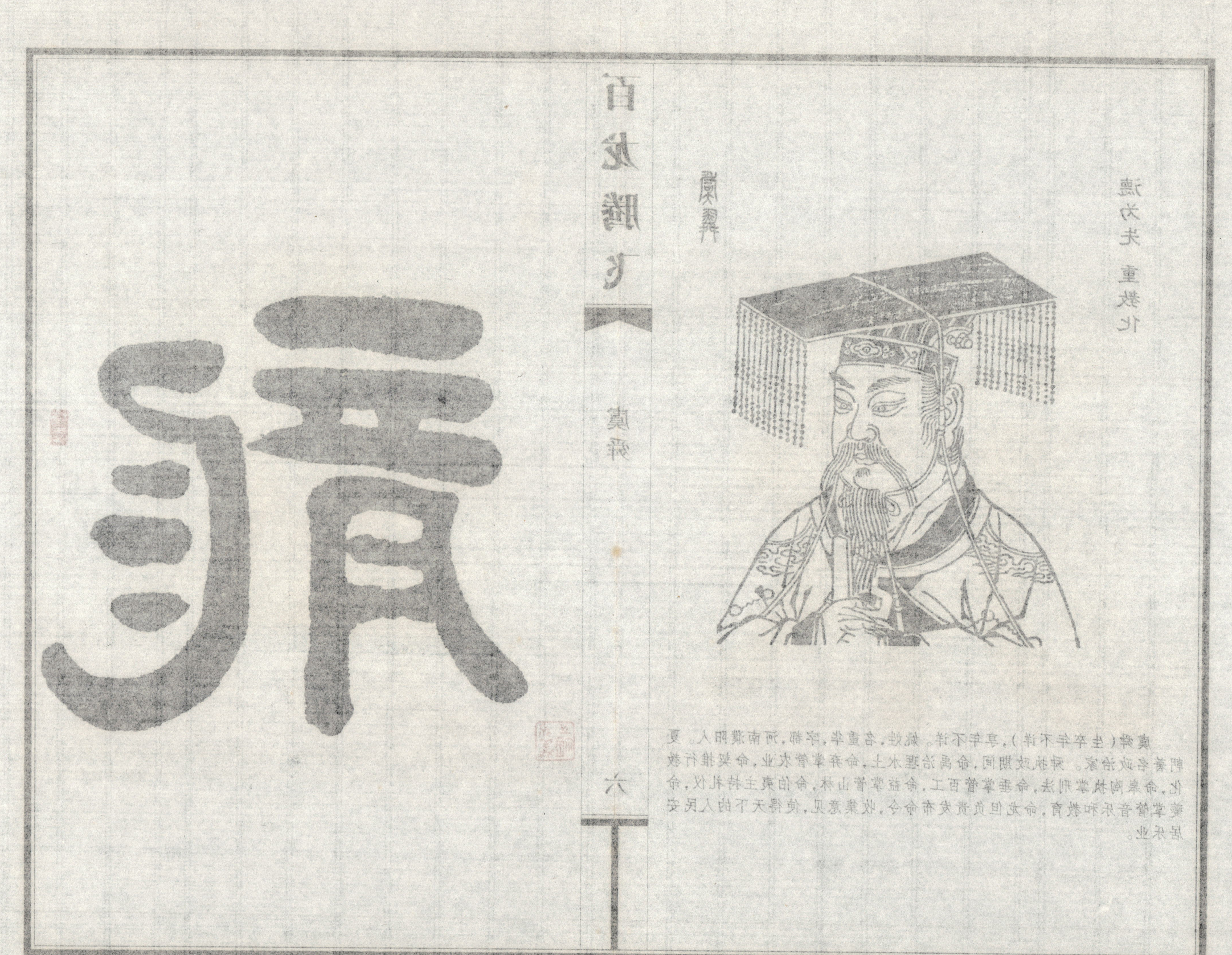

知人则哲 能官人 安民则惠 黎民怀之

夏禹

七

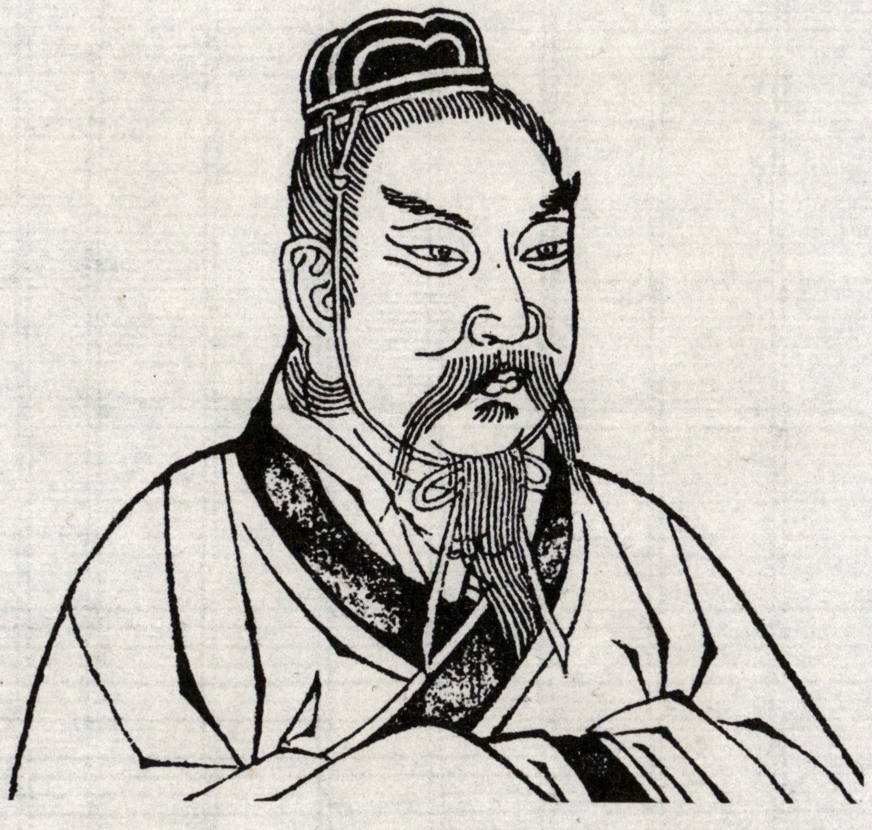

夏禹(生卒年不详),享年不详。名文命,号禹,后世尊称大禹,夏后氏首领,传说为帝颛顼的曾孙,黄帝轩辕氏第六代玄孙。他的父亲名鲧,母亲为有莘氏女修已。相传禹治黄河水患有功,受舜禅让继帝位。禹是夏朝的第一位天子,因此,后人称他为夏禹。

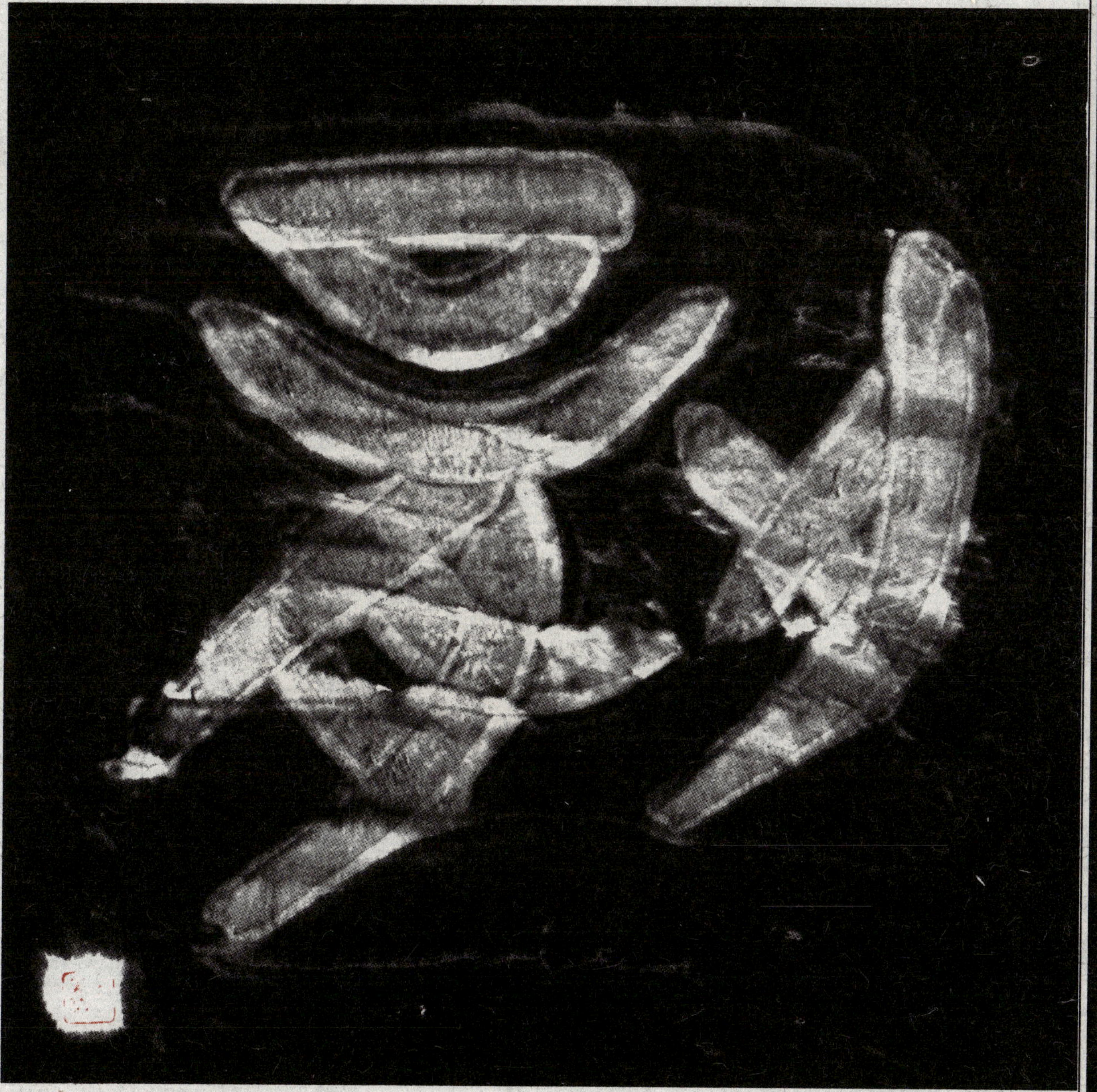

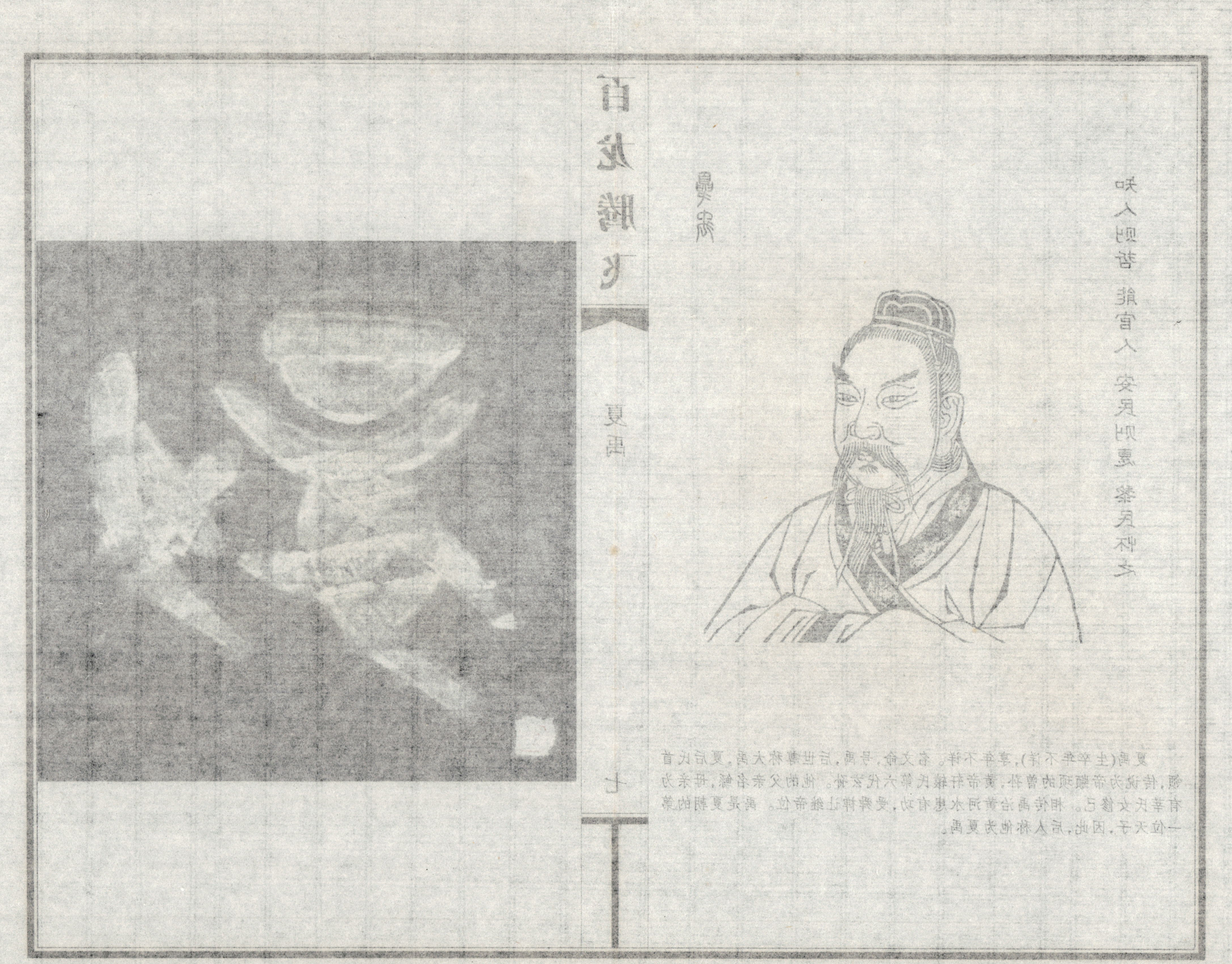

夏禹

九鼎图

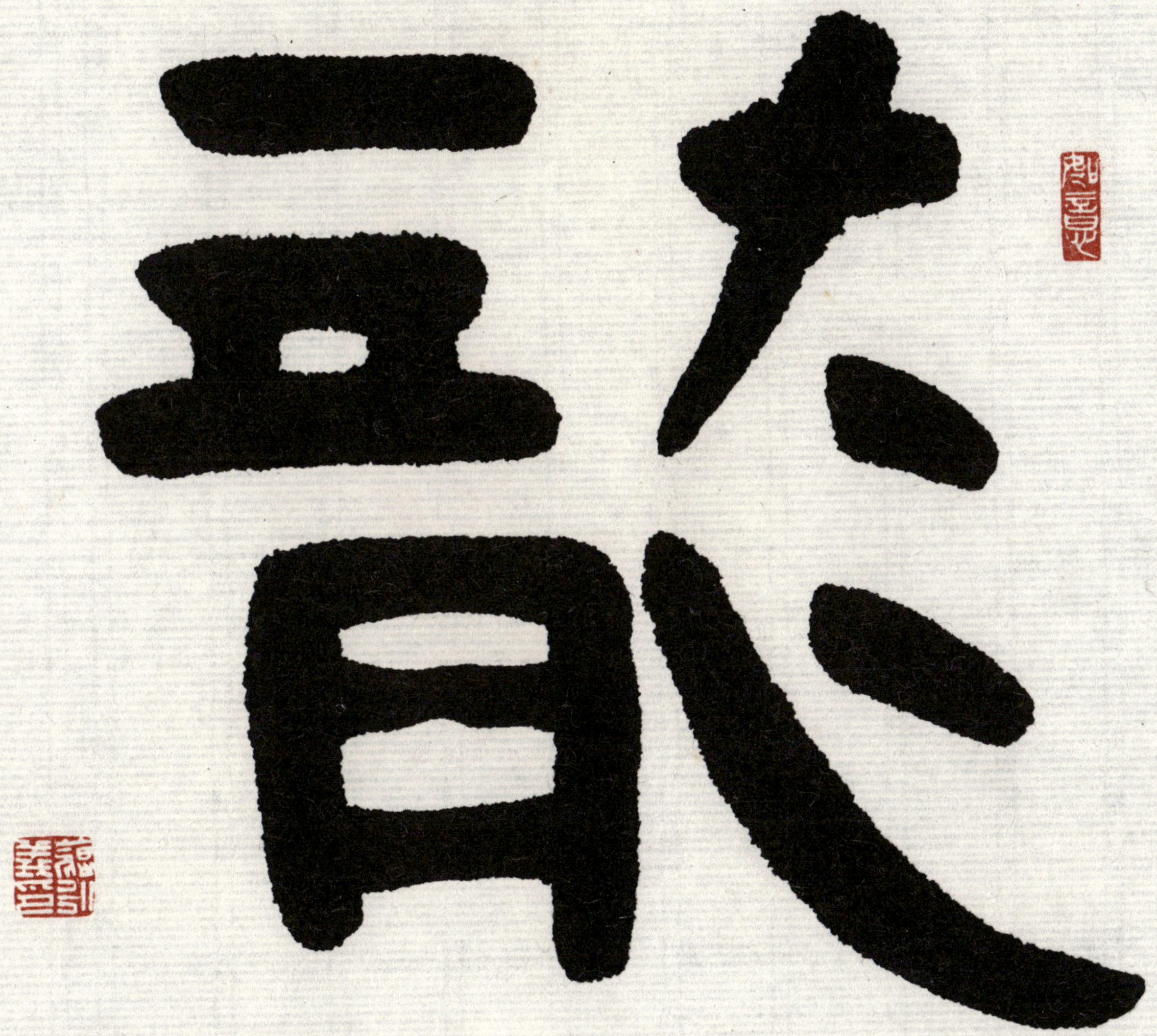

苟日新 日日新 又日新

商汤

八

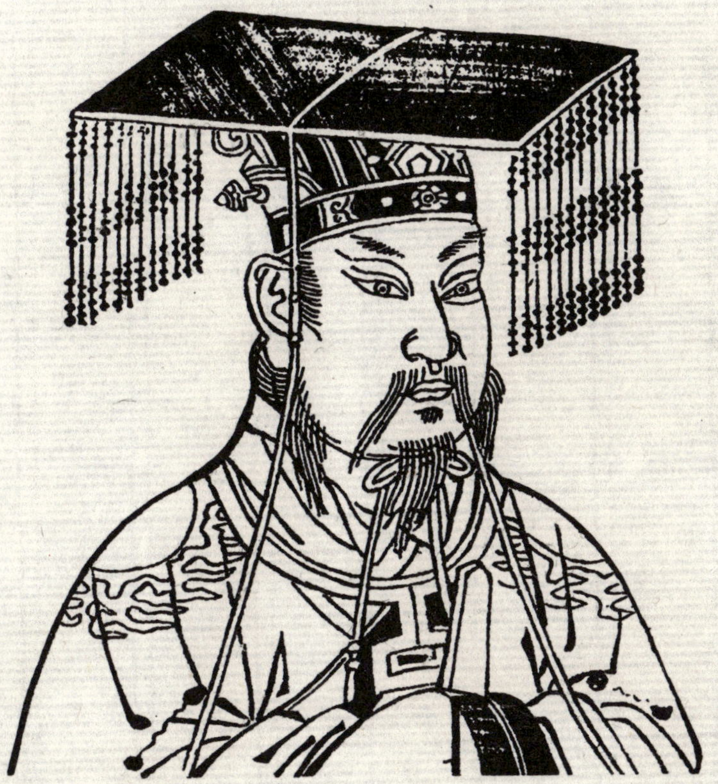

商汤（公元前？～前1588年），享年不详。子姓，名履，庙号太祖。河南商丘人，商朝的创建者。在位三十年，其中十七年为夏朝商国诸侯，十三年为商朝国王。由于商汤以武力灭夏，打破了国王永定的说法，因而史称"商汤革命"。

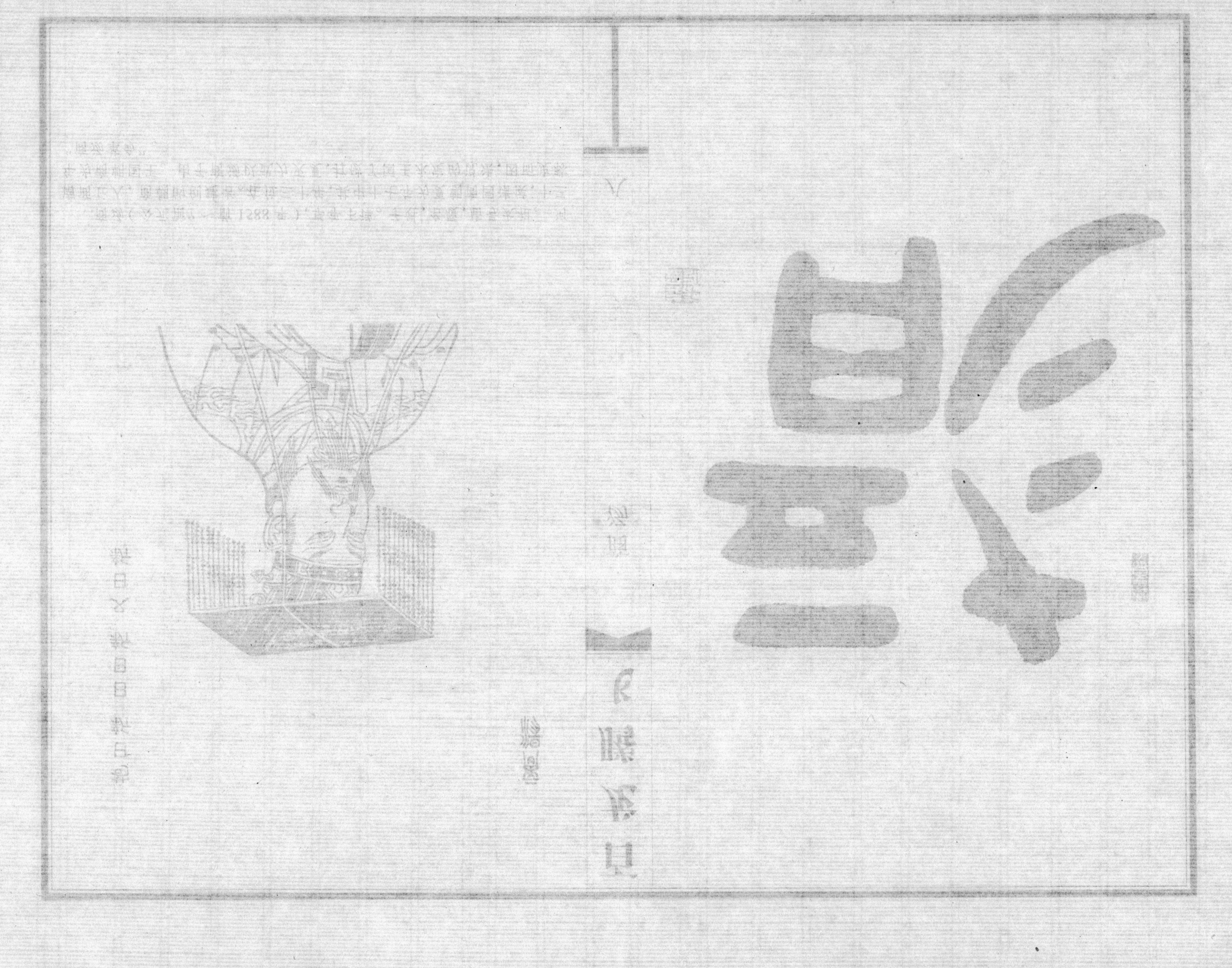

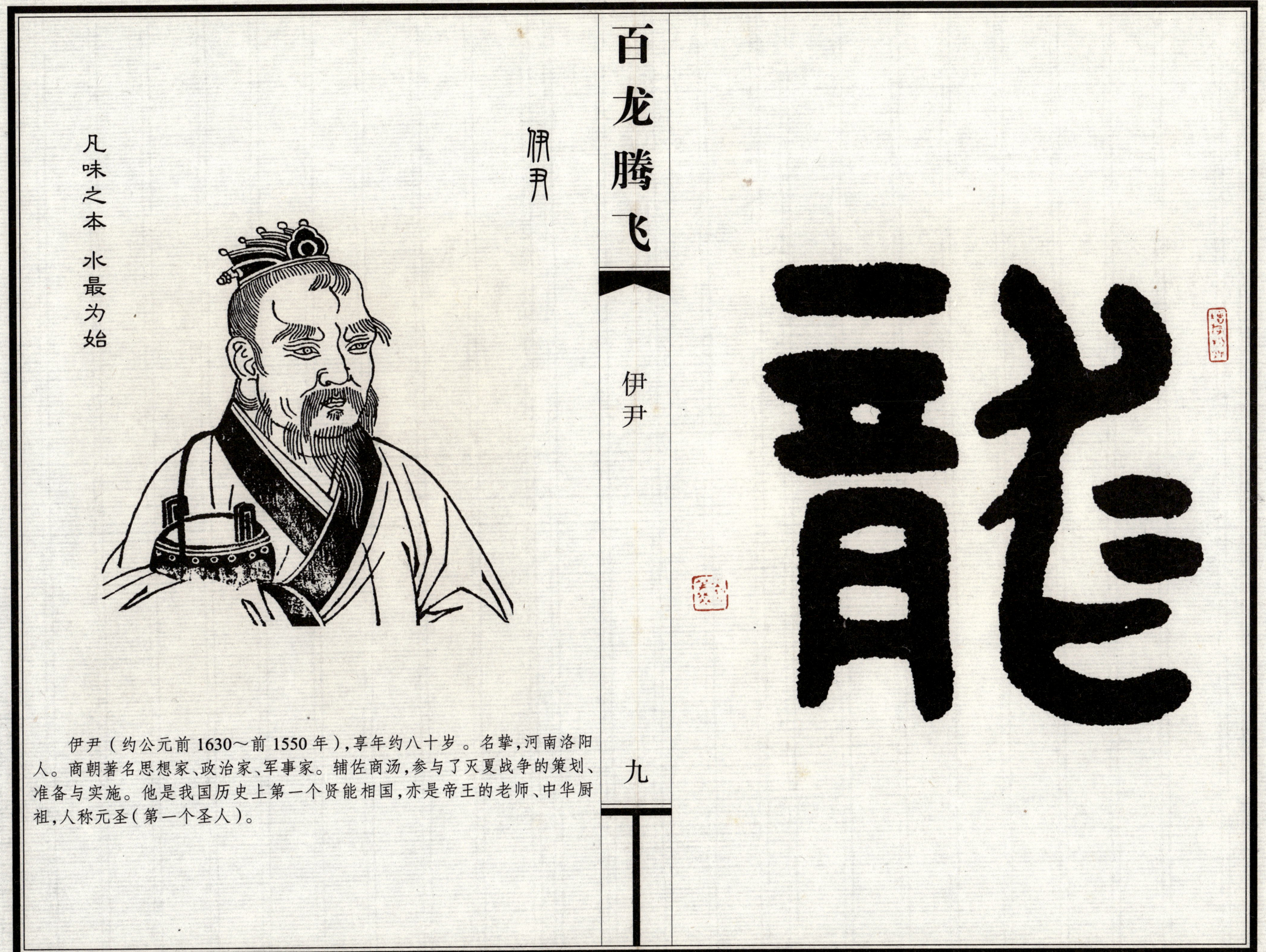

百龙腾飞

伊尹

凡味之本 水最为始

龙

伊尹（约公元前 1630～前 1550 年），享年约八十岁。名挚，河南洛阳人。商朝著名思想家、政治家、军事家。辅佐商汤，参与了灭夏战争的策划、准备与实施。他是我国历史上第一个贤能相国，亦是帝王的老师、中华厨祖，人称元圣（第一个圣人）。

九

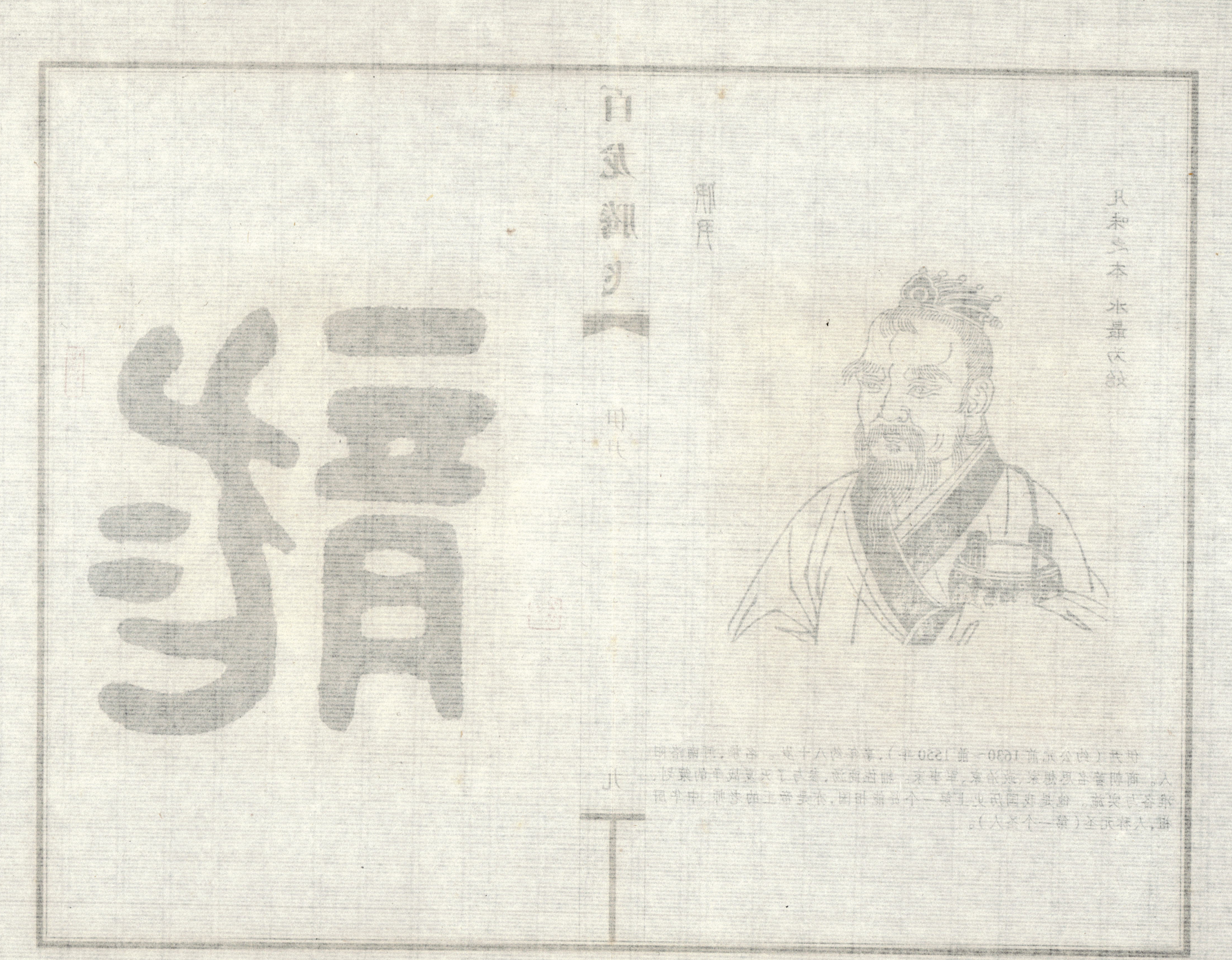

百龙腾飞

傅说

知之非艰 行之惟艰

傅说

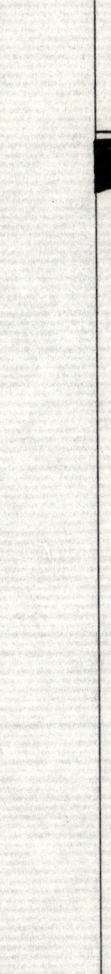

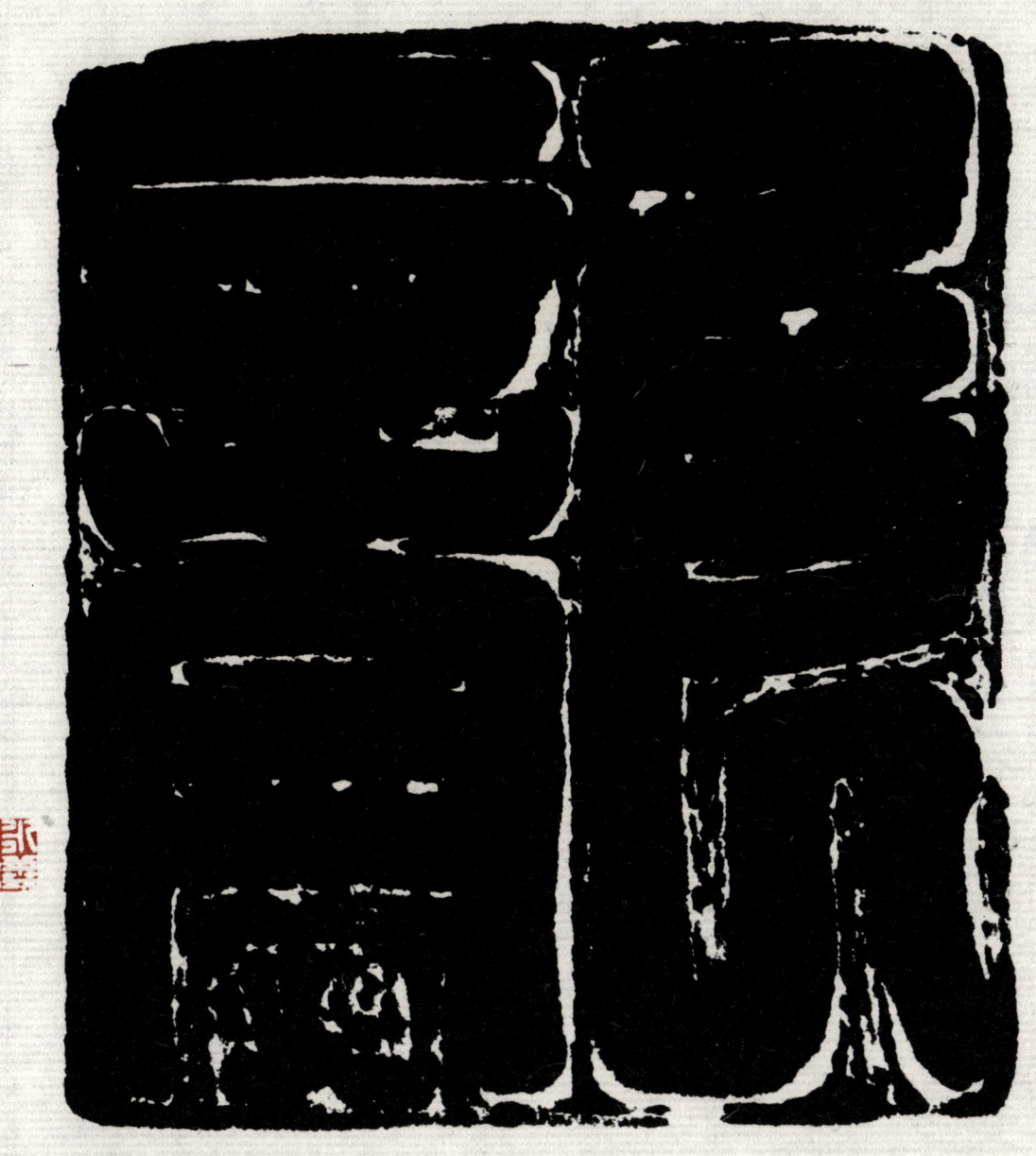

一〇

傅说（生卒年不详），享年不详。殷商时期卓越的政治家、军事家、思想家及建筑科学家。他辅佐殷商高宗武丁安邦治国，形成了历史上有名的"武丁中兴"的辉煌盛世。他留有千古不朽的《说命》三篇，他落难时所创造的"版筑"（俗称打墙）营造技术，是人类建筑史上的巨大进步。

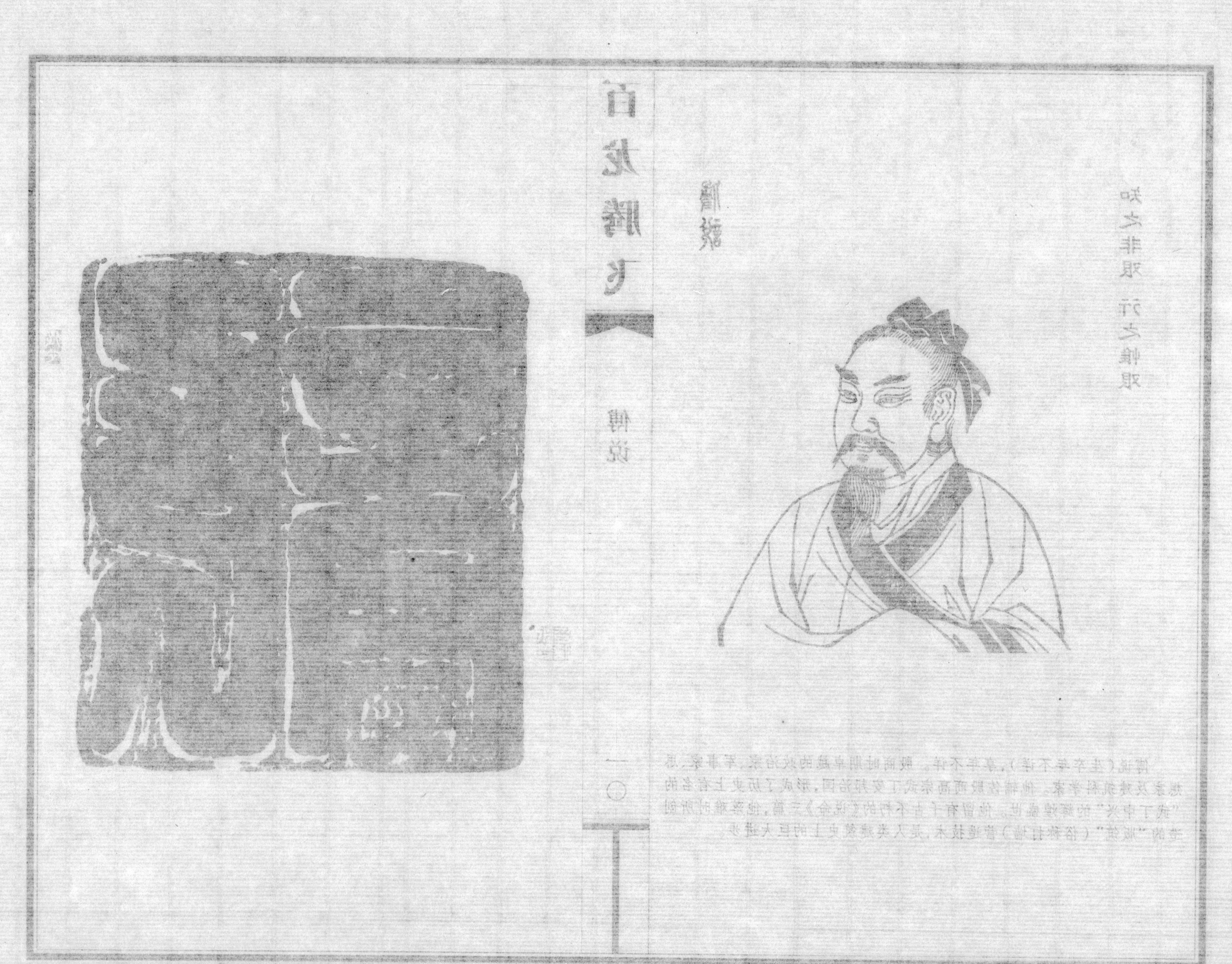

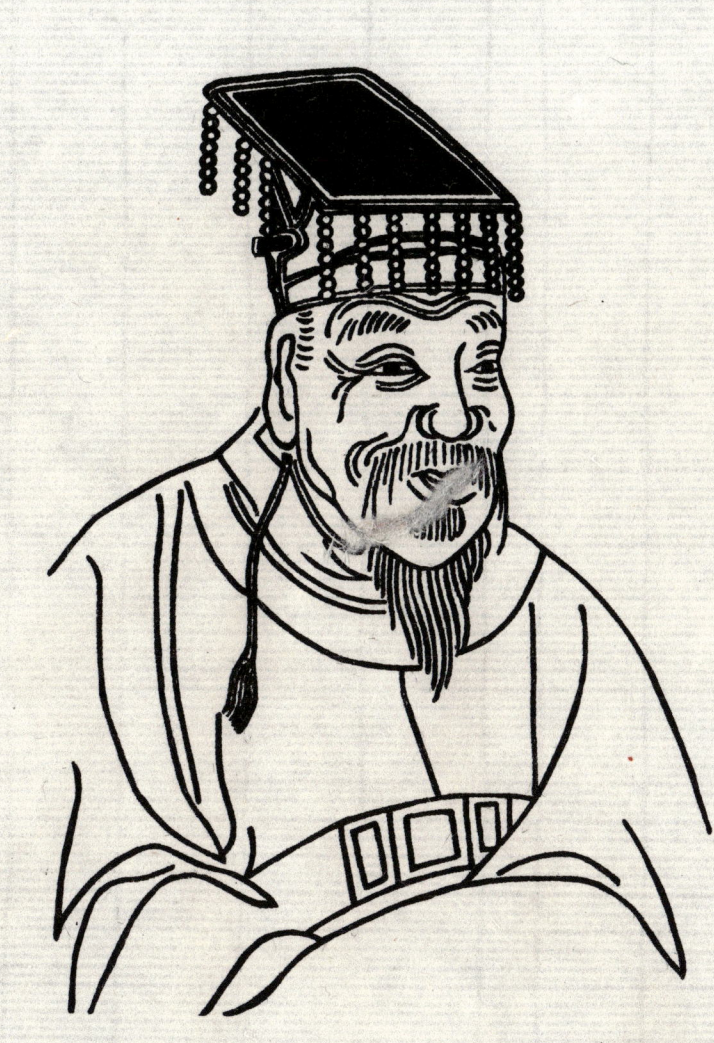

养寿之道 但莫伤之而已

彭祖

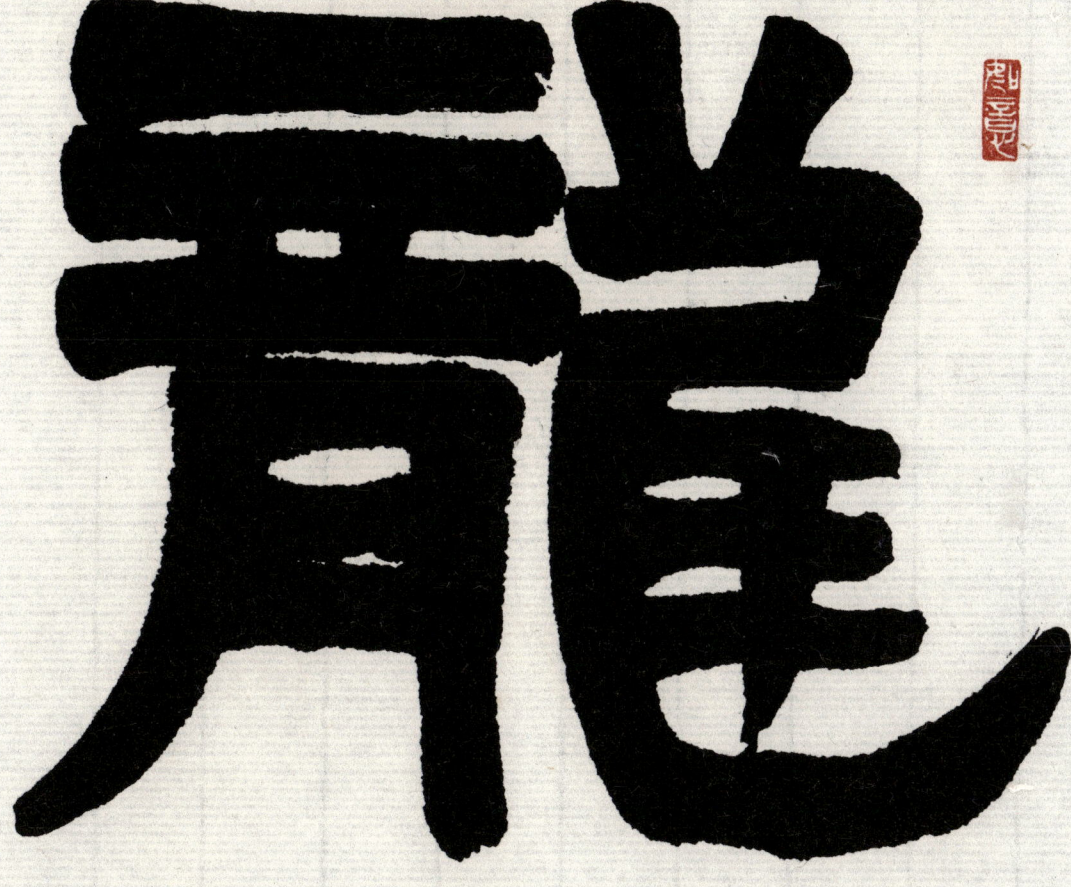

彭祖

一二

　　彭祖（生卒年不详），相传他活了八百八十岁。姓籛，名铿，父亲是吴回的长子陆终，母亲是鬼方首领之妹女嬇，因擅长烹饪野鸡汤，受唐尧赏识，后受封于大彭（今江苏徐州），因其道可祖，故谓之彭祖。官拜贤大夫，周代时担任柱下史。

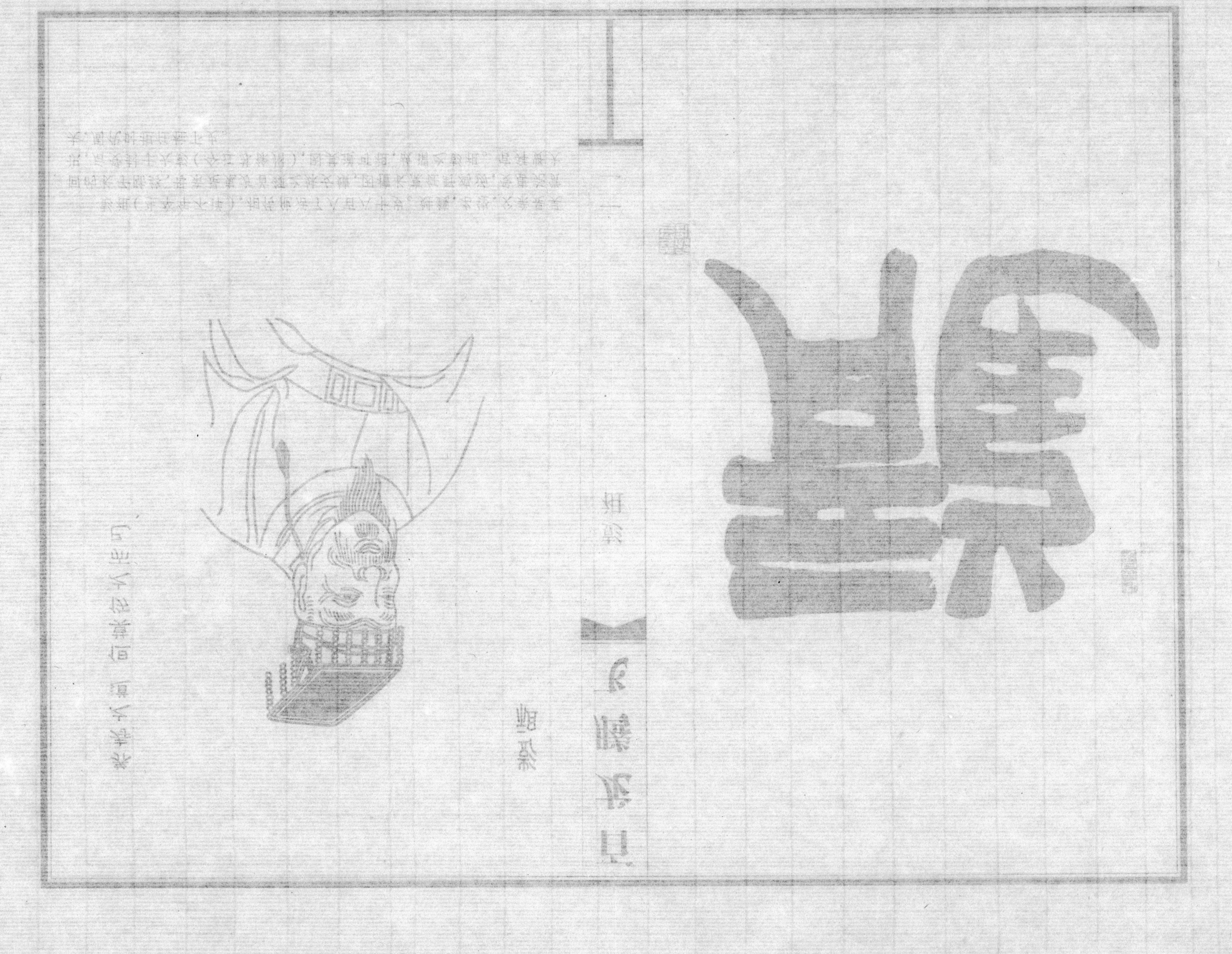

民惟邦本 本固邦宁

后稷

百龙腾飞

后稷

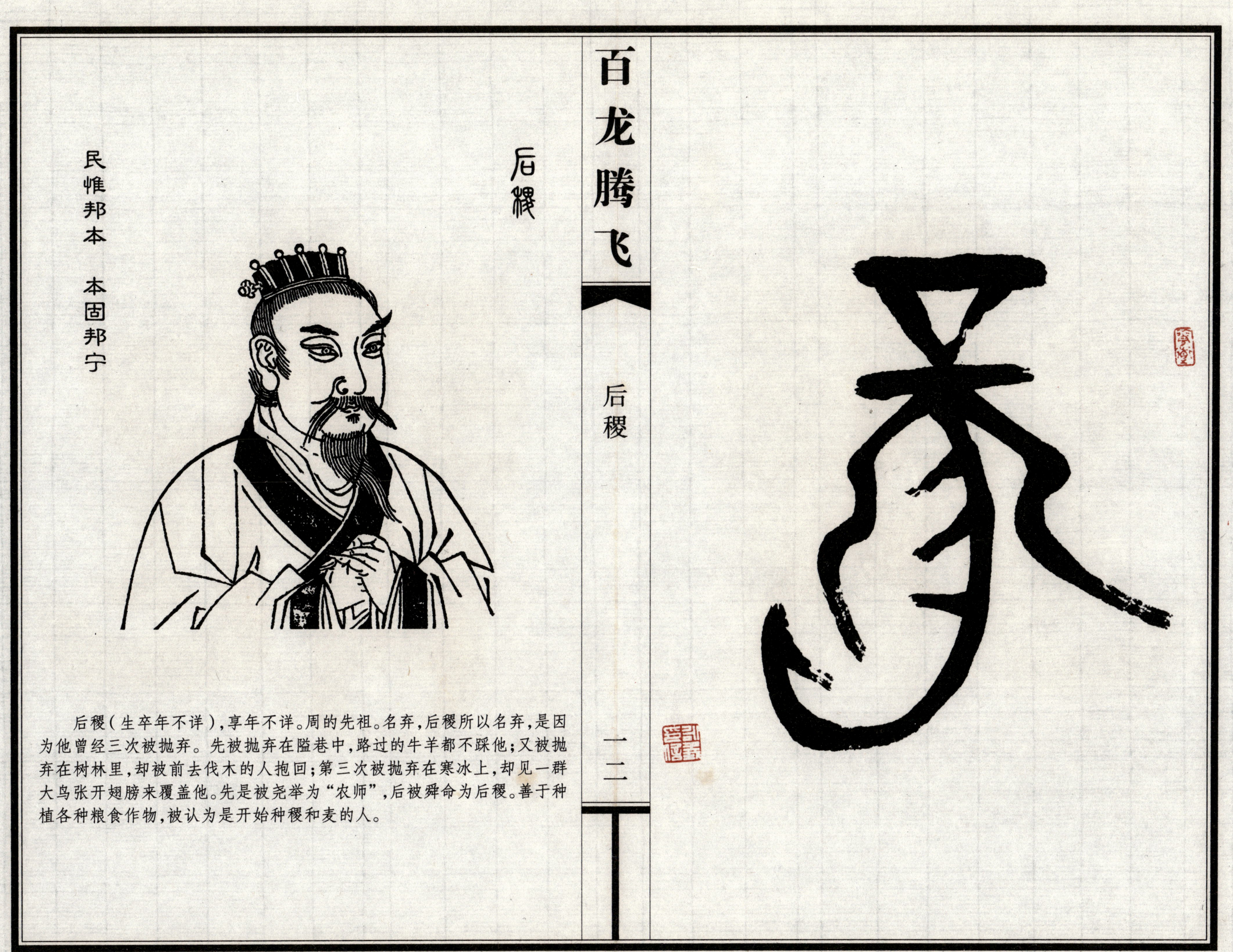

一二

后稷（生卒年不详），享年不详。周的先祖。名弃，后稷所以名弃，是因为他曾经三次被抛弃。先被抛弃在隘巷中，路过的牛羊都不踩他；又被抛弃在树林里，却被前去伐木的人抱回；第三次被抛弃在寒冰上，却见一群大鸟张开翅膀来覆盖他。先是被尧举为"农师"，后被舜命为后稷。善于种植各种粮食作物，被认为是开始种稷和麦的人。

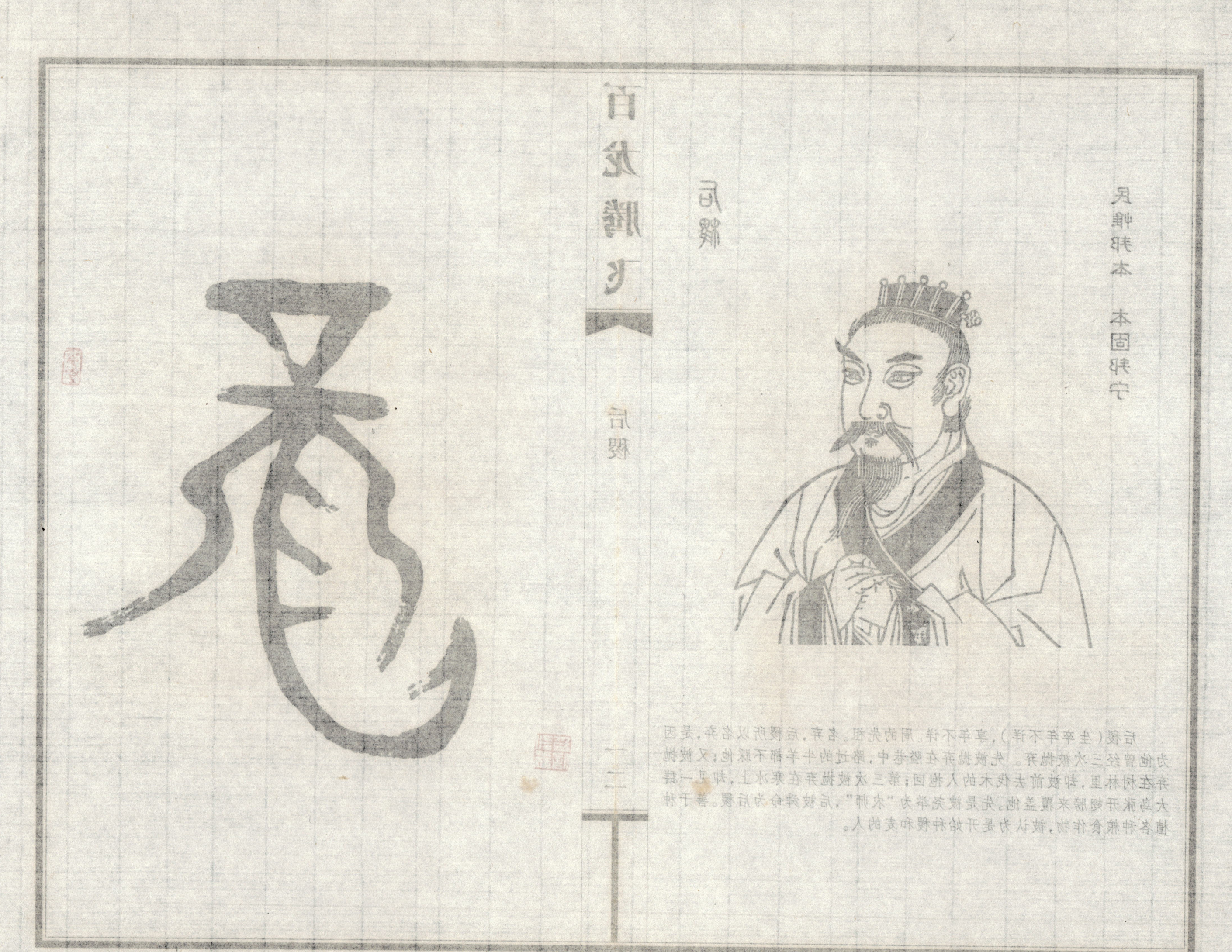

天下非一人之天下　乃天下之天下

姜尚

姜尚

龍

一三

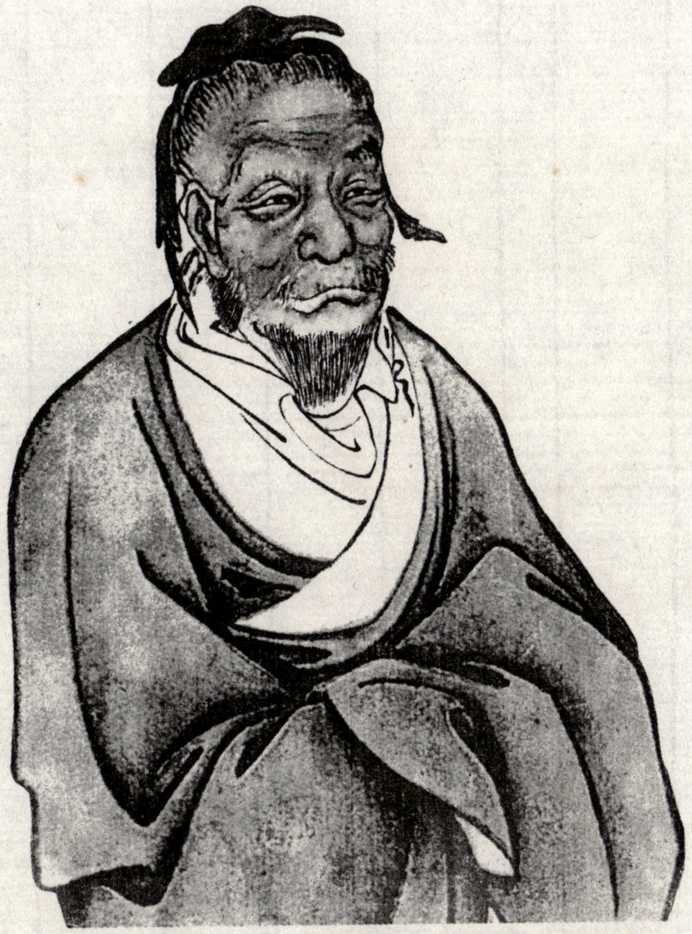

　　姜尚（生卒年不详），享年不详。名望，吕氏，字子牙，或单呼牙，也称吕尚。河南南阳人，西周政治家。先后辅佐了六位周王，因是齐国始祖而称为"太公望"，俗称姜太公。西周初年，被周文王封为"太师"，后辅佐周武王灭商。他是中国历史上最享盛名的政治家、军事家和谋略家。

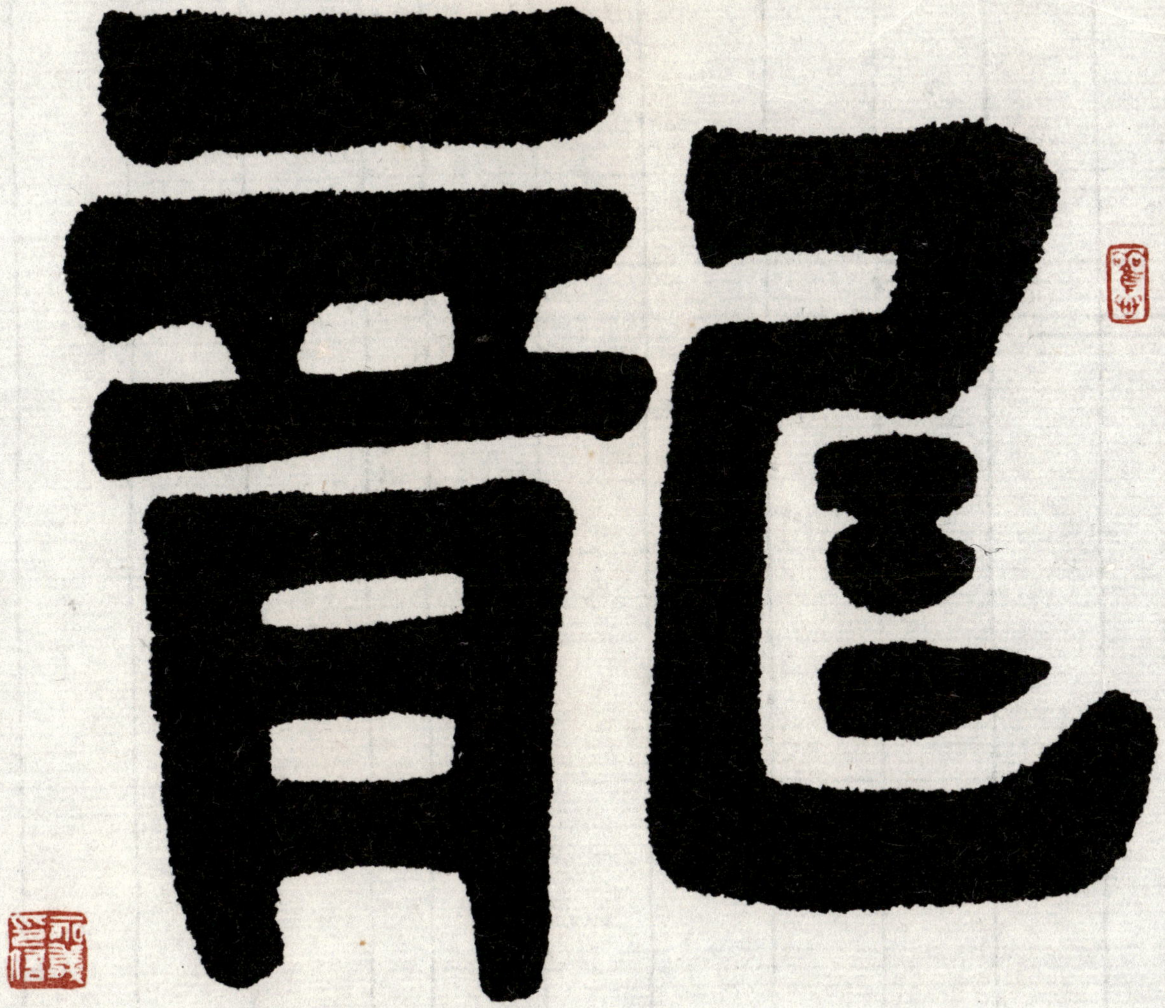

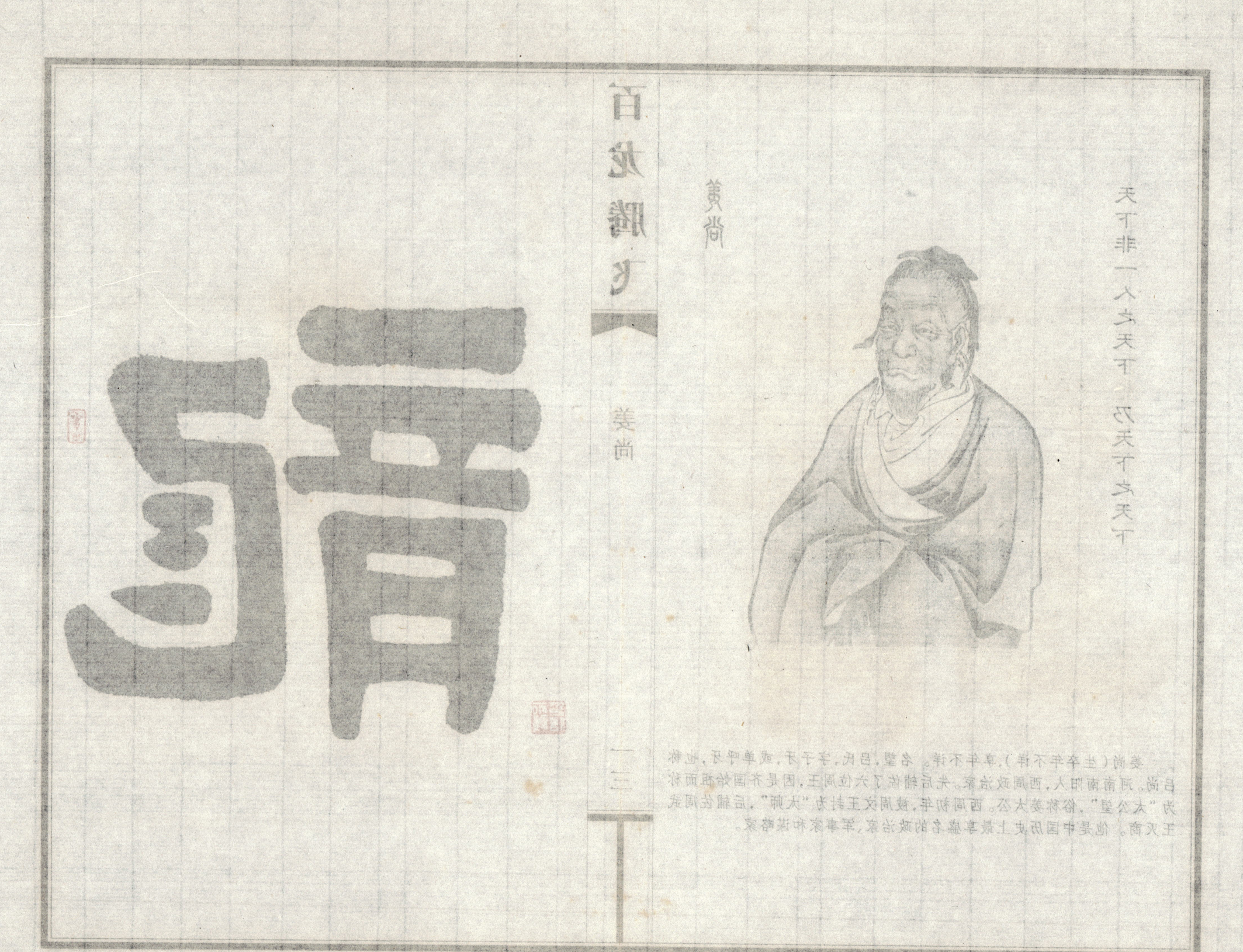

百业祖师

黄尚

姜尚

天下非一人之天下，乃天下之天下

姜尚（生卒年不详），姜姓，吕氏，名尚，字子牙，号飞熊，又称吕尚、姜子牙，东海（今河南南阳）人，先祖佐禹治水有功，虞夏之际封于吕，故从其封姓，故又称吕尚，俗称姜太公。西周初年辅佐周文王姜太公，称"太公望"，武王尊之号称"师尚父"，是中国古代杰出的政治家、军事家和谋略家，被后世尊为兵家鼻祖、武圣。

一三

天行健 君子以自强不息

周文王

周文王

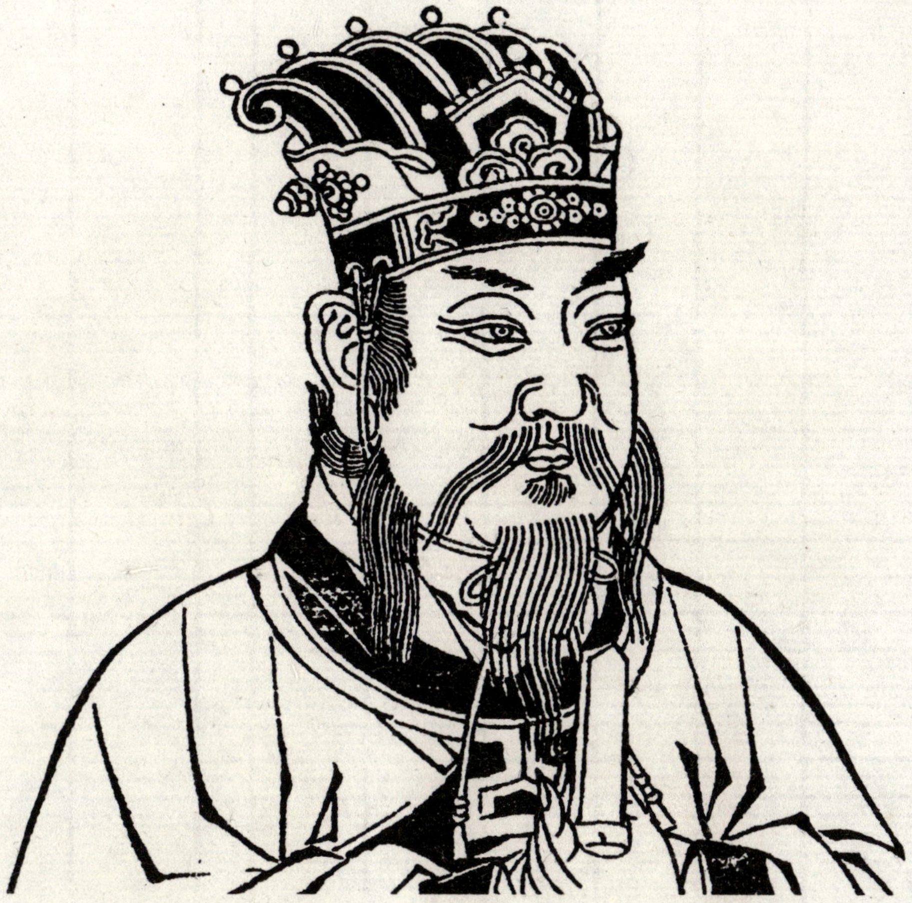

周文王（生卒年不详），享年不详。即殷商西伯，又称周侯，姓姬名昌，季历之子，周王朝的奠基人。季历死后由他继承西伯侯之位，又称伯昌。在位五十年。商纣时为西伯侯，建国于岐山之下。文王在位期间，倡导笃仁、敬老、慈少、礼贤下士的社会风气，使其领地的社会经济得以发展。

一四

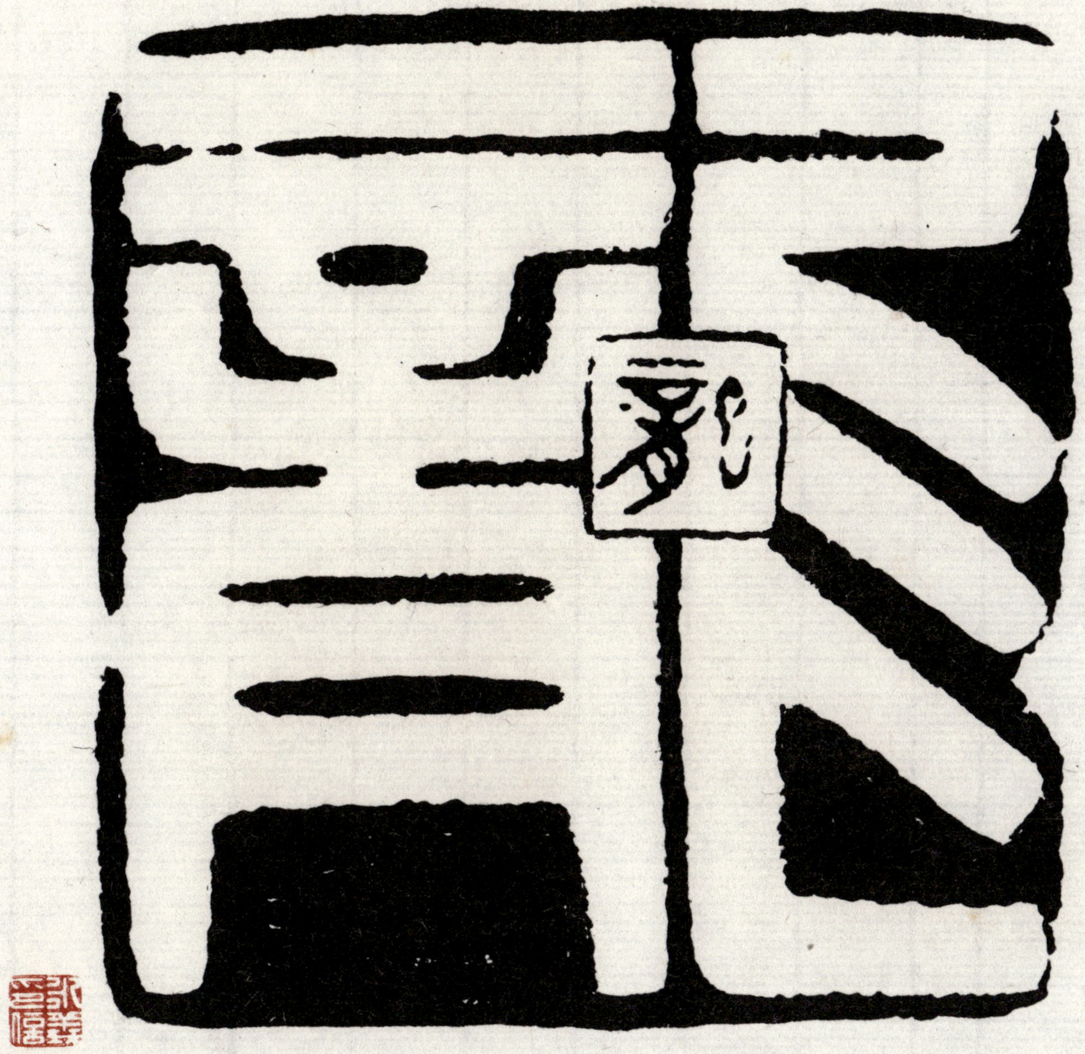

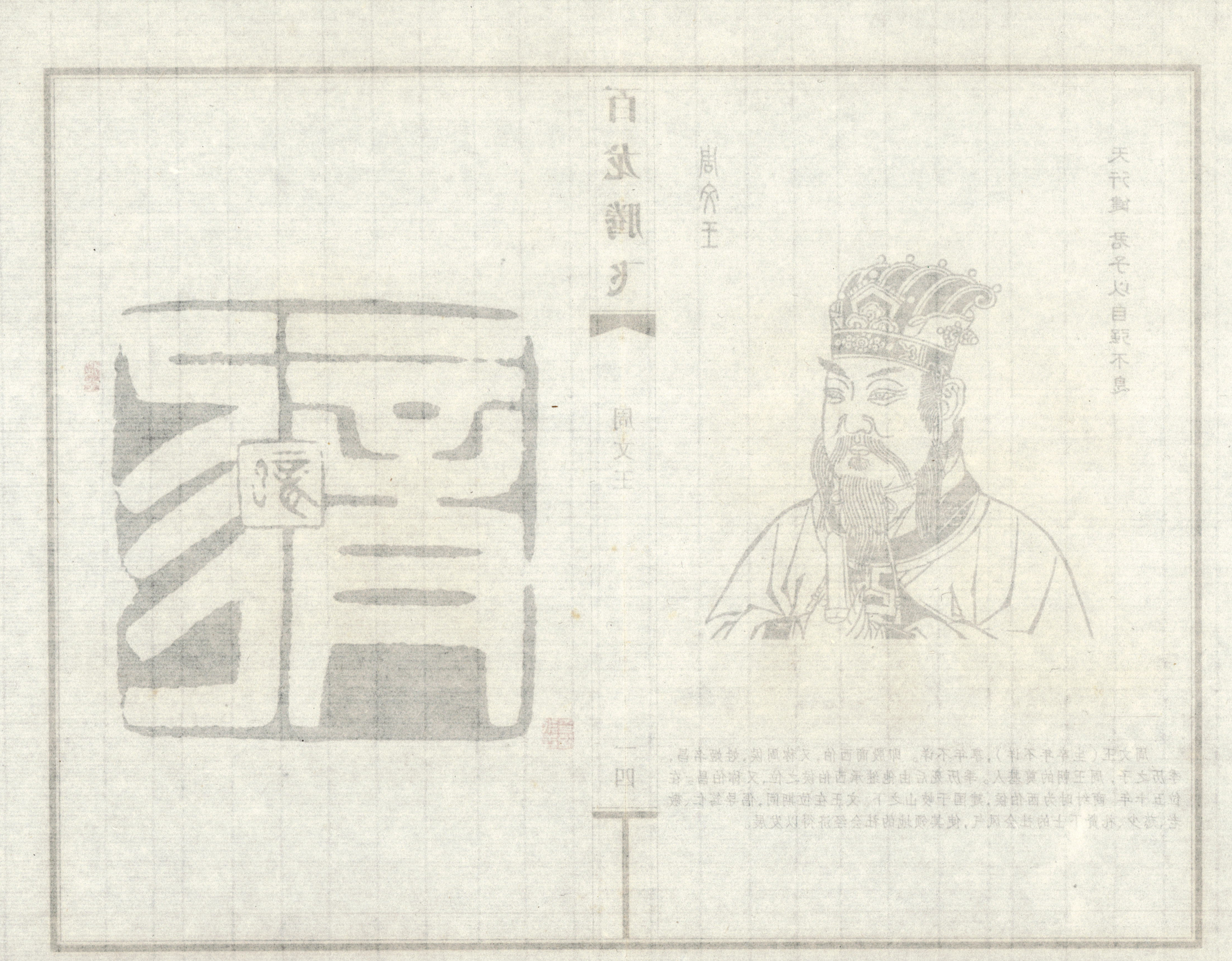

周文王

周文王

百龙腾飞

周公

敬天保民　明德慎罚

周公

一五

龍

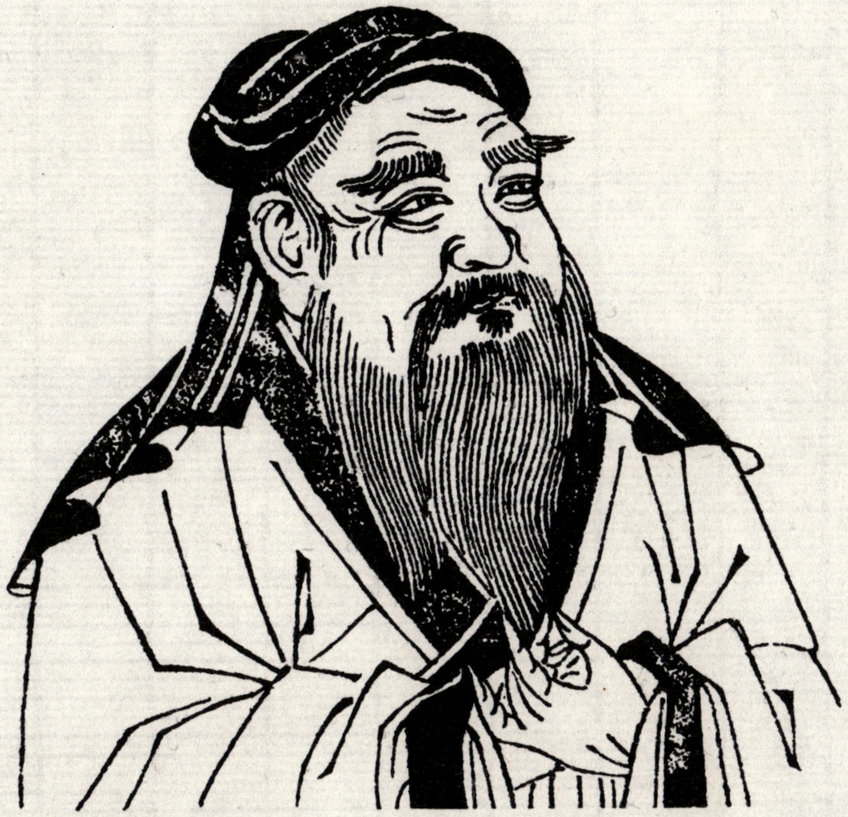

　　周公（生卒年不详），享年不详。姓姬名旦，亦称叔旦，人称周公或周公旦，陕西岐山人，周文王姬昌第四子，周王朝时期杰出的政治家、军事家和思想家，还是一位多才多艺的诗人、学者。被尊为儒学奠基人，孔子一生最崇敬的古代圣人之一。周代的礼乐制度相传都是周公所制订。

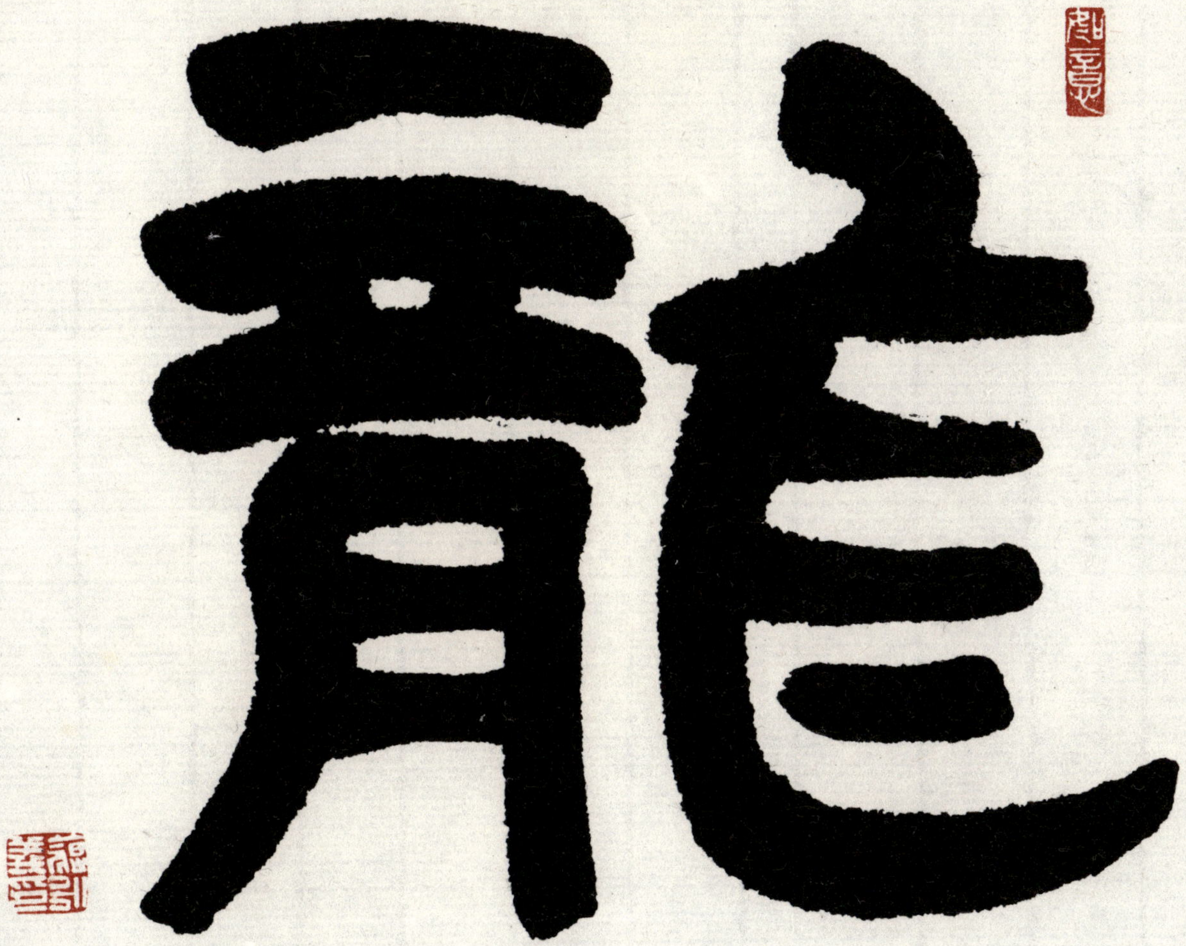

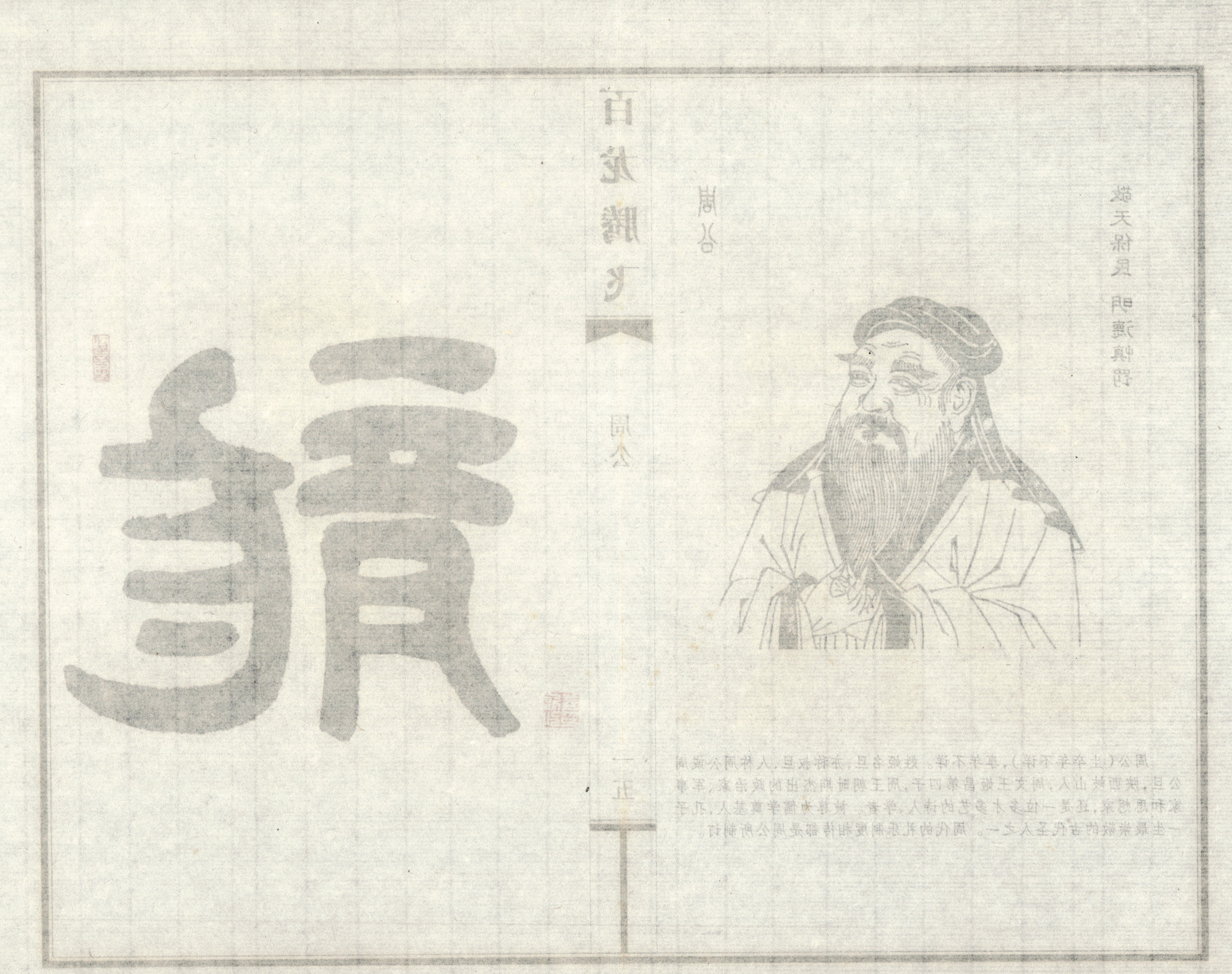

百龙腾飞

周武王

一六

周文王

树德务滋　除恶务本

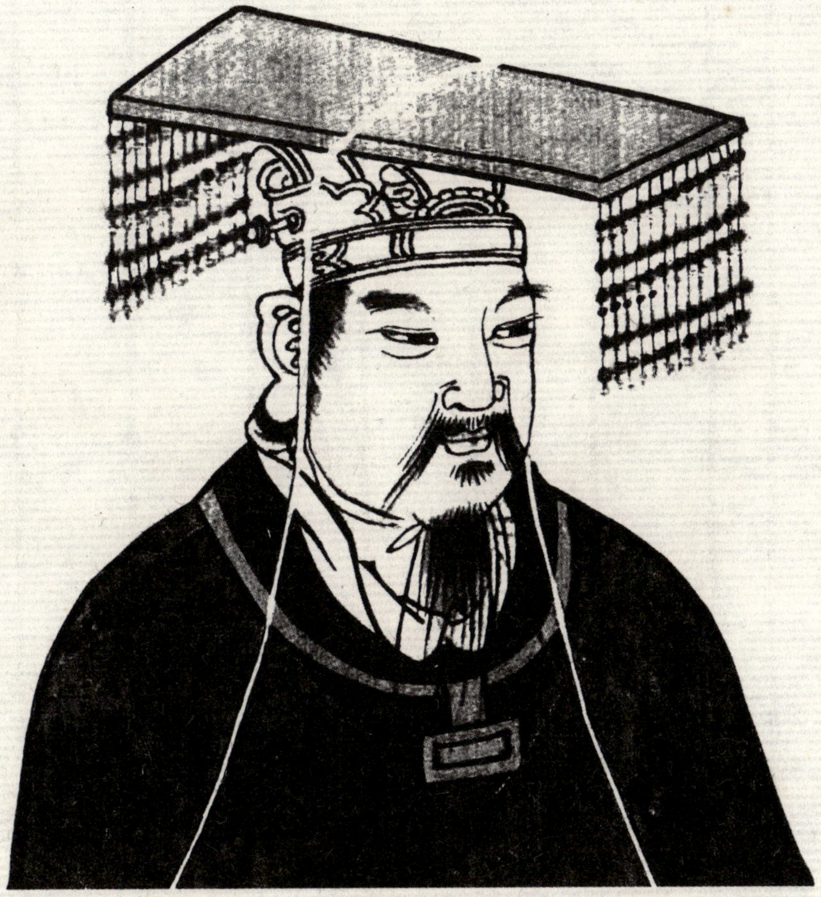

周武王（生卒年不详），享年不详。姬姓，名发，谥号武王，西周初期杰出的政治家。是周文王的次子，周王朝的创建者，华夏杰出领袖。文王死后，他承袭了王位，继承父亲的遗志，建立起周王朝。死后谥号"武"，史称周武王。

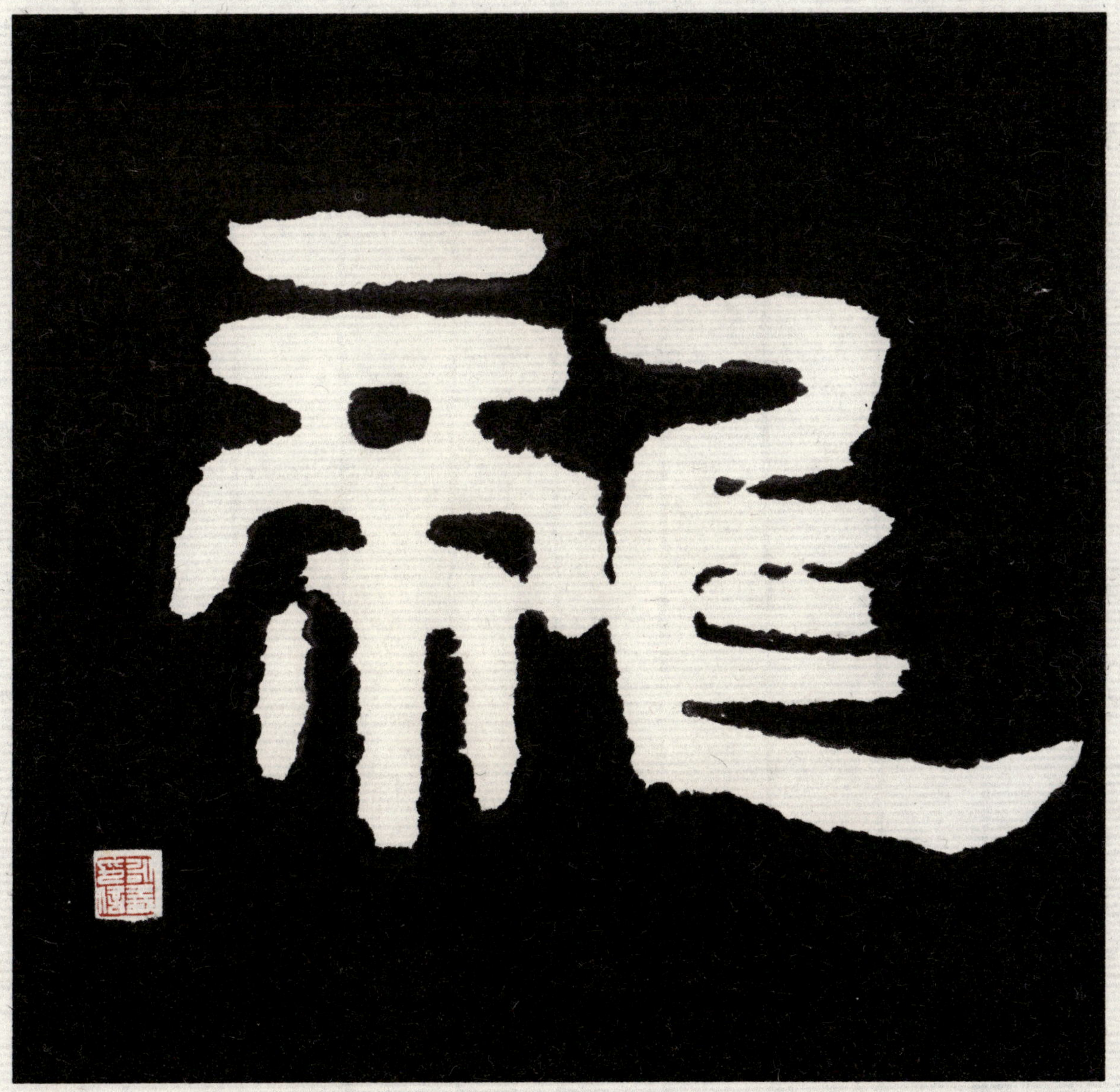

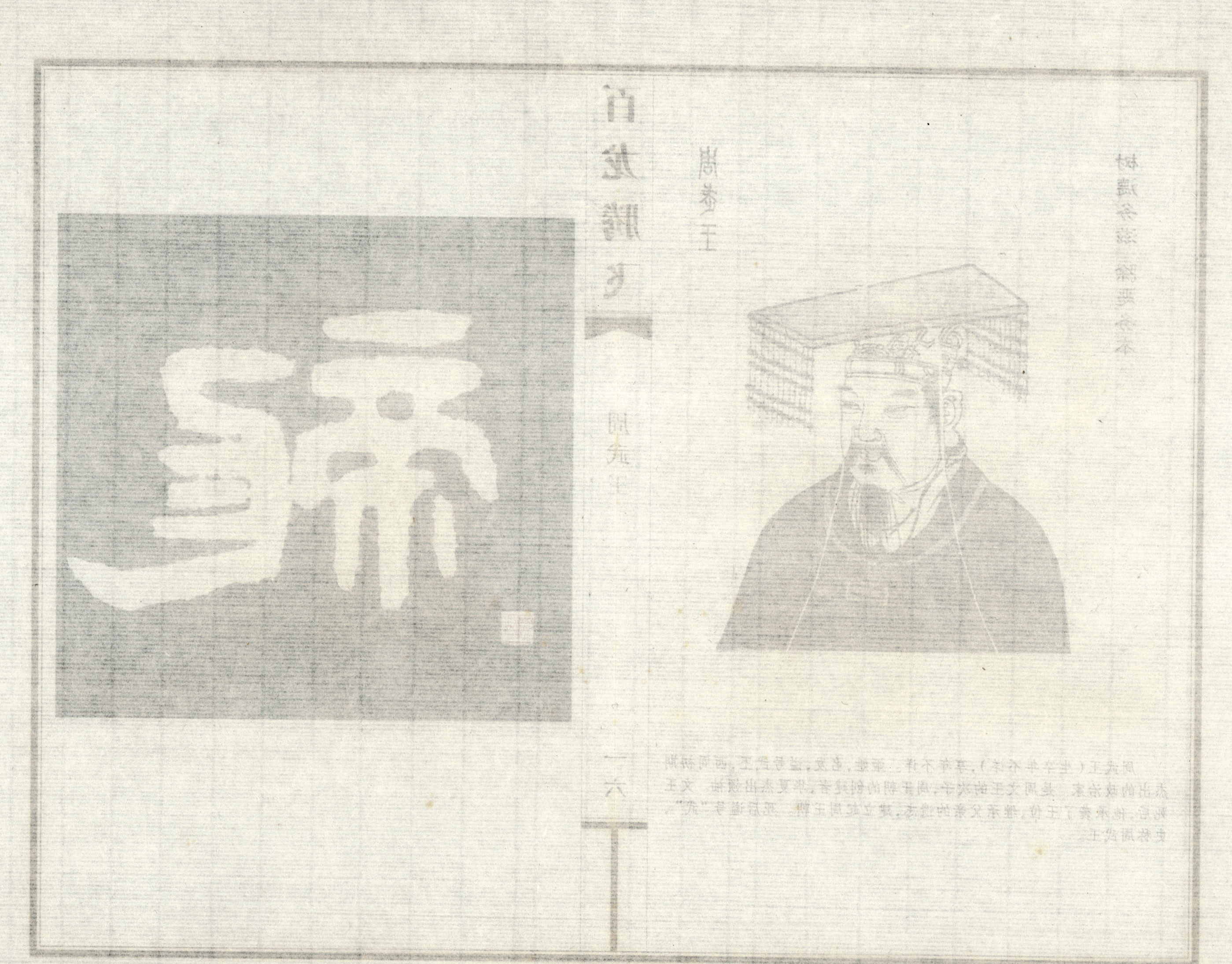

仓廪实则知礼节　衣食足则知荣辱

管仲

管仲

一七

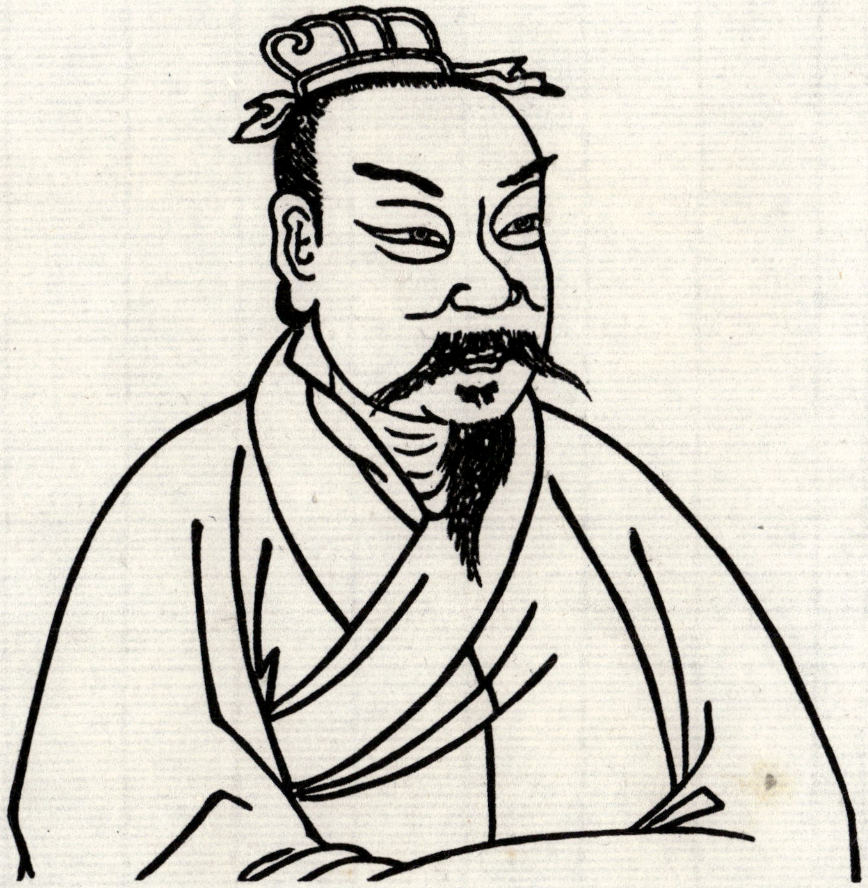

管仲（生卒年不详），享年不详。名夷吾，字仲，史称管子，安徽颍上人。周穆王的后代，春秋时期齐国著名的政治家、军事家，被称为"春秋第一相"。齐桓公尊管仲为"仲父"，他辅佐齐桓公成为了春秋时期的第一霸主。

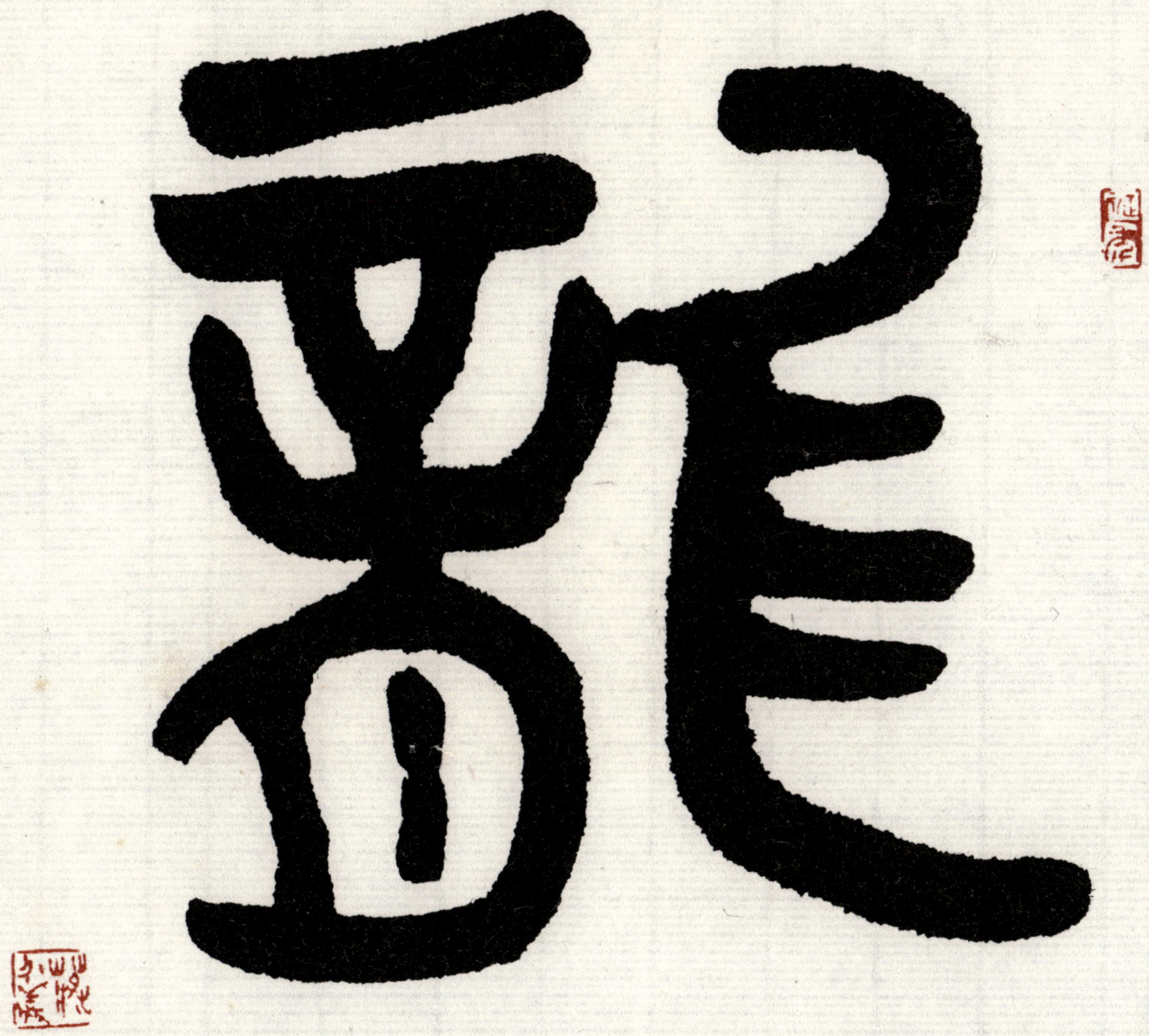

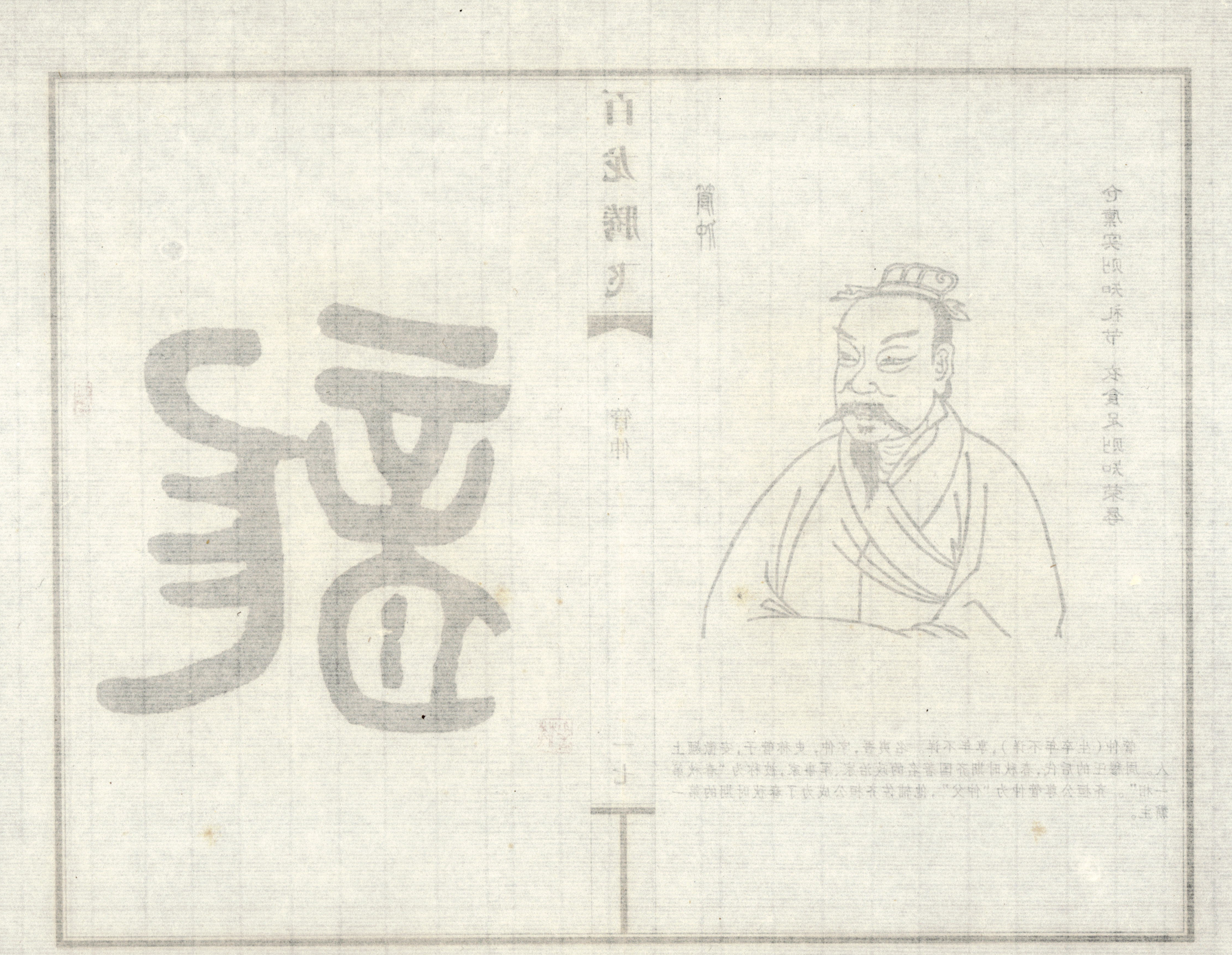

智者千虑 必有一失 愚者千虑 必有一得

晏婴

一八

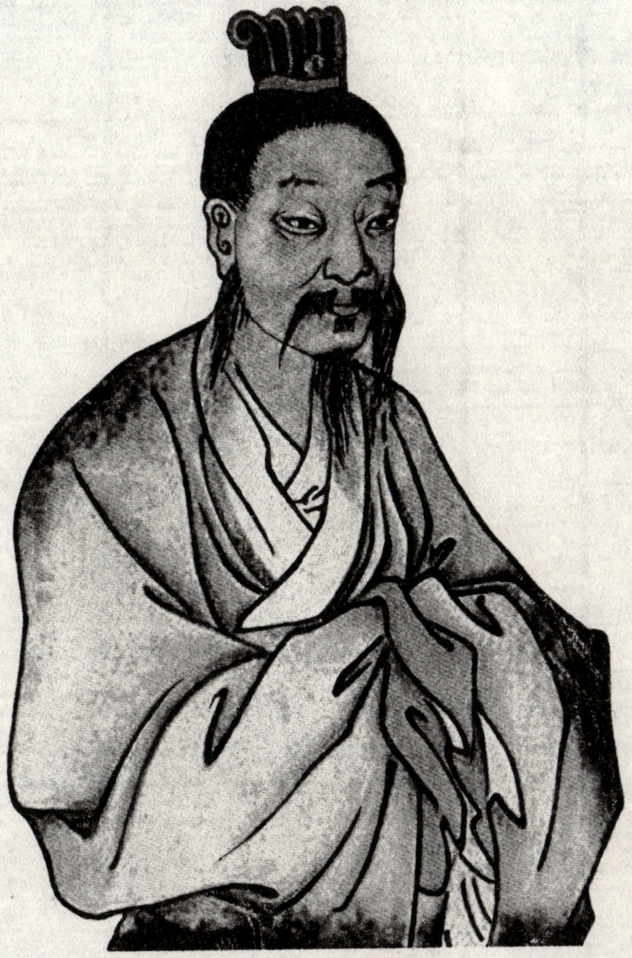

晏婴（公元前？～前 500 年），享年不详。字仲，谥平，习惯上多称平仲，又称晏子。山东高密人，春秋时期一位重要的政治家、思想家、外交家。晏婴历任齐灵公、齐庄公、齐景公三朝的卿相，辅政长达五十余年。后人为其撰写了《晏子春秋》。

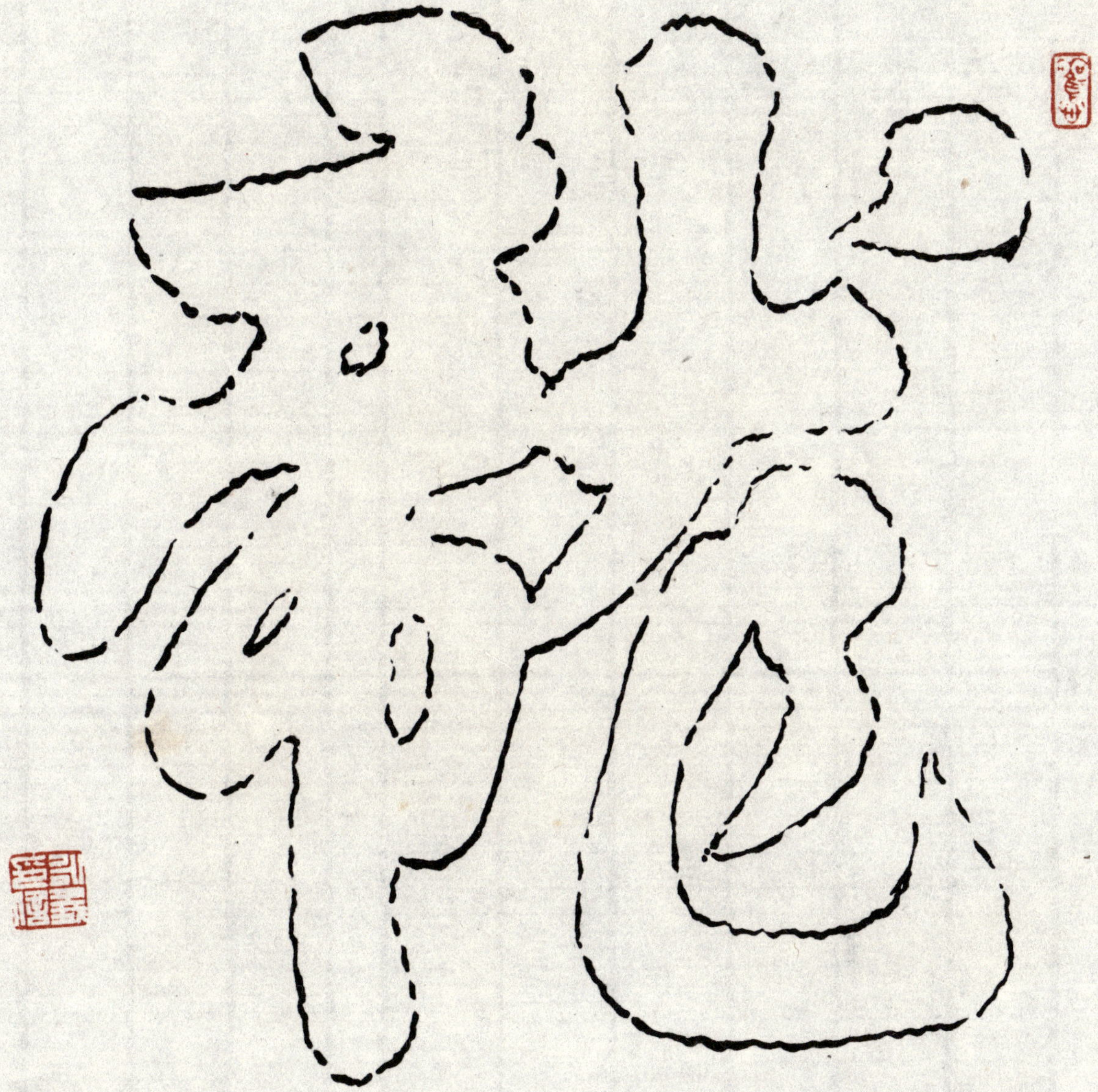

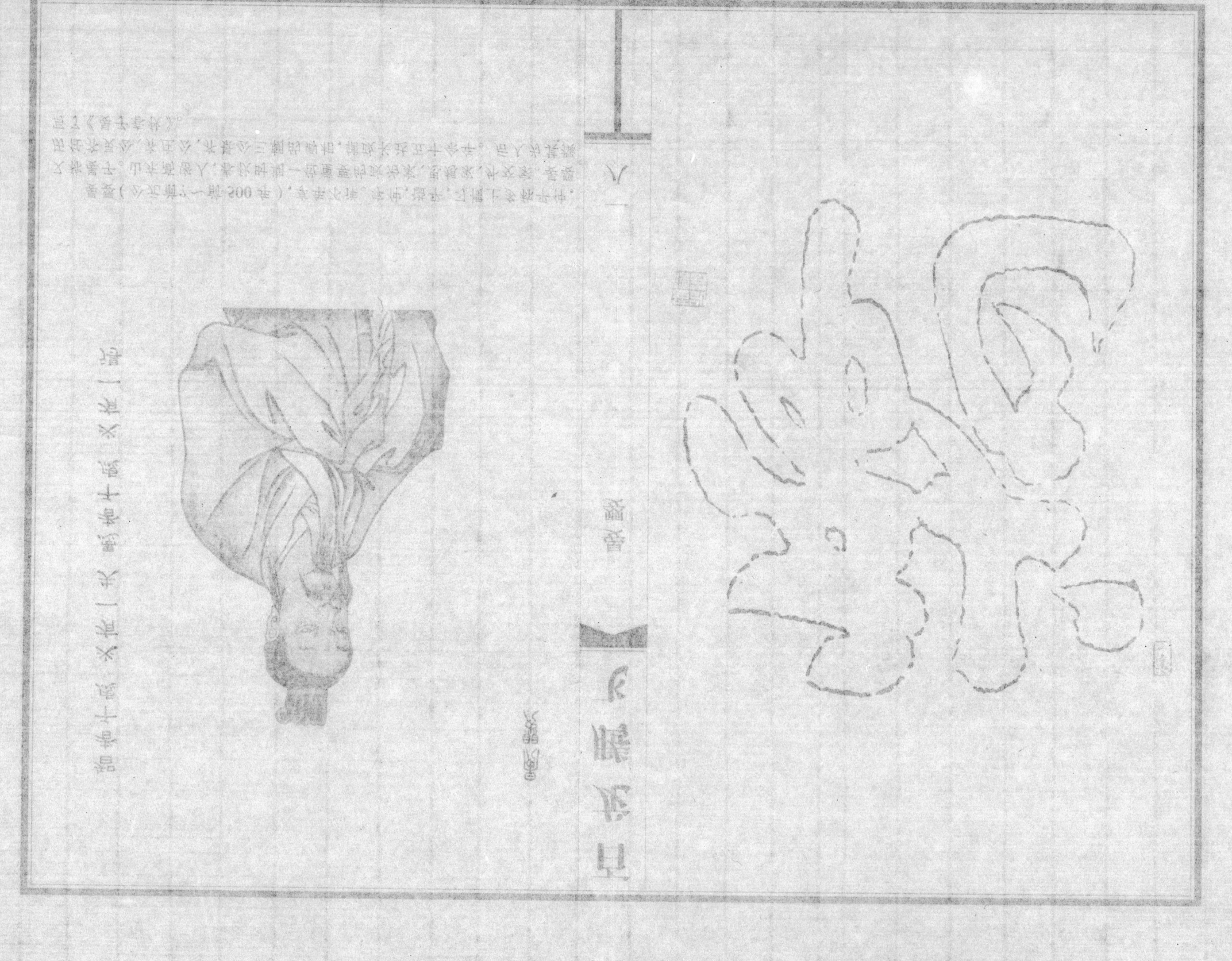

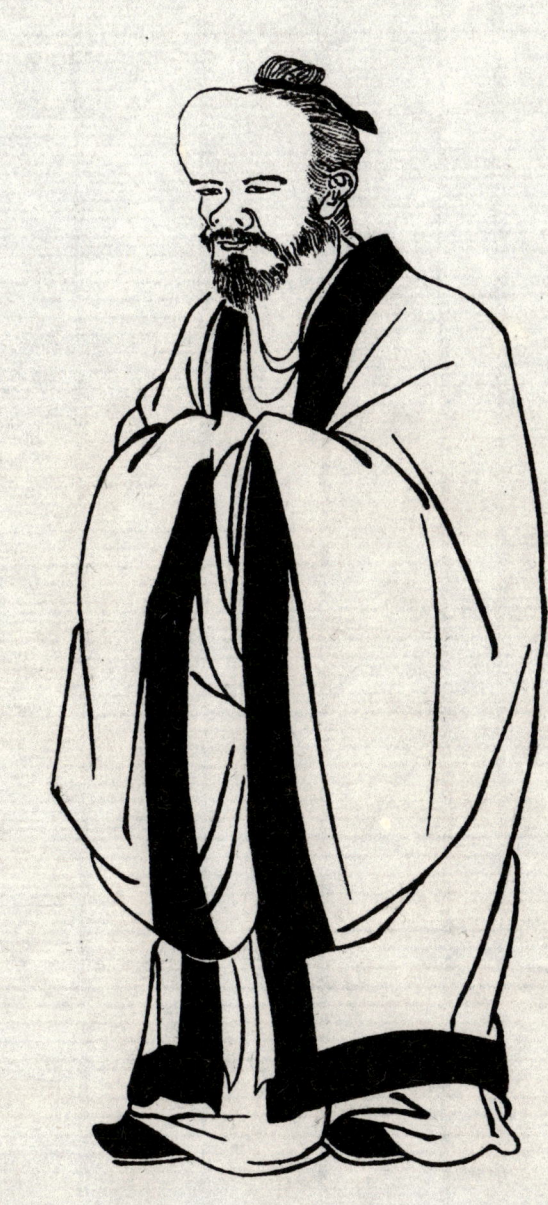

祸兮 福之所倚 福兮 祸之所伏

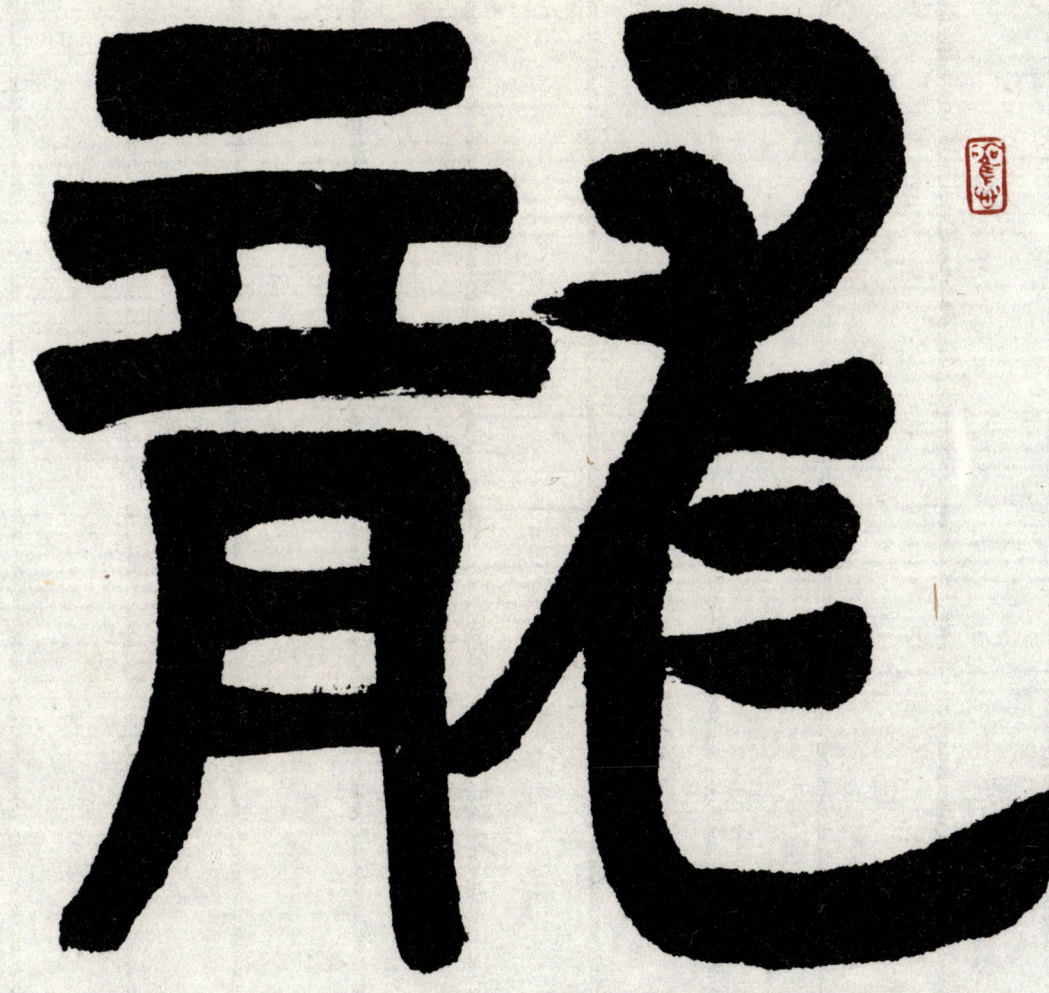

老子（约公元前571～约前471年），享年约一百岁。又称老聃、李耳，河南鹿邑人。春秋时期伟大的哲学家和思想家，道家学派创始人，曾为周藏书室史官。存世作品有《道德经》（又称《老子》），其作品的精华是朴素的辩证法，主张无为而治，其学说对中国哲学发展具有深刻影响，在道教中老子被尊为"道祖"。

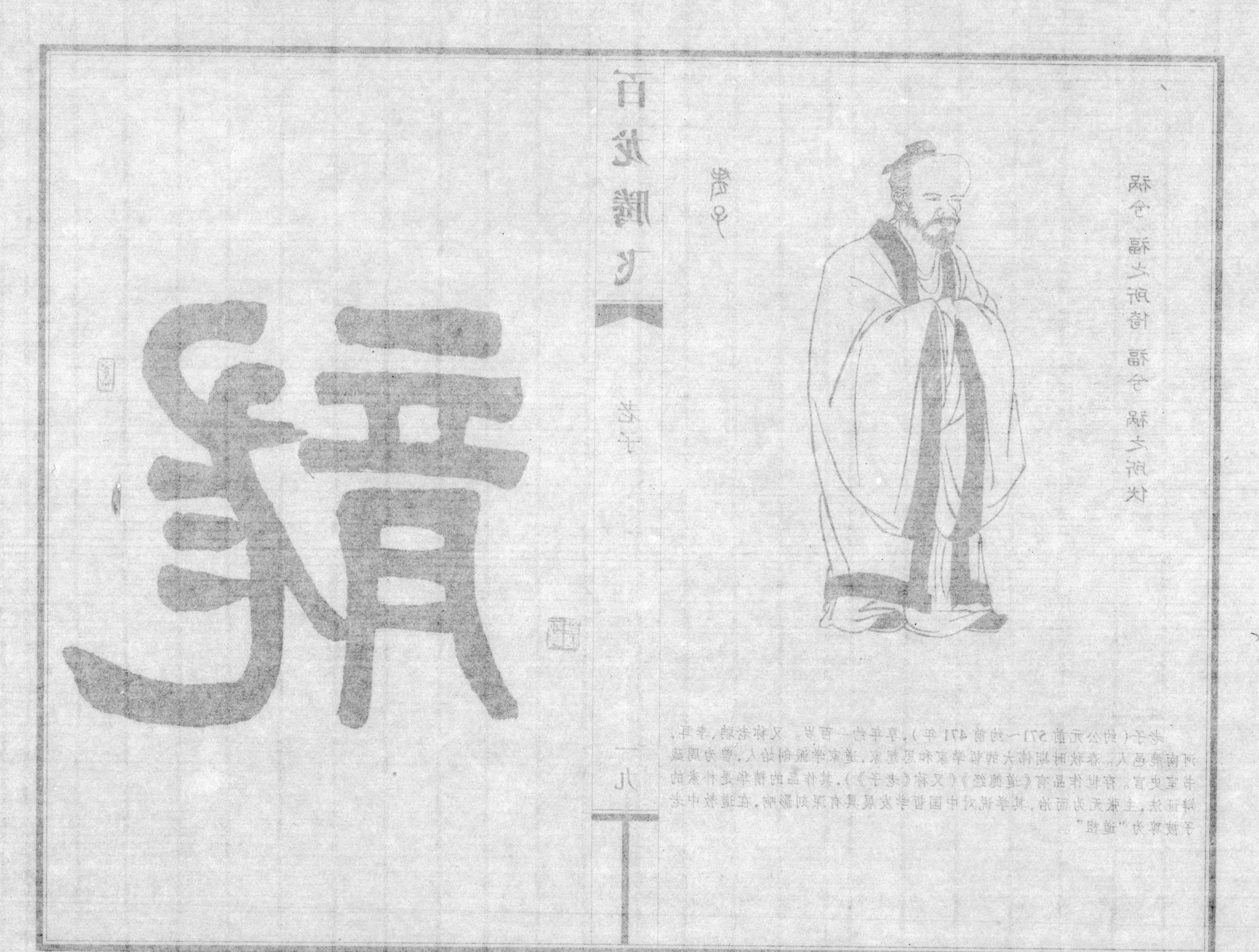

己所不欲 勿施于人

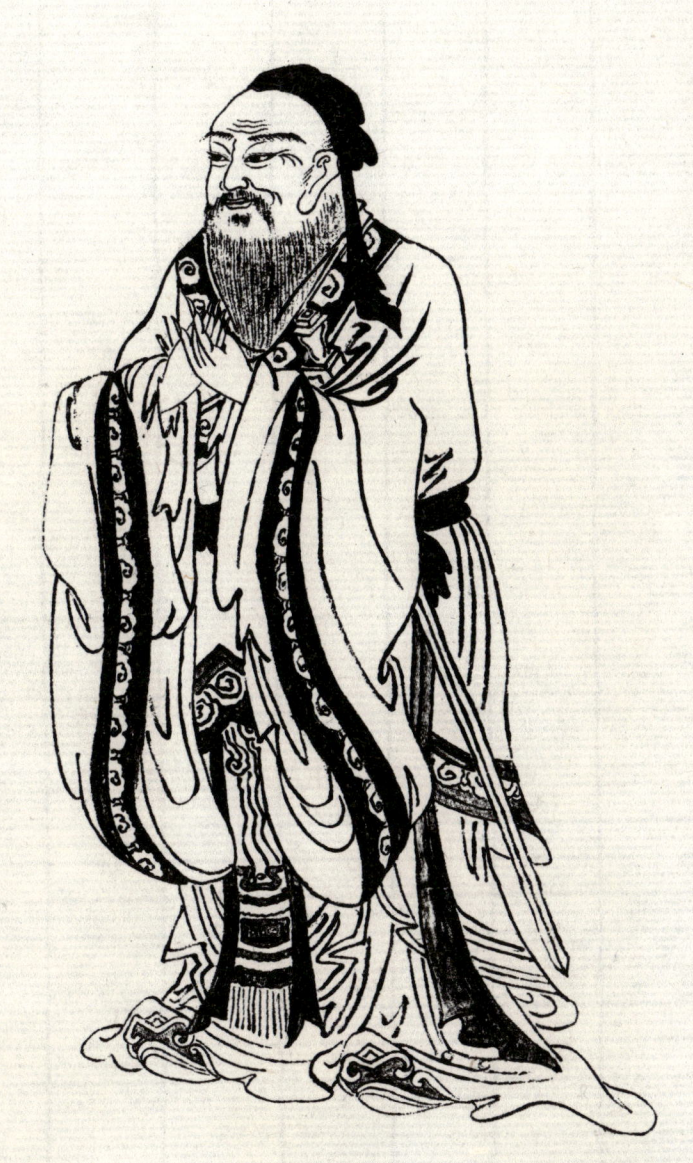

百龙腾飞

孔子

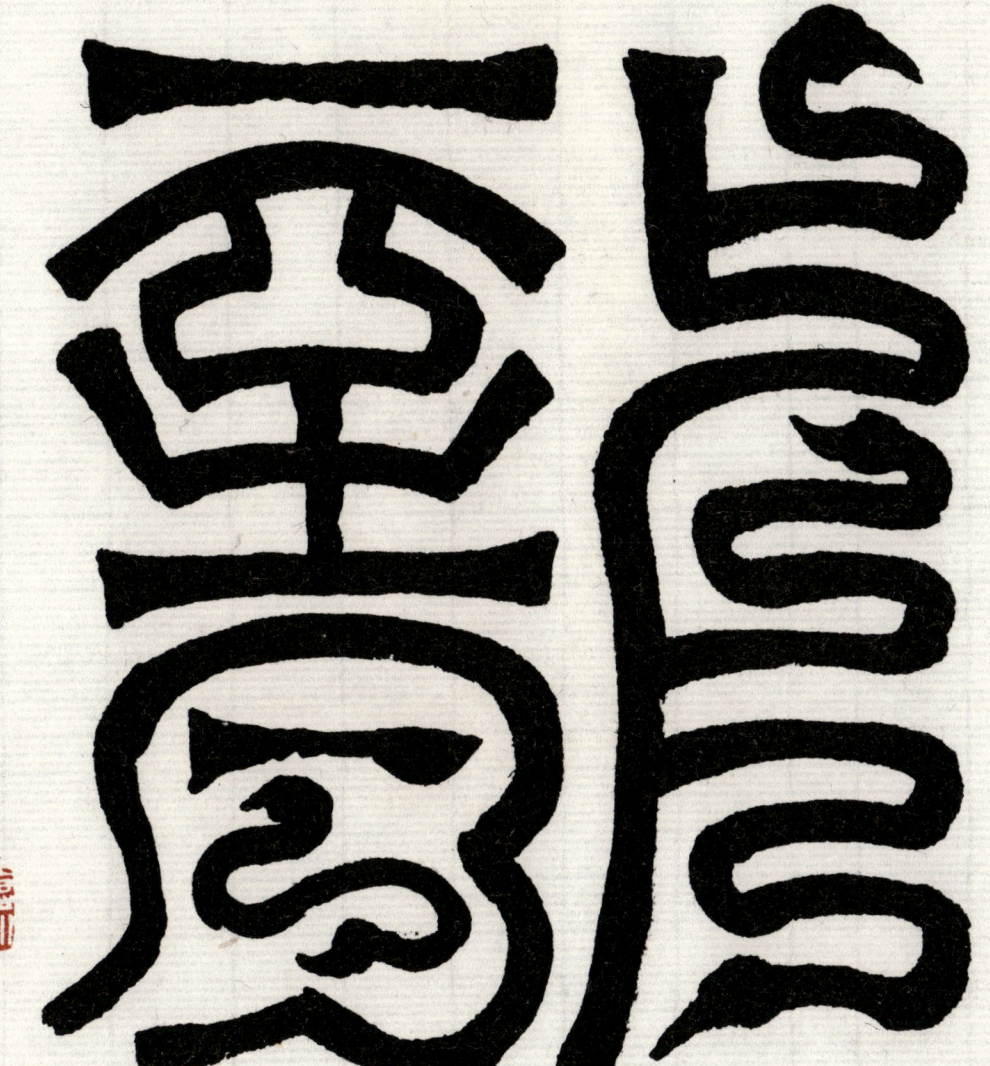

二〇

孔子（公元前551～前479年），享年七十二岁。子姓，孔氏，名丘，字仲尼，山东曲阜人，中国春秋末期的思想家和教育家，儒家的创始人。曾长期聚徒讲学，开私人讲学的风气，传说有弟子三千余人，身通六艺者七十二人。孔子集华夏上古文化之大成，被后世统治者尊为孔圣人、万世师表。

己所不欲，勿施于人。

孔子圣像

孔子（公元前551—前479年），子姓，孔氏，名丘，字仲尼，春秋时期鲁国陬邑（今山东曲阜）人，中国古代著名的思想家和教育家，儒家学派创始人，曾受业于老子，带领部分弟子周游列国十三年，晚年修订六经（诗、书、礼、乐、易、春秋）。相传孔子曾问礼于老子，有弟子三千人，其中贤人七十二人，孔子去世后，其弟子及其再传弟子把孔子及其弟子的言行语录和思想记录下来，整理编成儒家经典《论语》。

四五

一○四

百龙腾飞

孙武

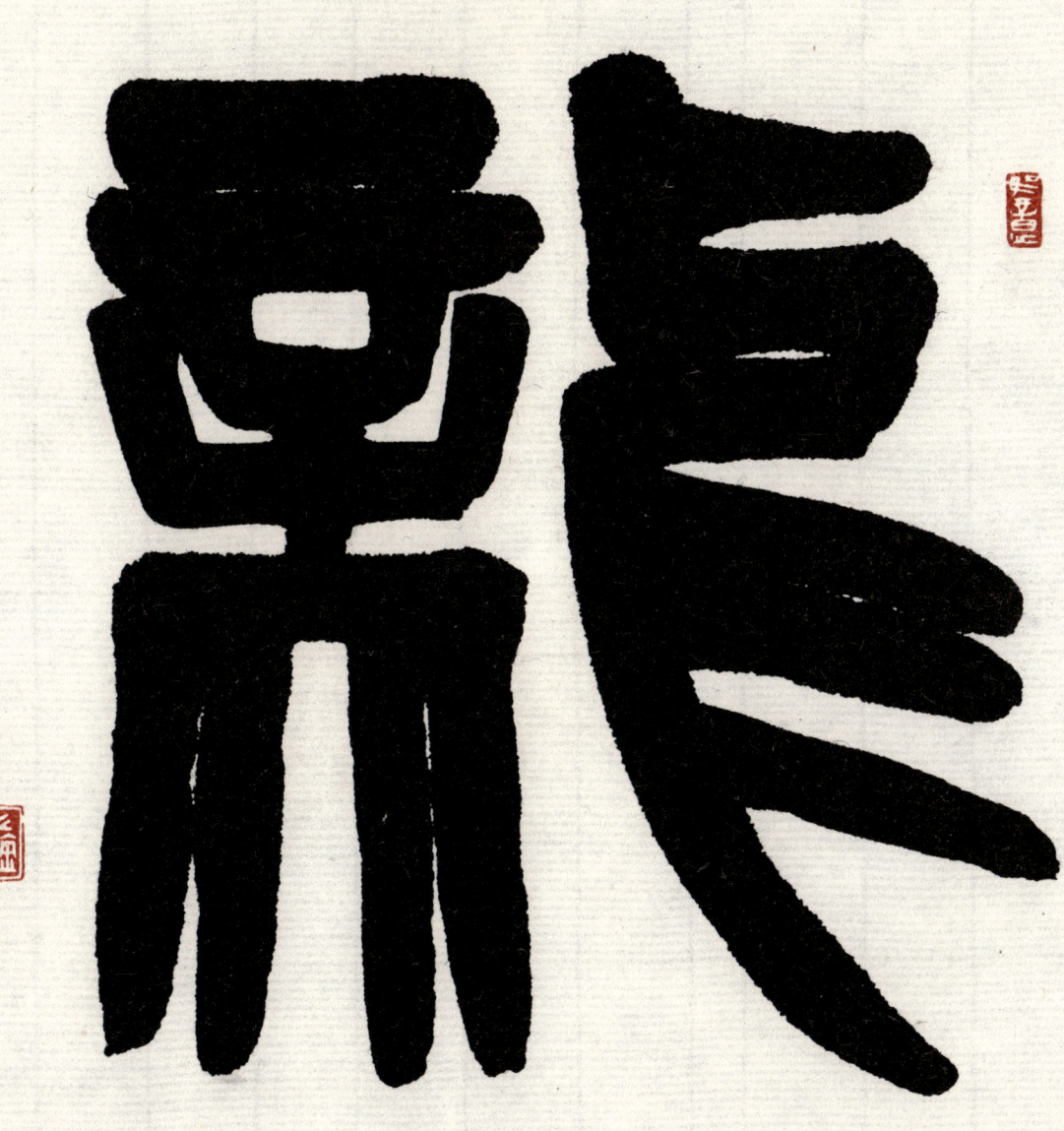

知己知波 百战不殆

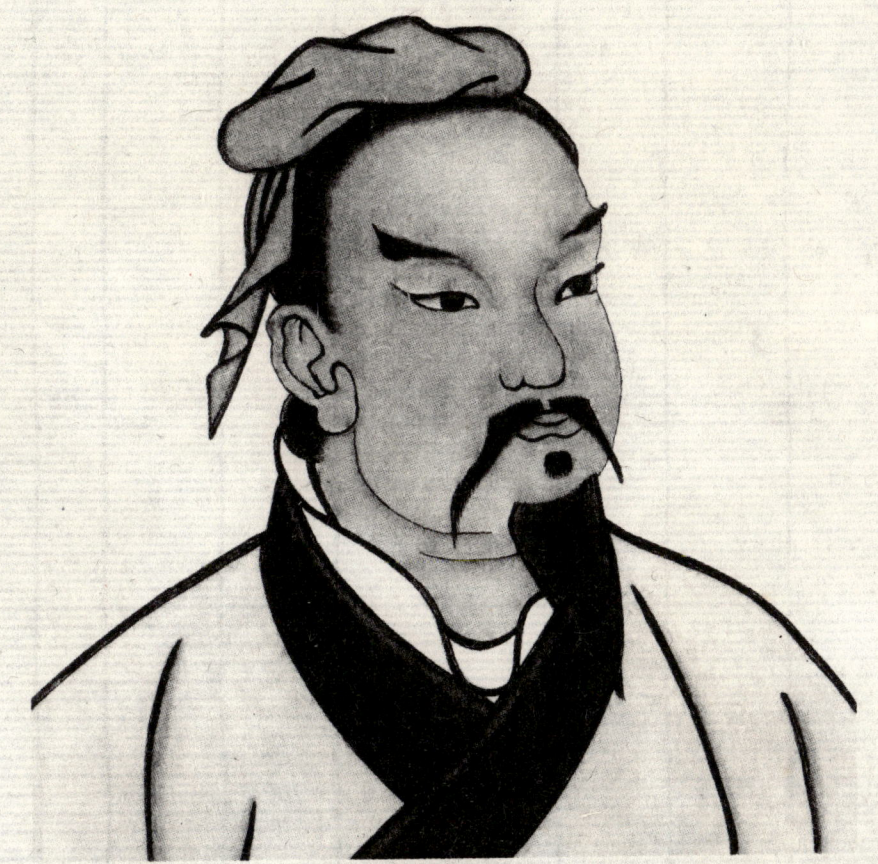

二一

孙武（生卒年不详），享年不详。字长卿，别名孙子、孙武子。山东惠民人，春秋时期著名军事家。曾以《兵法》十三篇见吴王阖闾，受任为将。领兵打仗，战无不胜。现存有巨作《孙子兵法》十三篇，是我国历史上兵书传世最古老的著作，为后世兵法家所推崇，被誉为"兵学圣典"。

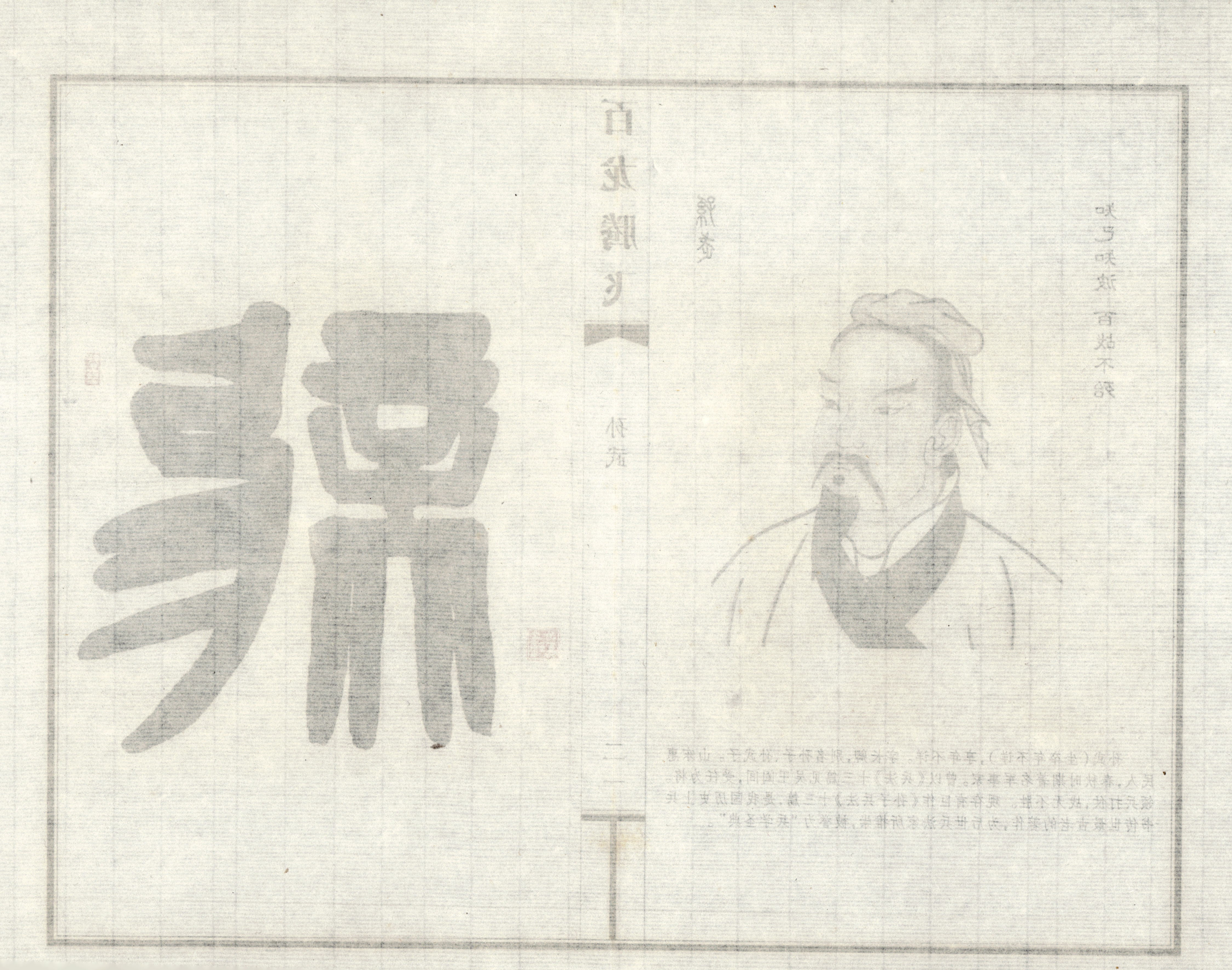

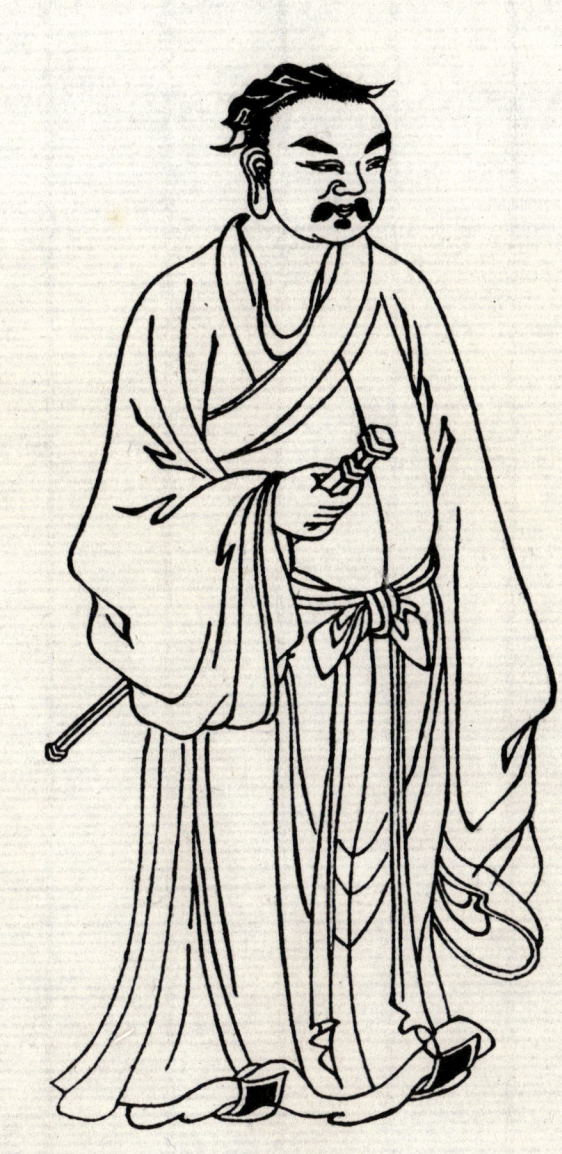

同德则同心 同心则同志

百龙腾飞

左丘明

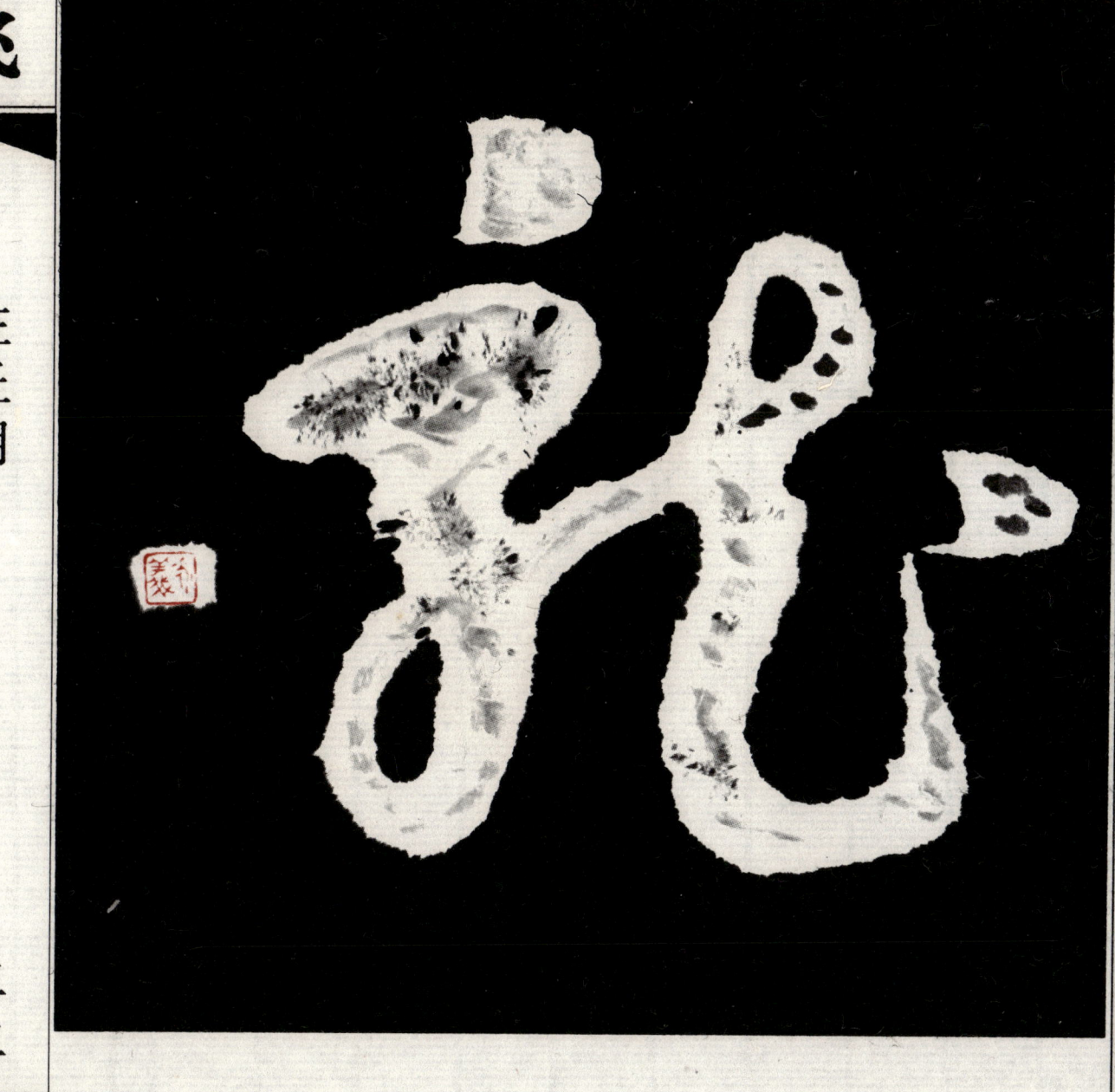

左丘明（生卒年不详），享年不详。姓丘，名明（一说复姓左丘，名明）。山东济宁人，春秋时期的史学家。双目失明，春秋时称为瞽的盲史官，记诵、讲述有关古代历史和传说，口耳相传，以补充和丰富文字的记载。相传曾著《左氏春秋》（又称《左传》和《国语》）。

左丘明

二一二

左丘明（生卒年不详），即左丘，复姓左丘，名明（一说姓丘，名明）。春秋末期鲁国人，相传曾任鲁国史官。双目失明，即盲左，春秋时期相传为著名的史官。相传他根据鲁国史料等古代史料编成《左氏春秋》（又称《左传》）和《国语》。

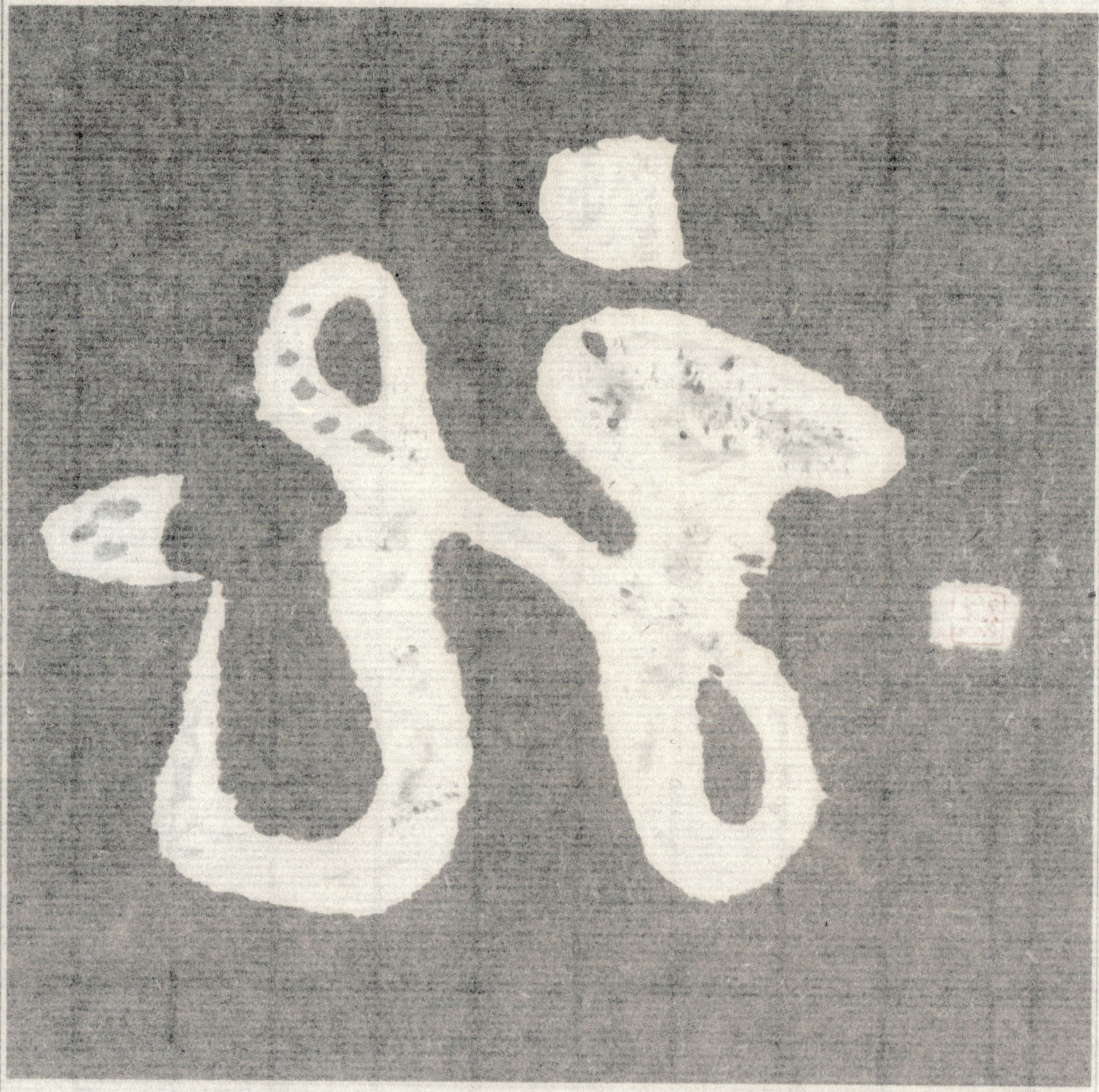

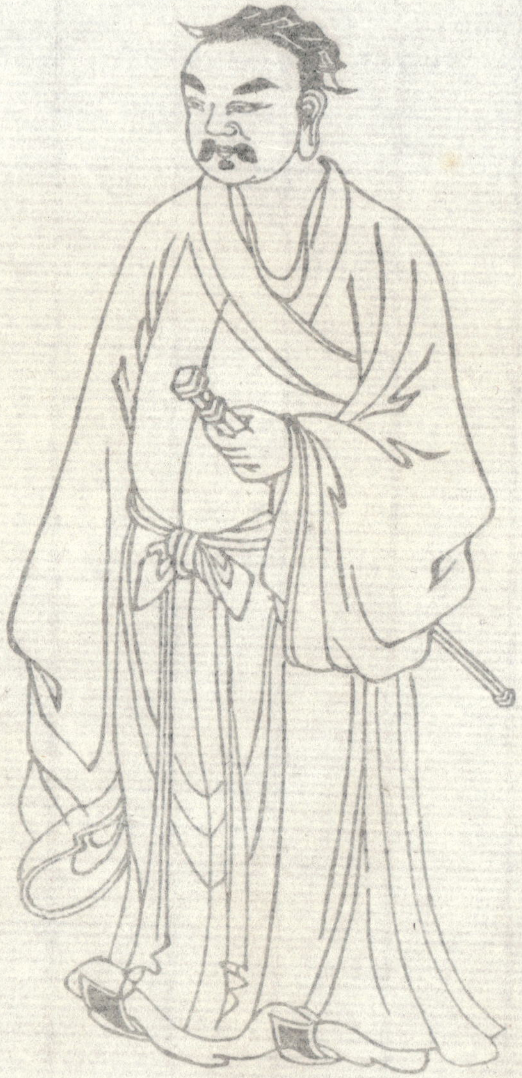

君子以文会友 以友辅仁

百龙腾飞

曾子

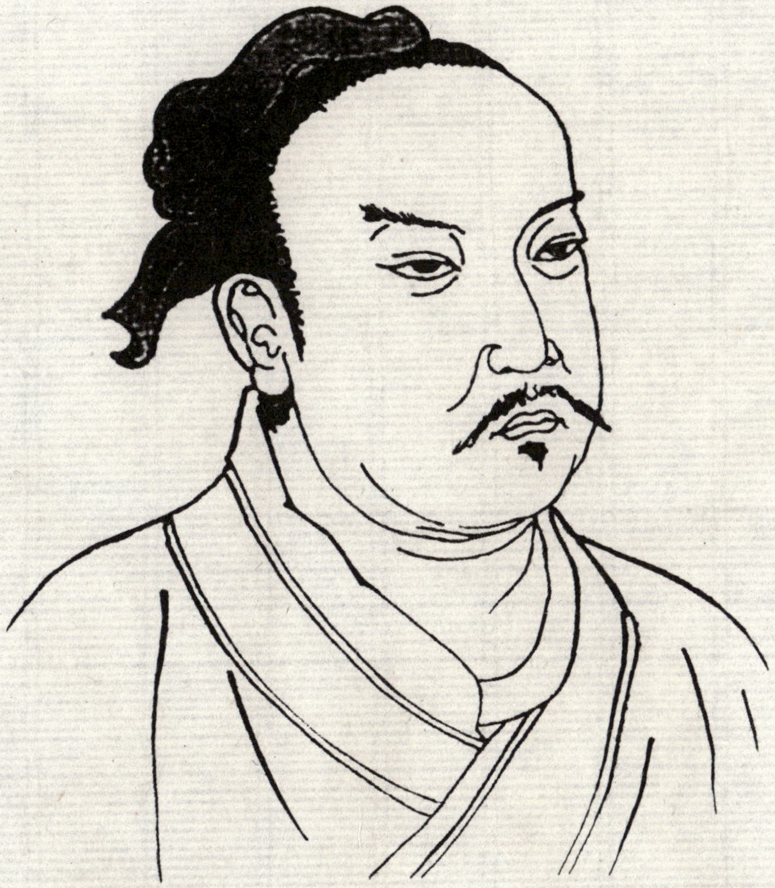

　　曾子（公元前505～前435年），享年七十岁。姓曾，名参，字子舆，山东济宁人，春秋末年的思想家、教育家。十六岁拜孔子为师，颇得孔子真传。他将孔子的思想传授给了孔子的孙子子思，子思的门人又传授给了孟子。因而，曾参上承孔子之道，下启思孟学派。著有《大学》、《孝经》等，后世儒家尊他为"宗圣"。

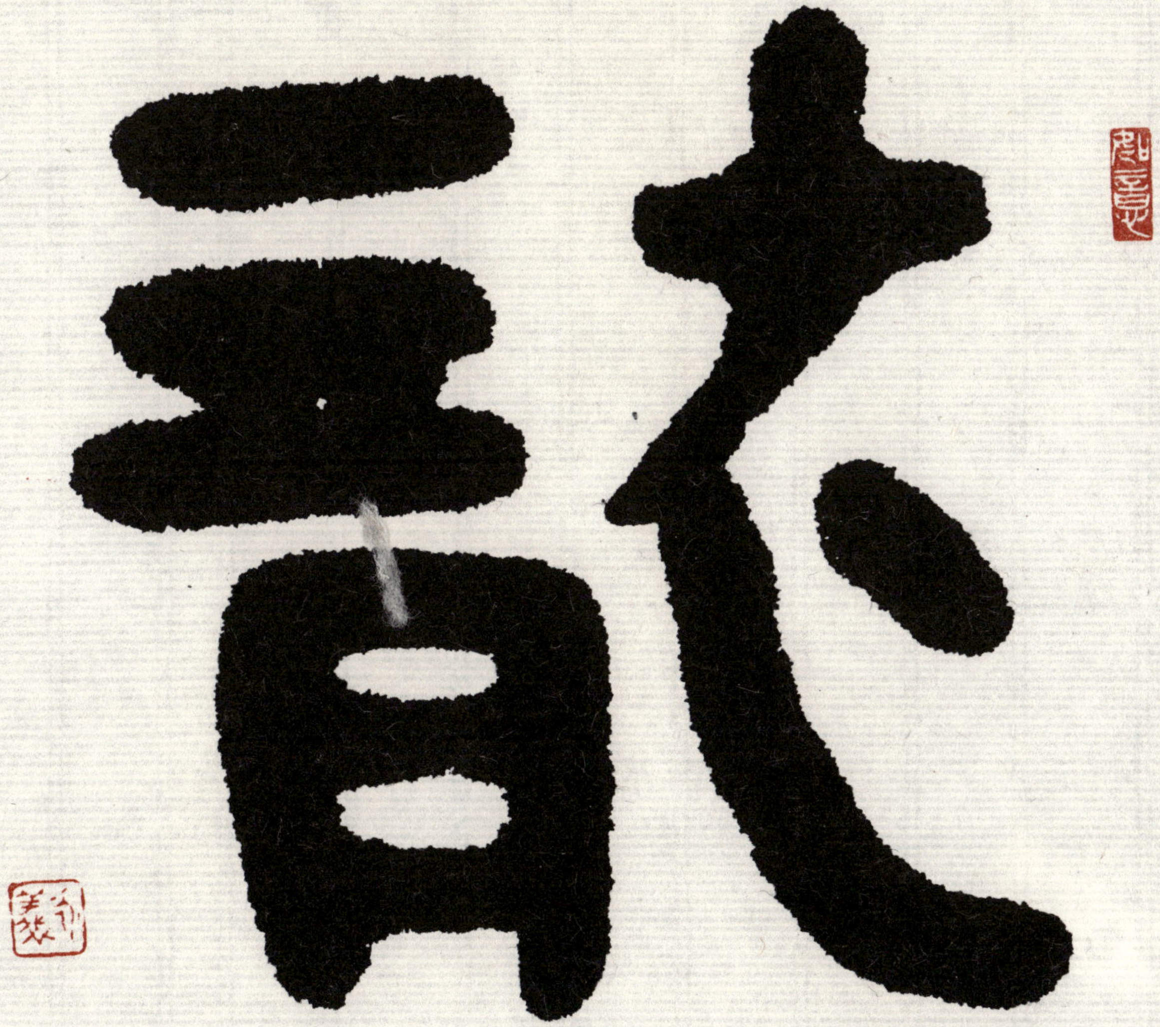

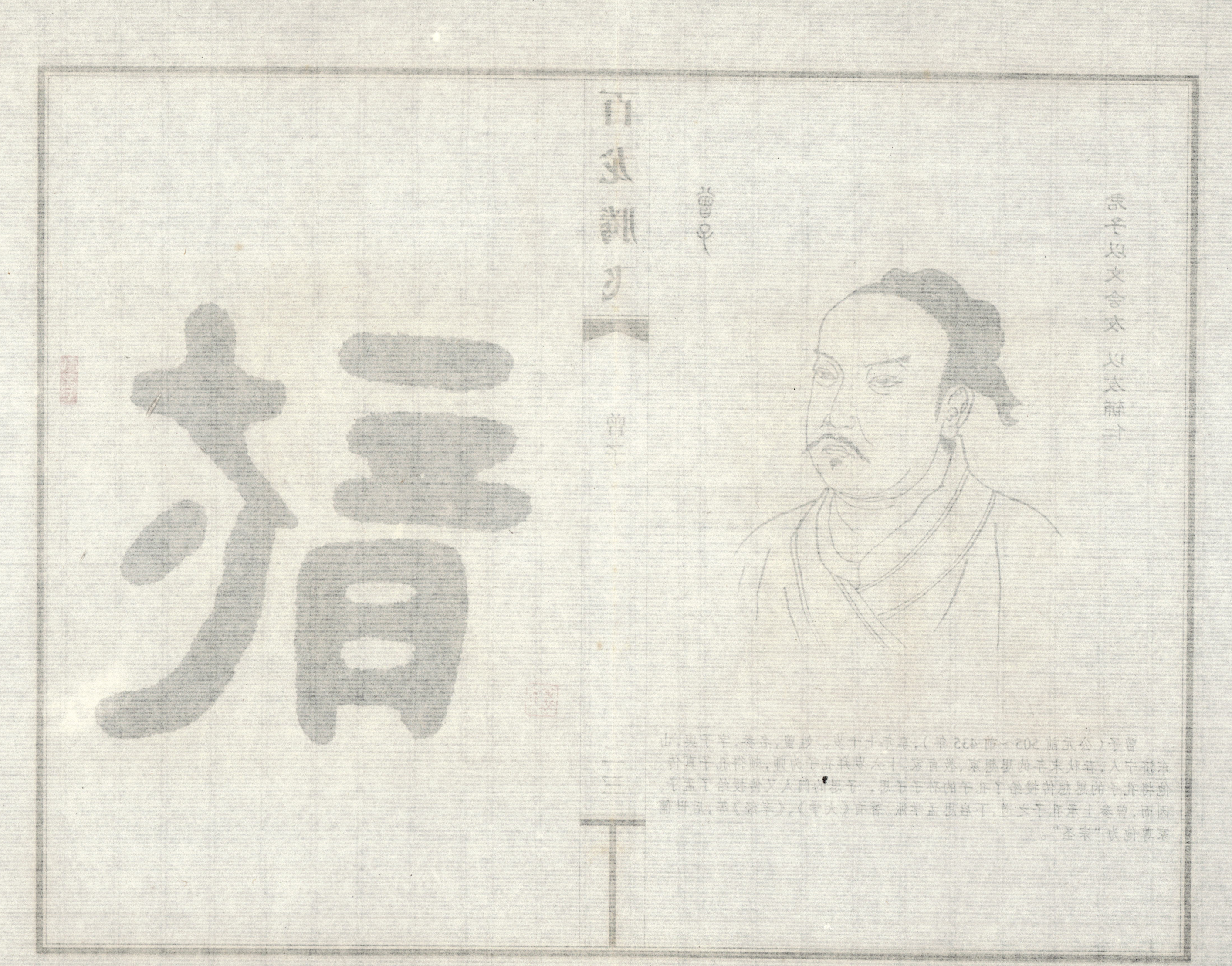

愿无伐善 无施劳

百龙腾飞

颜回

颜回

二四

龍

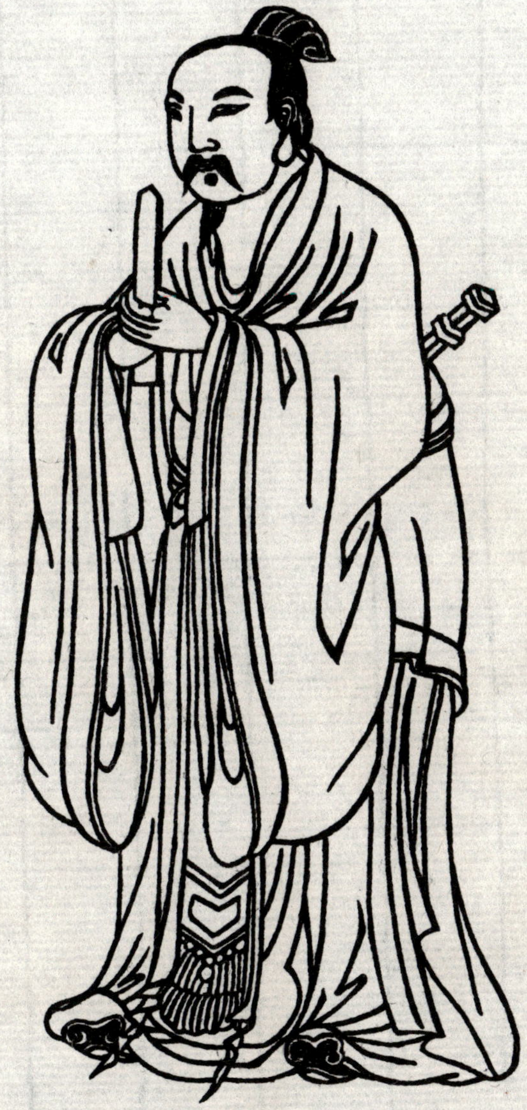

颜回（公元前521～前490年），享年三十一岁。字子渊，山东济宁人，春秋时期著名学者、思想家。他十四岁即拜孔子为师，此后终生师事之。在孔门诸弟子中，颜回素以德行著称。严格按照孔子关于"仁""礼"的要求，"敏于事而慎于言"。孔子对他称赞最多，不仅赞其"好学"，而且还以"仁人"相许。

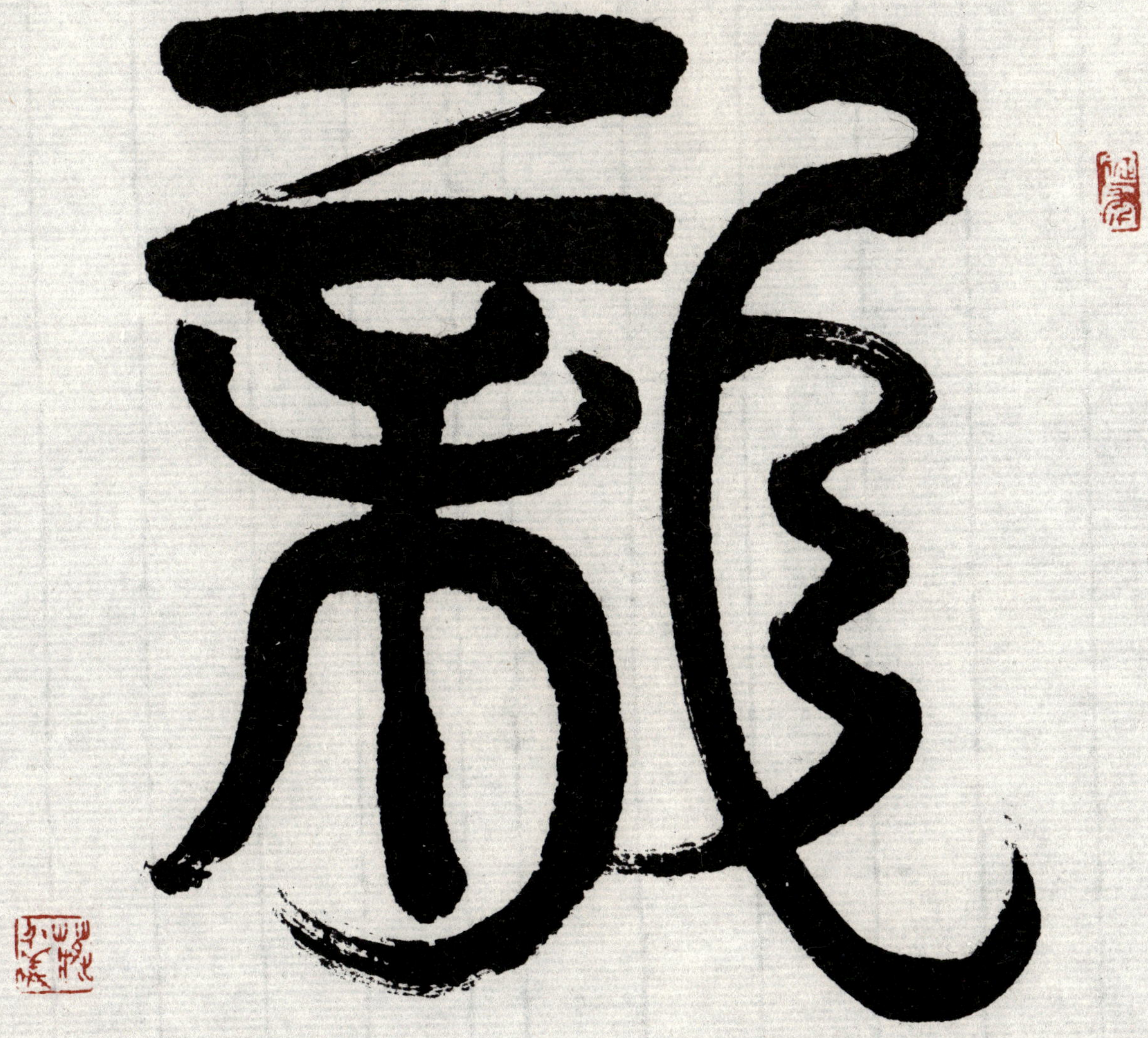

颜回

颜

颜回

颜回（公元前 521—前 490 年），享年三十一岁。字子渊，鲁国宁人，春秋时期著名学者，孔门七十二贤之首。

二四

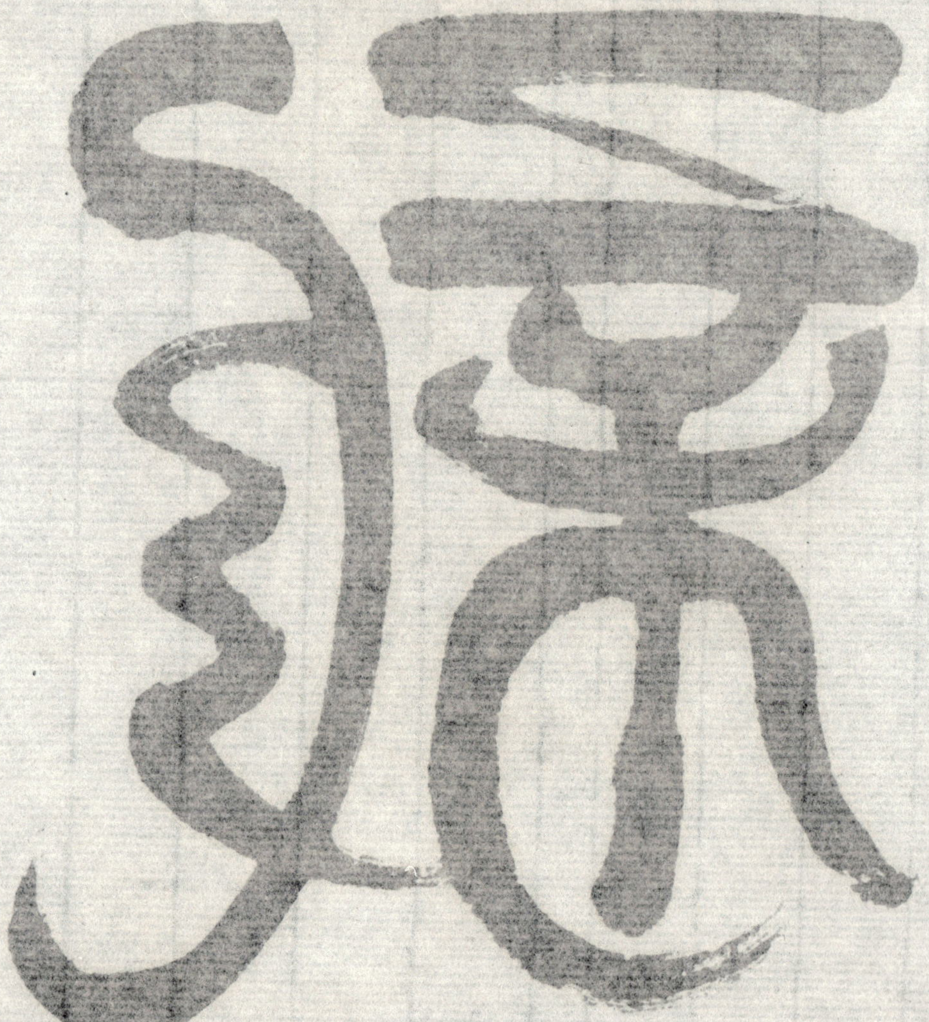

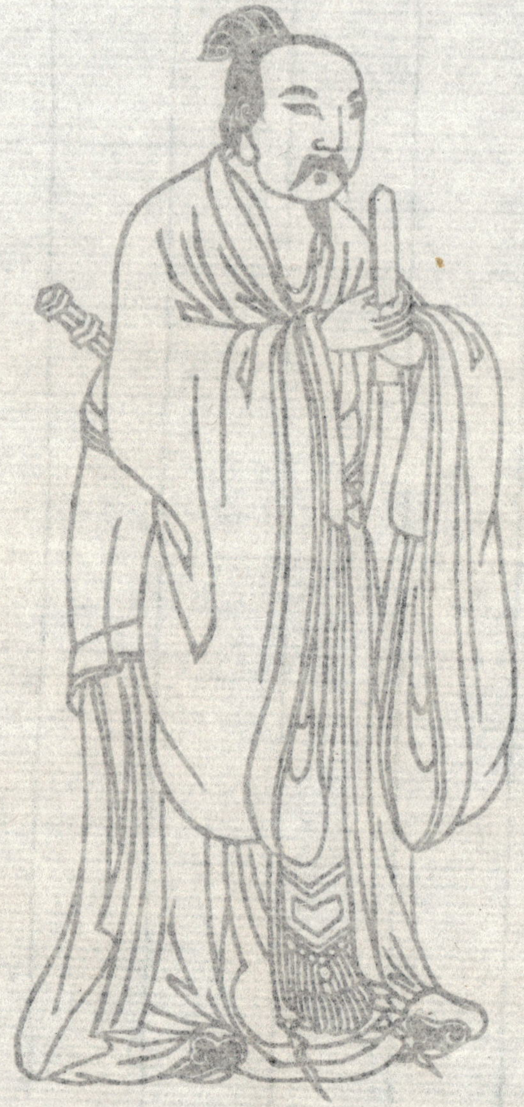

百龙腾飞

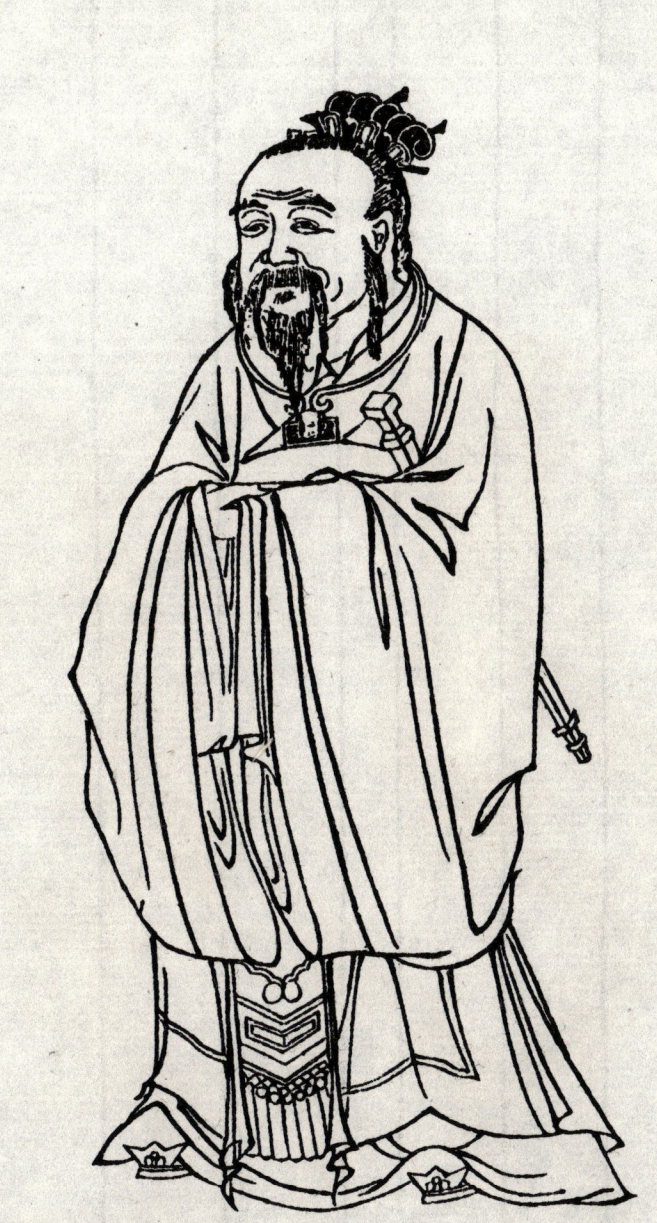

博学之 审问之 慎思之 明辨之 笃行之

子思

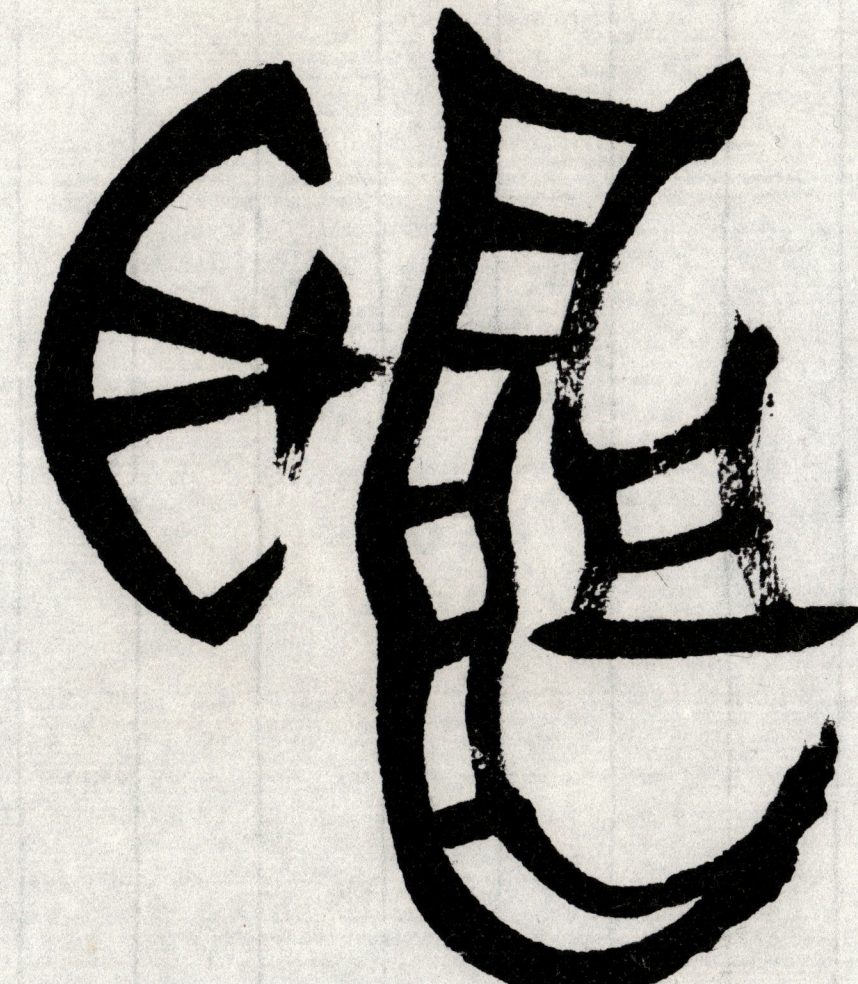

二五

子思(公元前483～前402年),享年八十一岁。名孔伋,字子思,山东济宁人,春秋战国时期著名的思想家。孔子嫡孙。子思受教于曾参,子思的门人又传给了孟子。后人把子思、孟子并称为思孟学派,因而子思上承曾参,下启孟子,在孔孟"道统"的传承中占有重要地位。著有《中庸》。

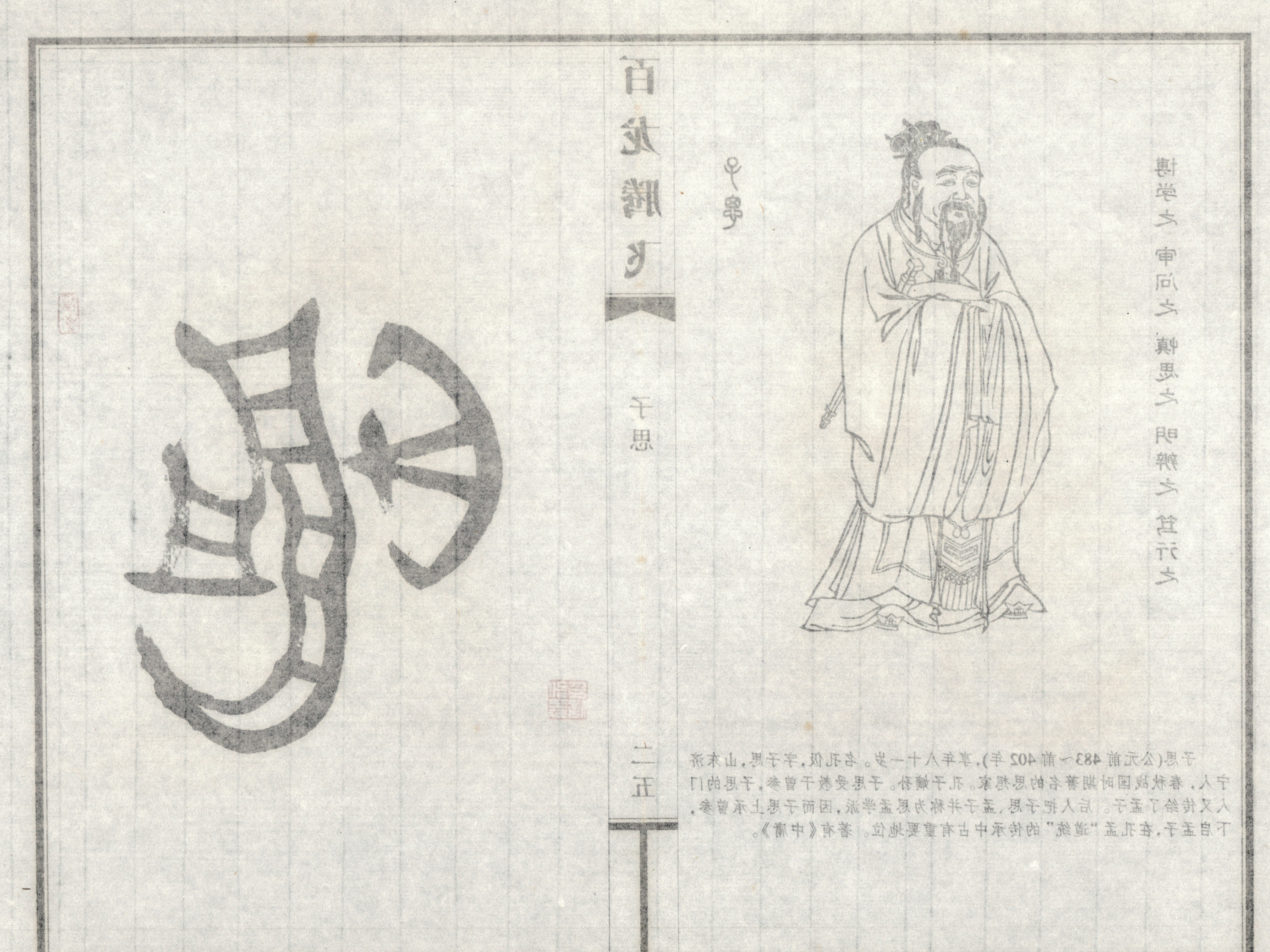

百家姓谱

子思

子思（公元前 483－前 402年），享年八十一岁。名孔伋，字子思，山东曲阜人。孔子嫡孙。子思受教于曾参，子思曾门人又传授了孟子。后人把子思、孟子并称为思孟学派，因而子思上承曾参，下启孟子，在孔孟"道统"的传承中有着重要地位。著有《中庸》。

墨子

志不强者智不达 言不信者行不果

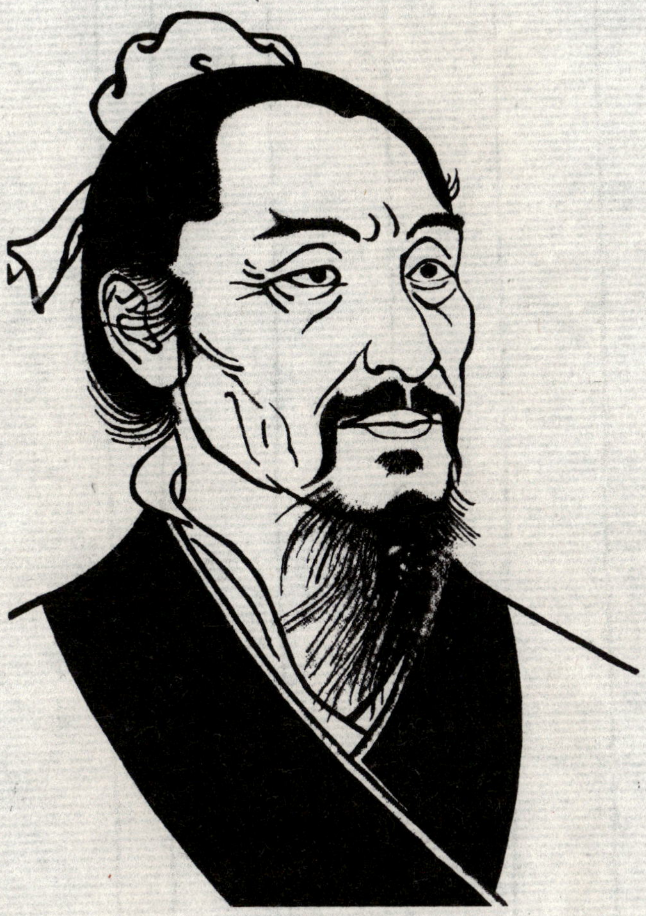

墨子(生卒年不详),享年不详。名翟,山东滕州人,战国时期著名的思想家、教育家、科学家、军事家、社会活动家。墨子是历史上唯一一个农民出身的哲学家、有重大影响力的人,是墨家的创始人。他主张"兼爱"、"非攻"、"尚贤"等。其《墨经》中记述了包括几何学、力学、光学等方面的内容。著有《墨子》一书。

二六

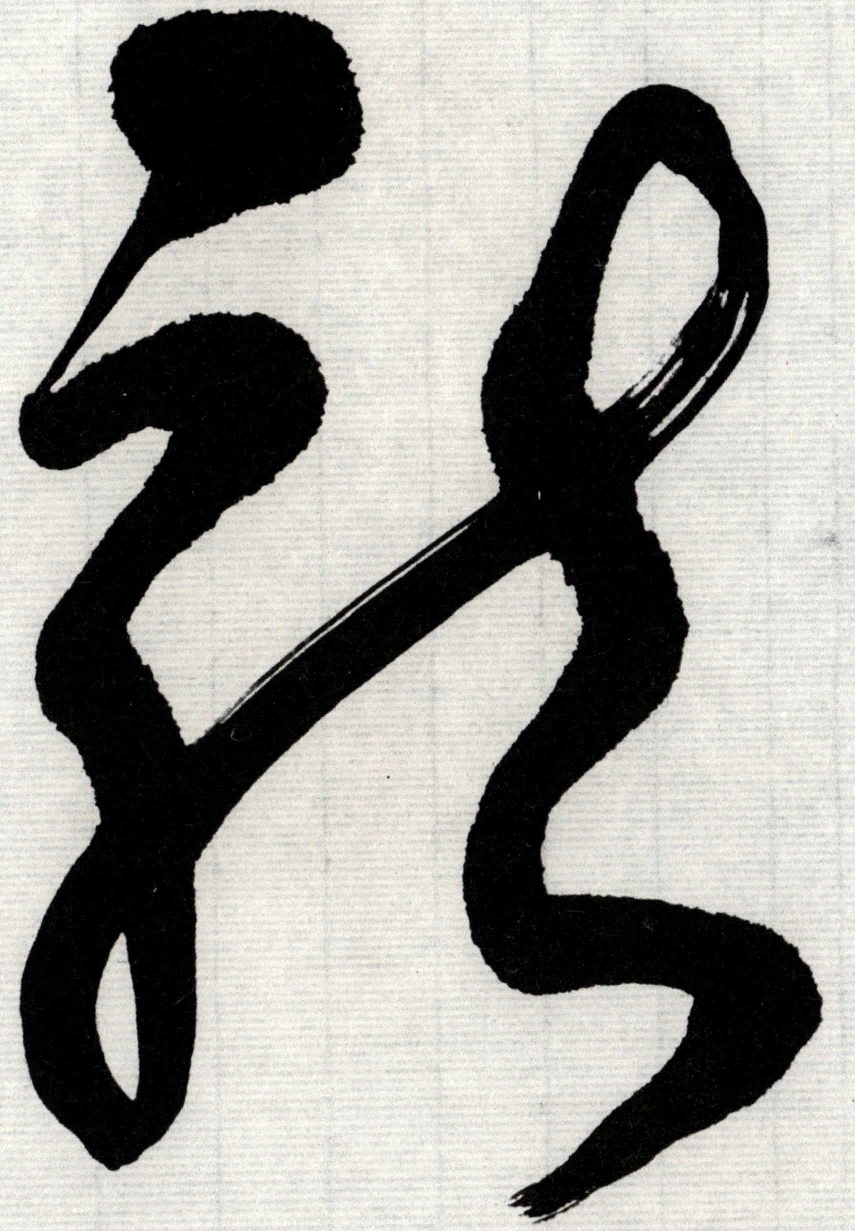

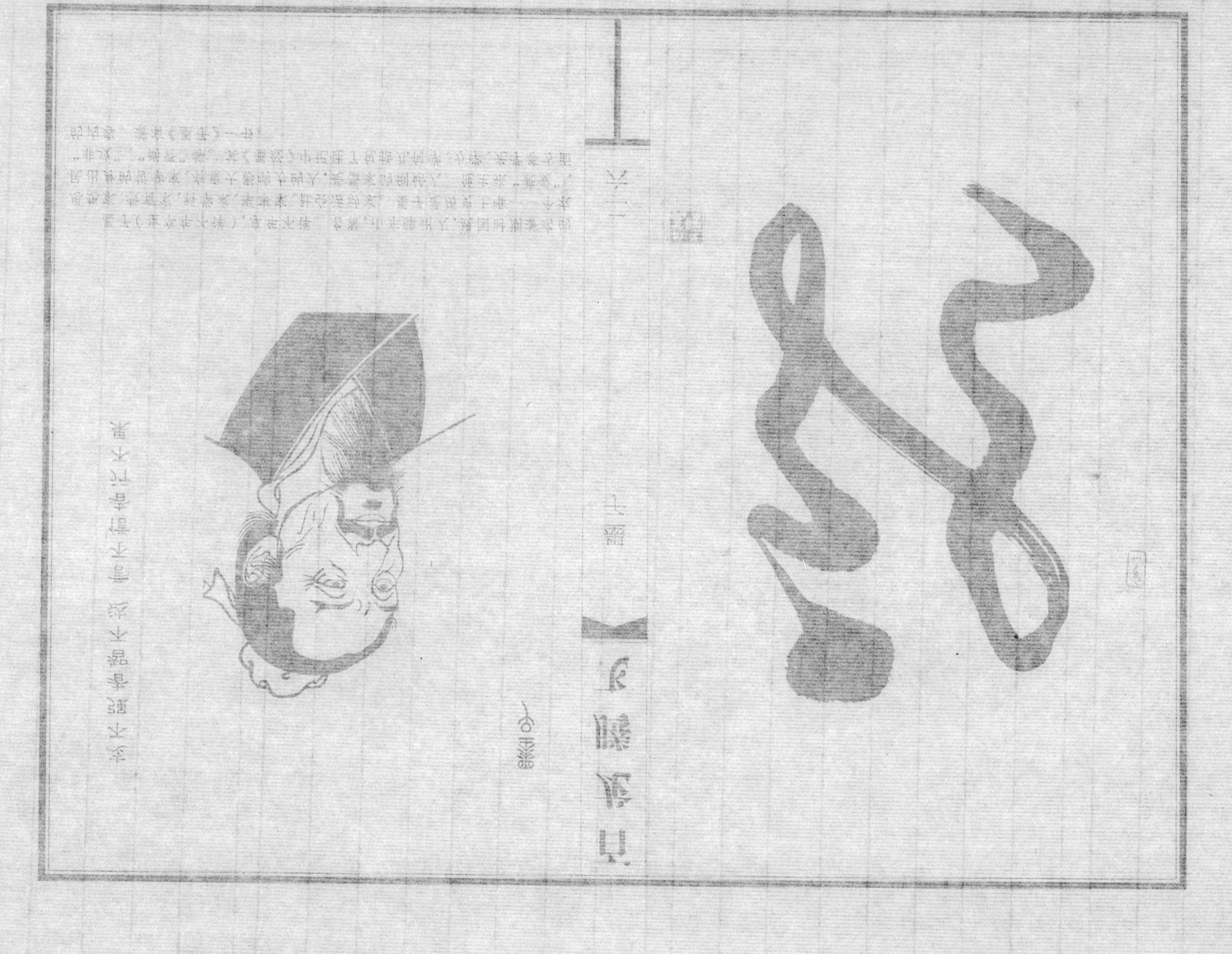

吴起

战胜勿追 不胜疾归

吴起

二七

龙

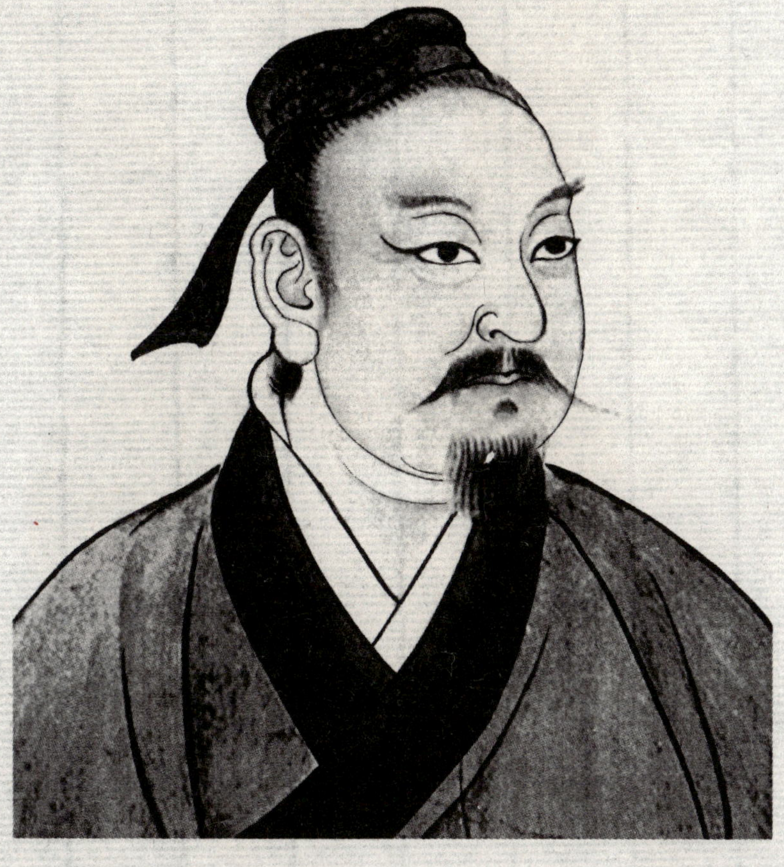

　　吴起(公元前?～前378年),享年不详。山东定陶(一说山东曹县)人,战国时期著名的政治改革家,卓越的军事家。吴起继承了孙武的"知己知彼,百战不殆"的思想,强调"了解和分析"敌情的重要意义。他懂得战争是千变万化的,要根据不同的情况而采取应变的措施。后世把他和孙武连称"孙吴"。著有《孙吴兵法》。

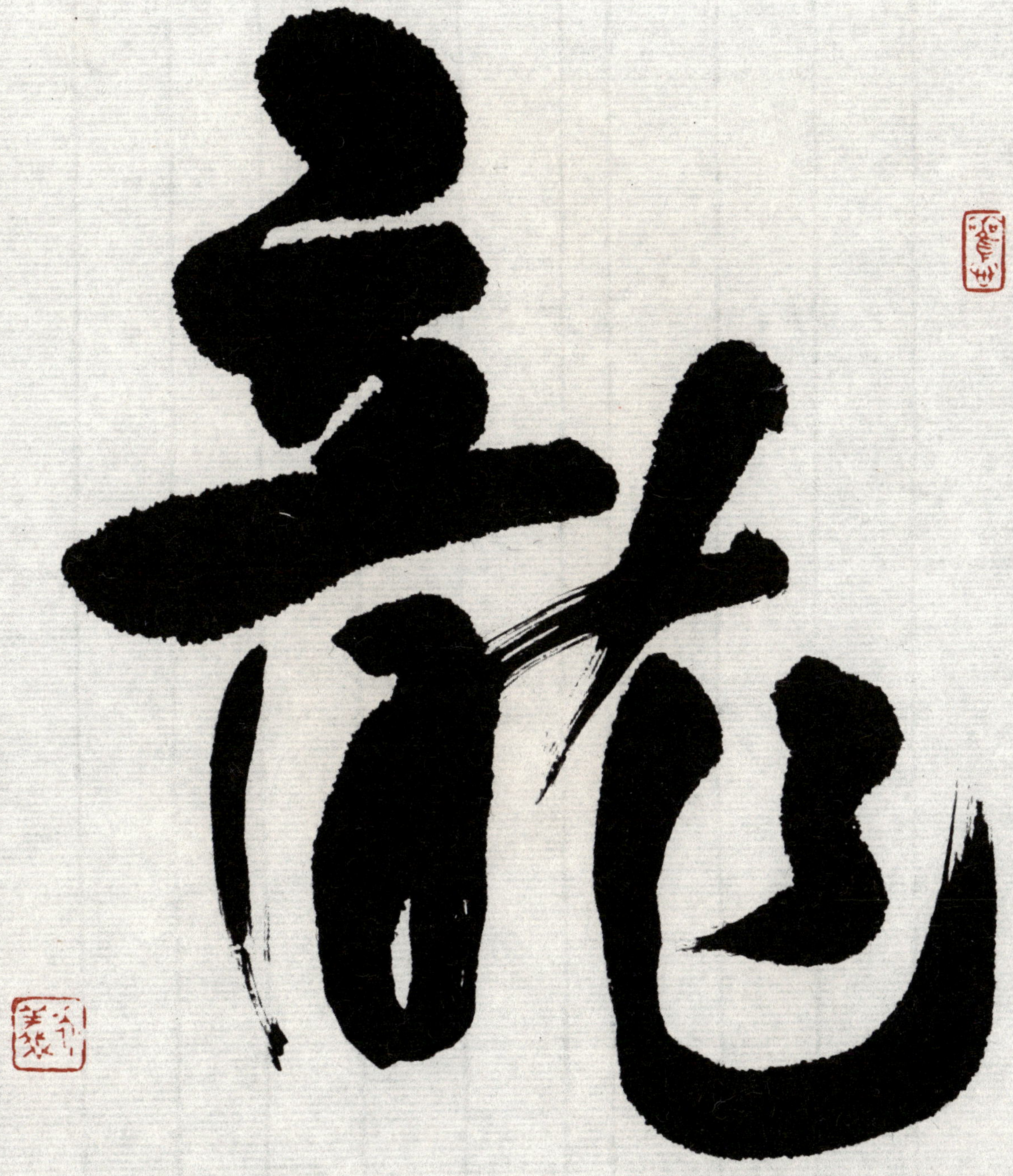

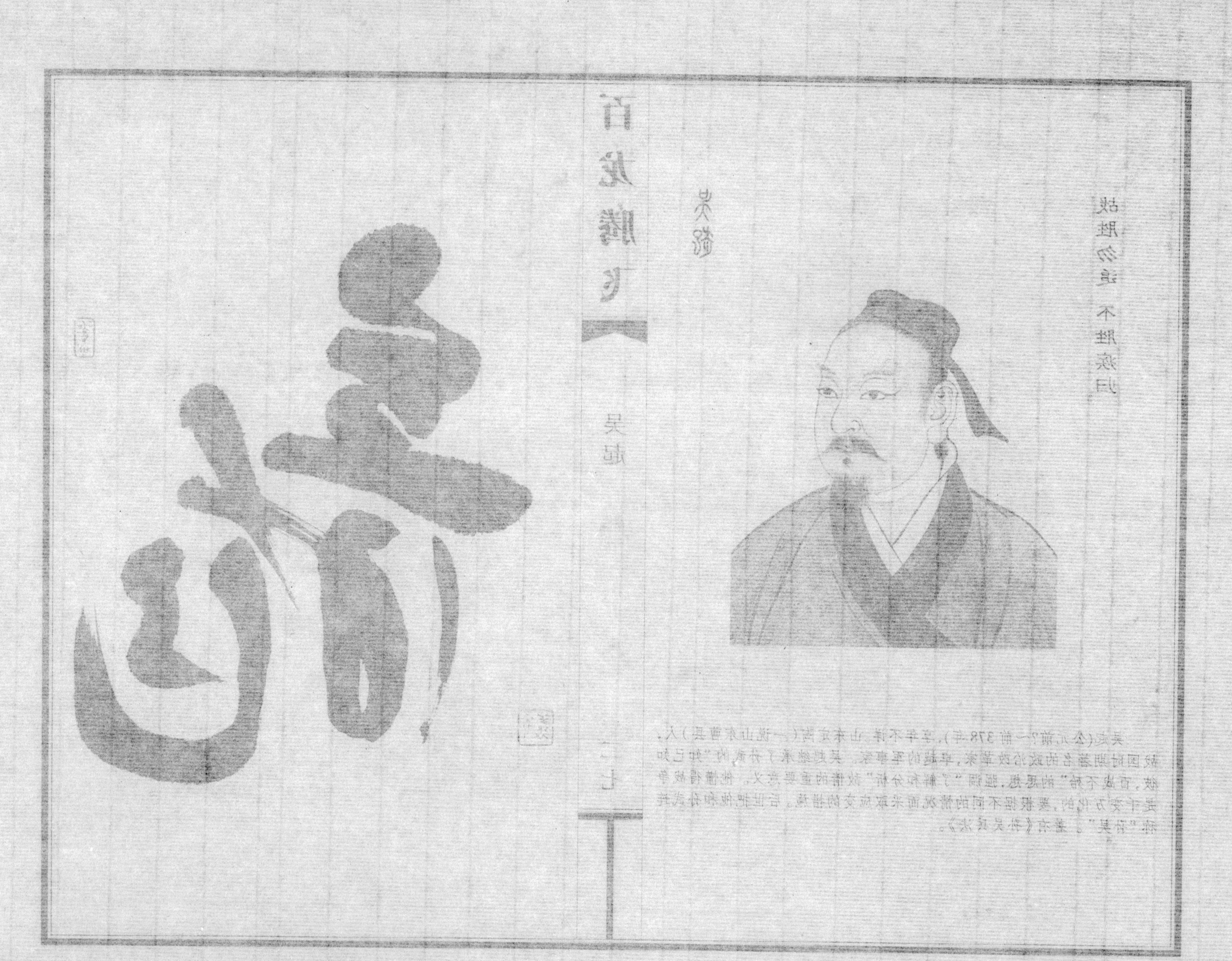

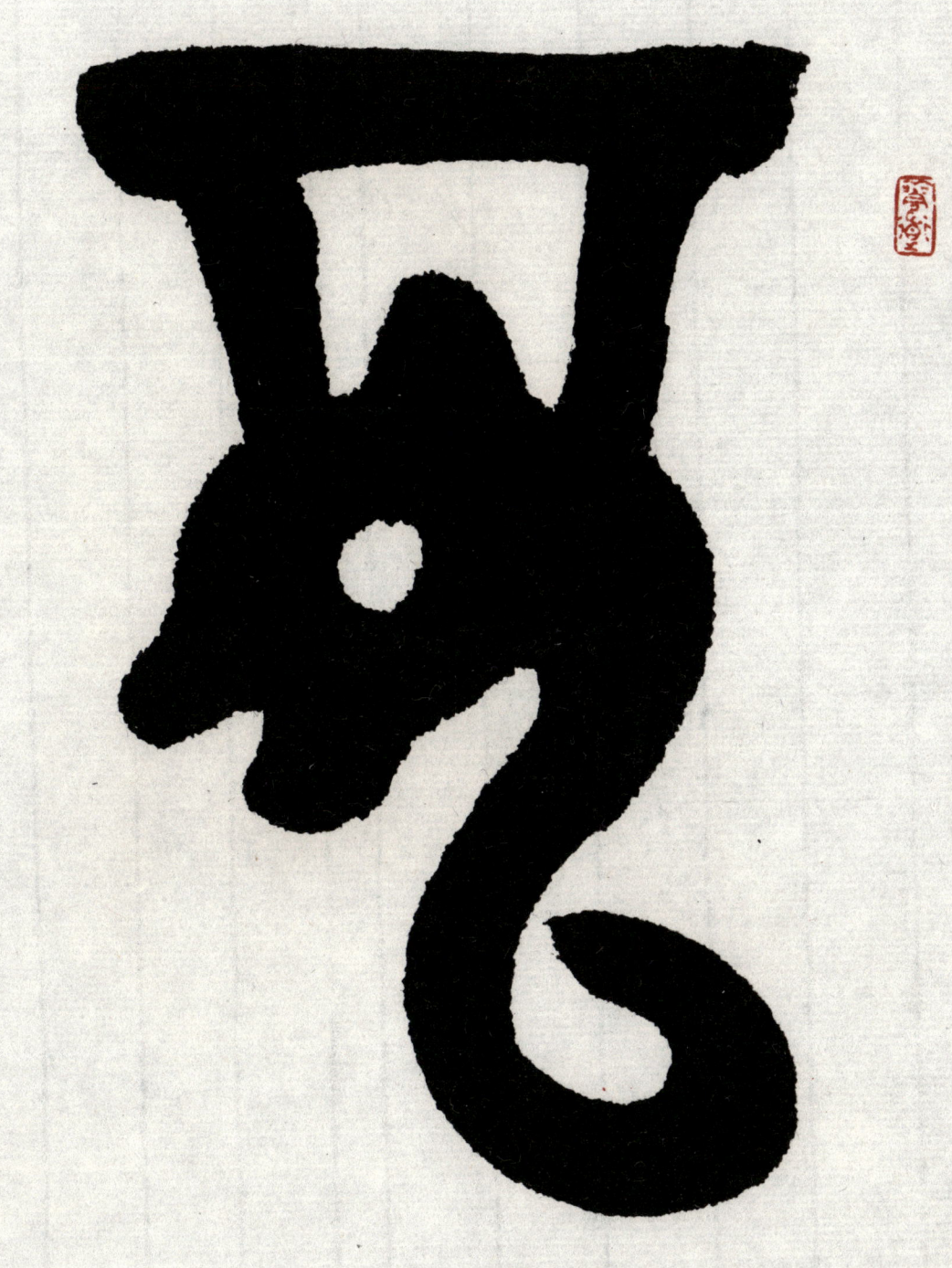

百龙腾飞

扁鹊

病在肌肤 不治将益深

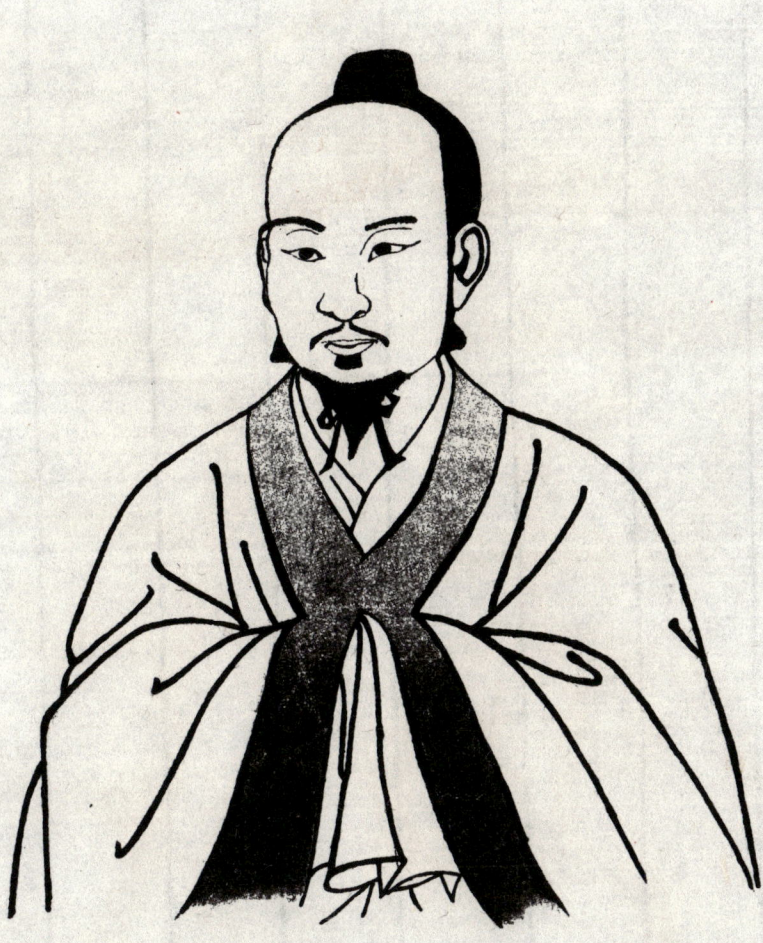

二八

扁鹊(生卒年不详),享年不详。姬姓,秦氏,名越人,又号卢医,河北任丘(一说山东长清)人,战国时期名医。由于他的医术高超,被认为是神医。在赵为妇科,在周为五官科,在秦为儿科,名闻天下。扁鹊奠定了中医学的切脉诊断方法,开启了中医学的先河。

扁鵲

二八

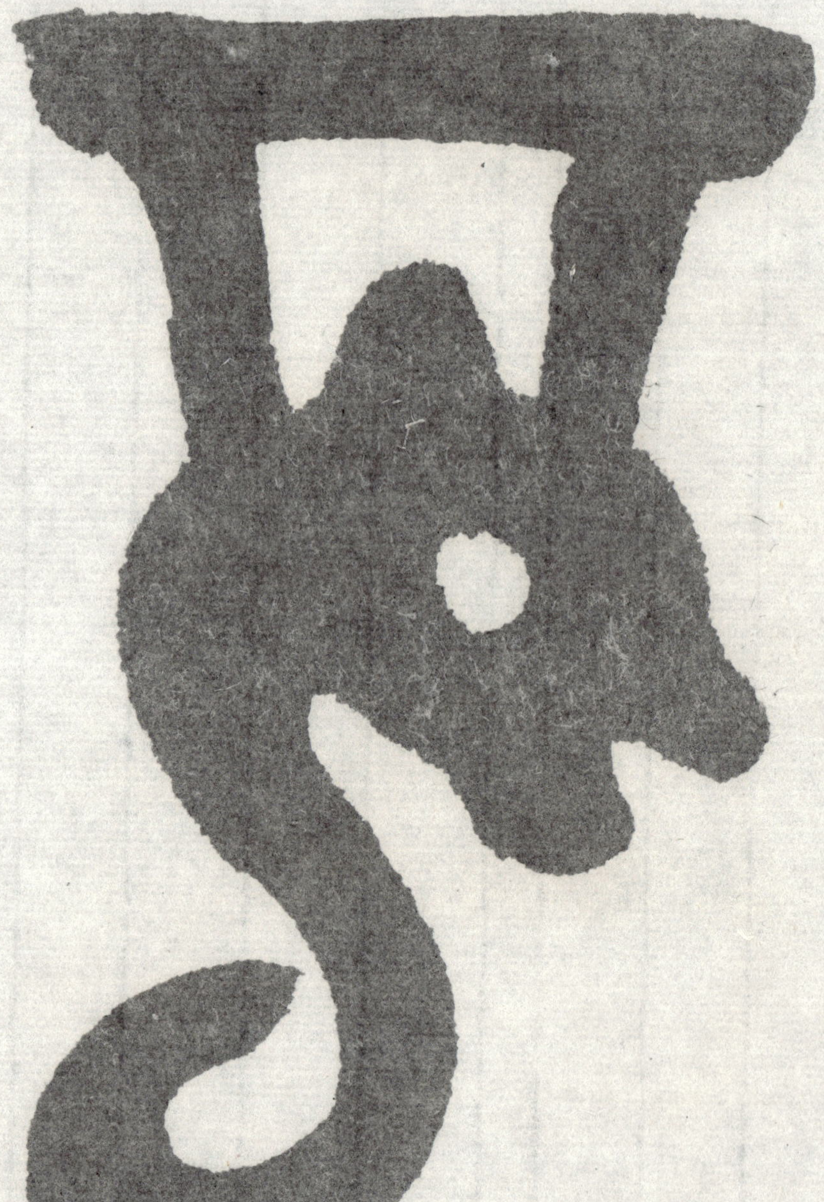

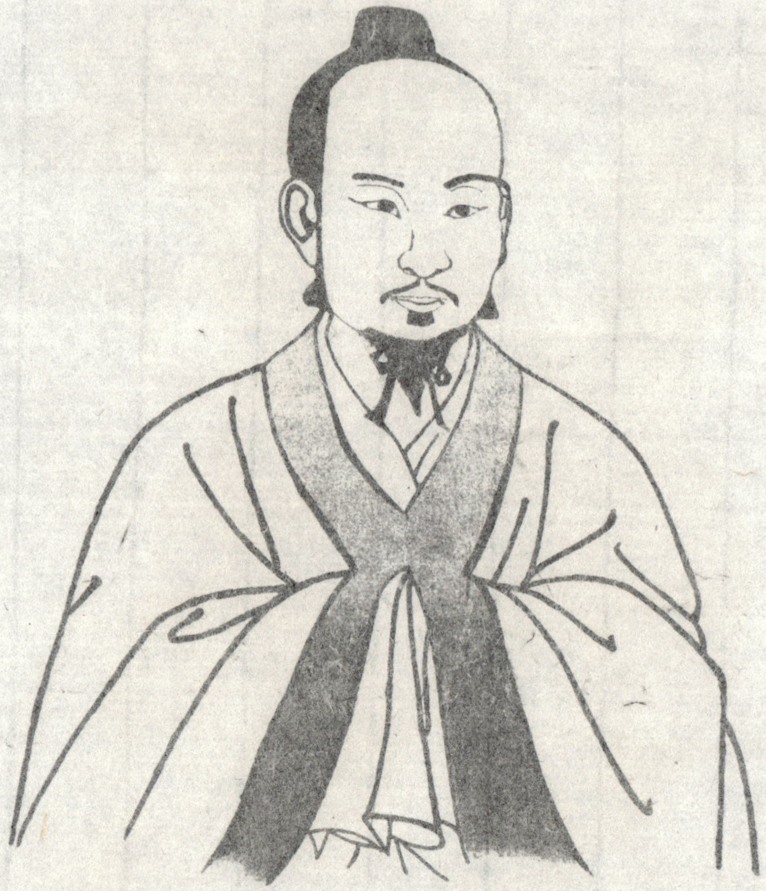

一言正而天下定 一言倚而天下靡

申不害

百龙腾飞

申不害

二九

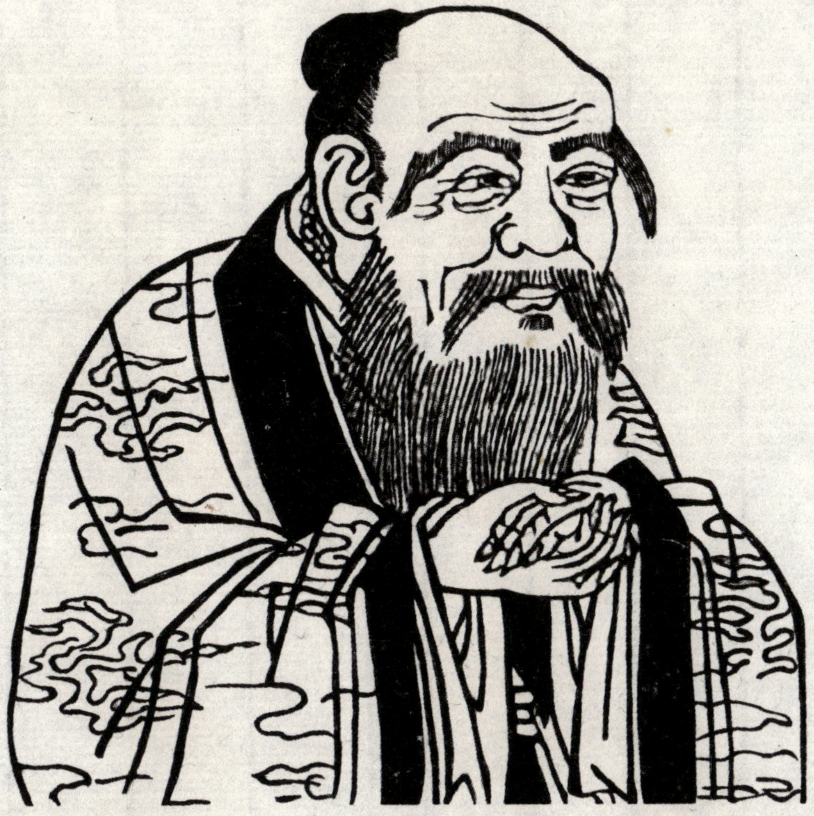

申不害(公元前？～前337年),享年不详。亦称申子,河南新郑人,战国时期著名的思想家。他在韩为相十五年,使韩国走向国治兵强。作为法家人物,以"术"著称,是春秋战国时期百家争鸣中的代表人物。

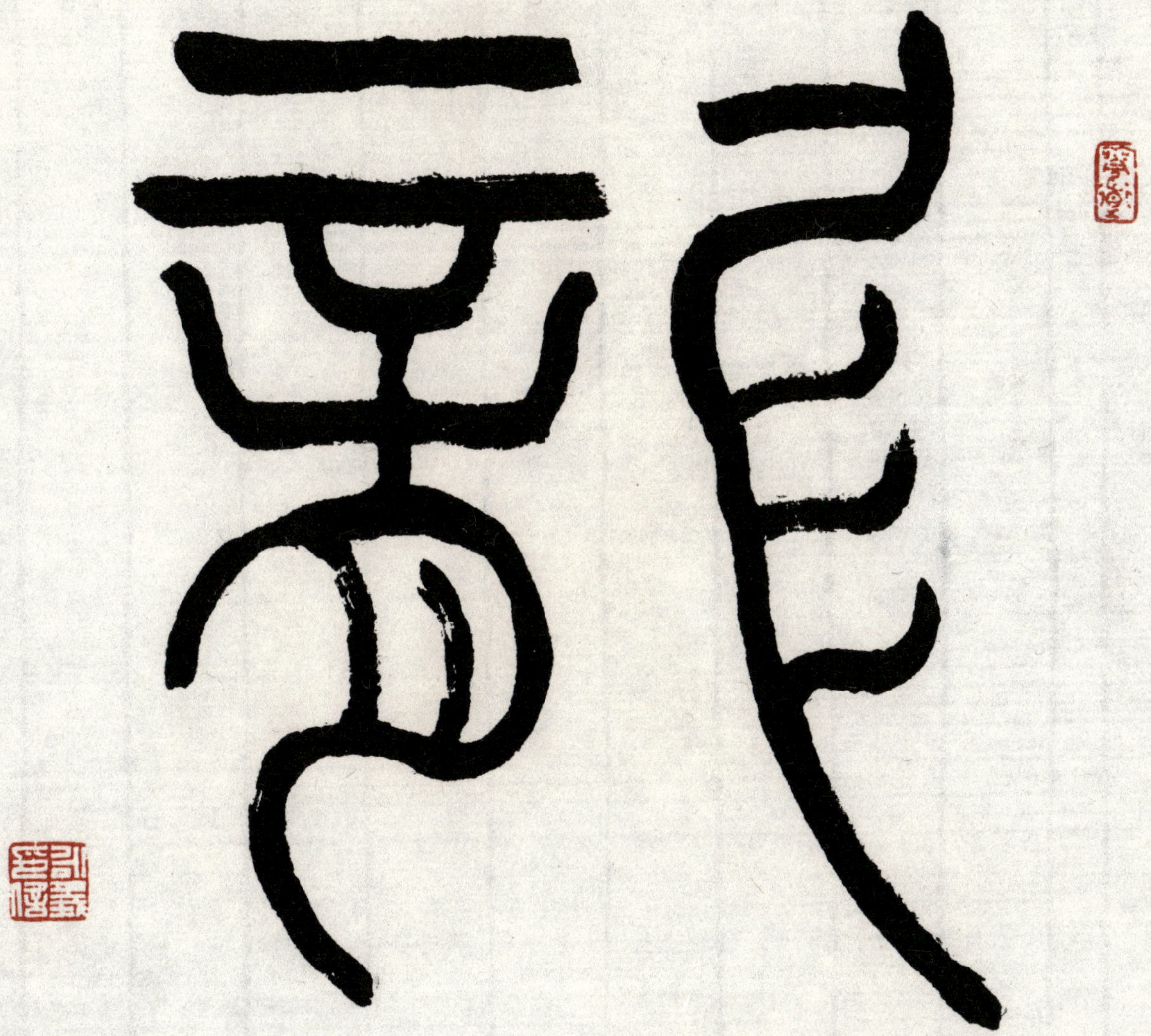

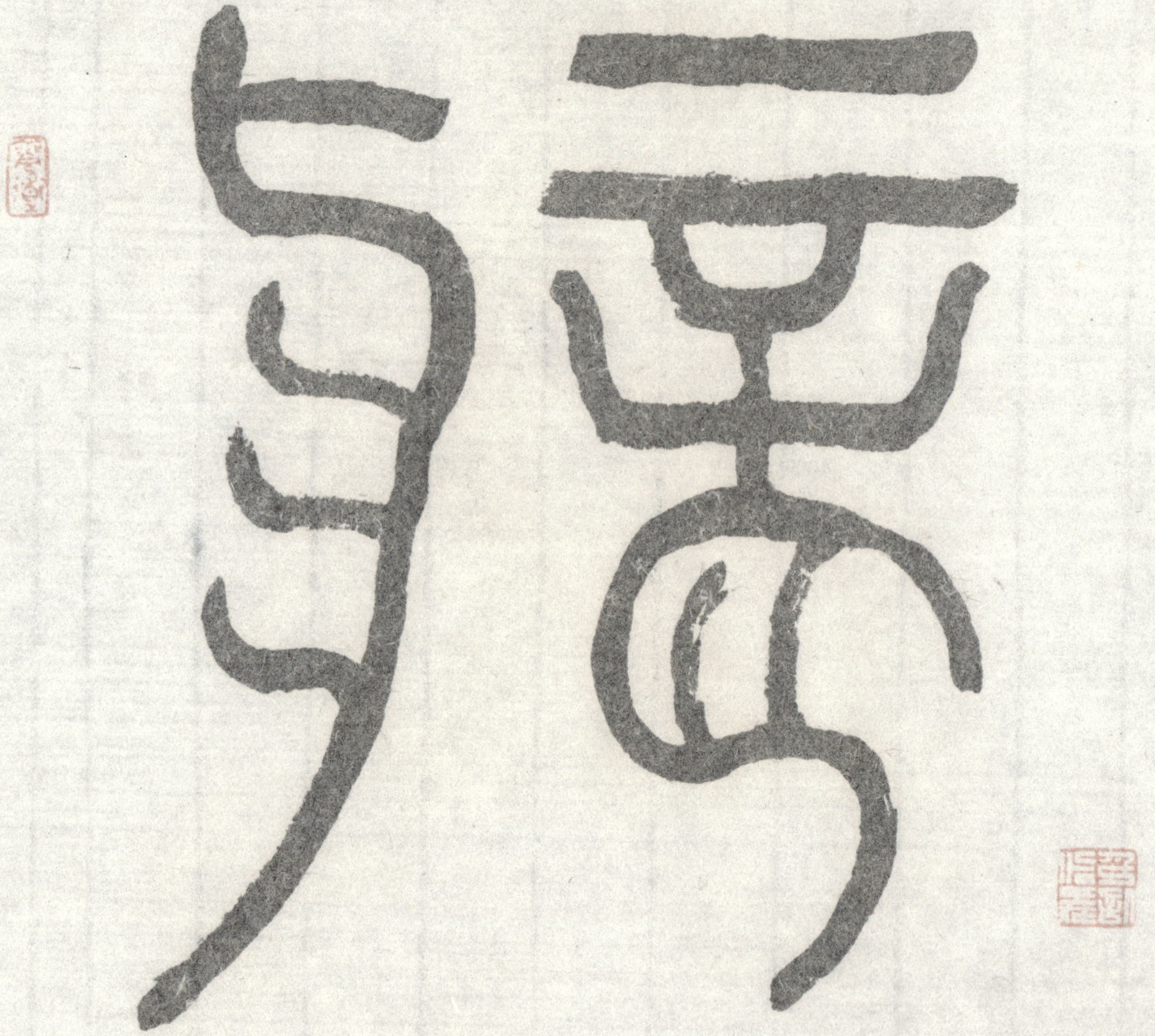

申不害

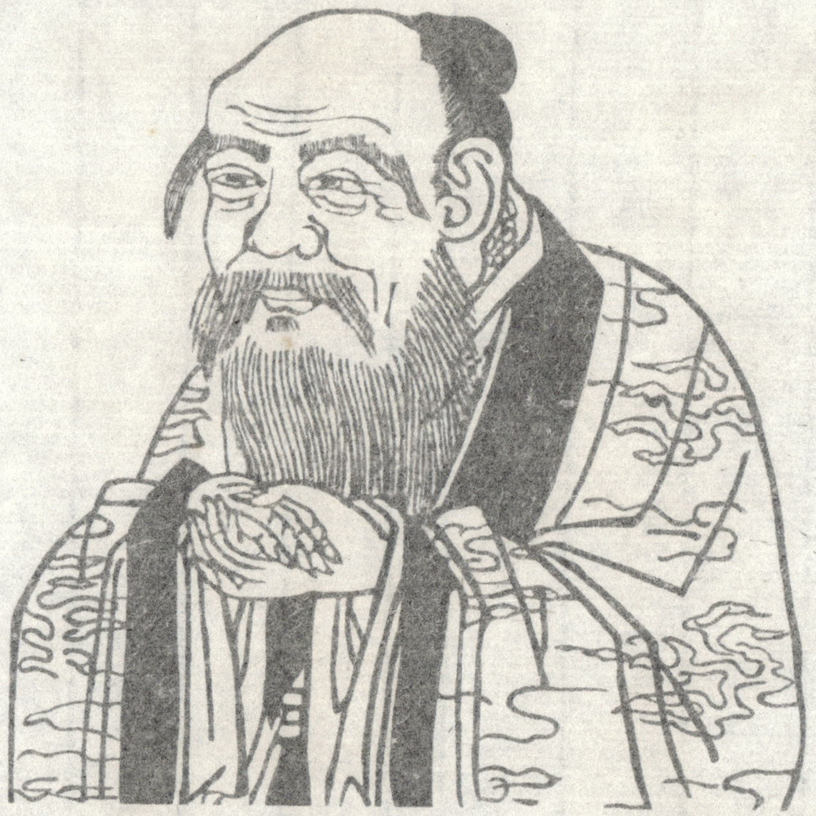

一言正而天下定　一言倚而天下靡

申不害（公元前？—前337年），亦称申子，河南新郑人，战国时期著名的思想家。他在韩昭侯十五年，使韩国走向国治兵强，作为法家人物，以"术"著称，是春秋战国时期百家争鸣中的代表人物。

强

二九

富贵不能淫 贫贱不能移 威武不能屈

孟子

龙

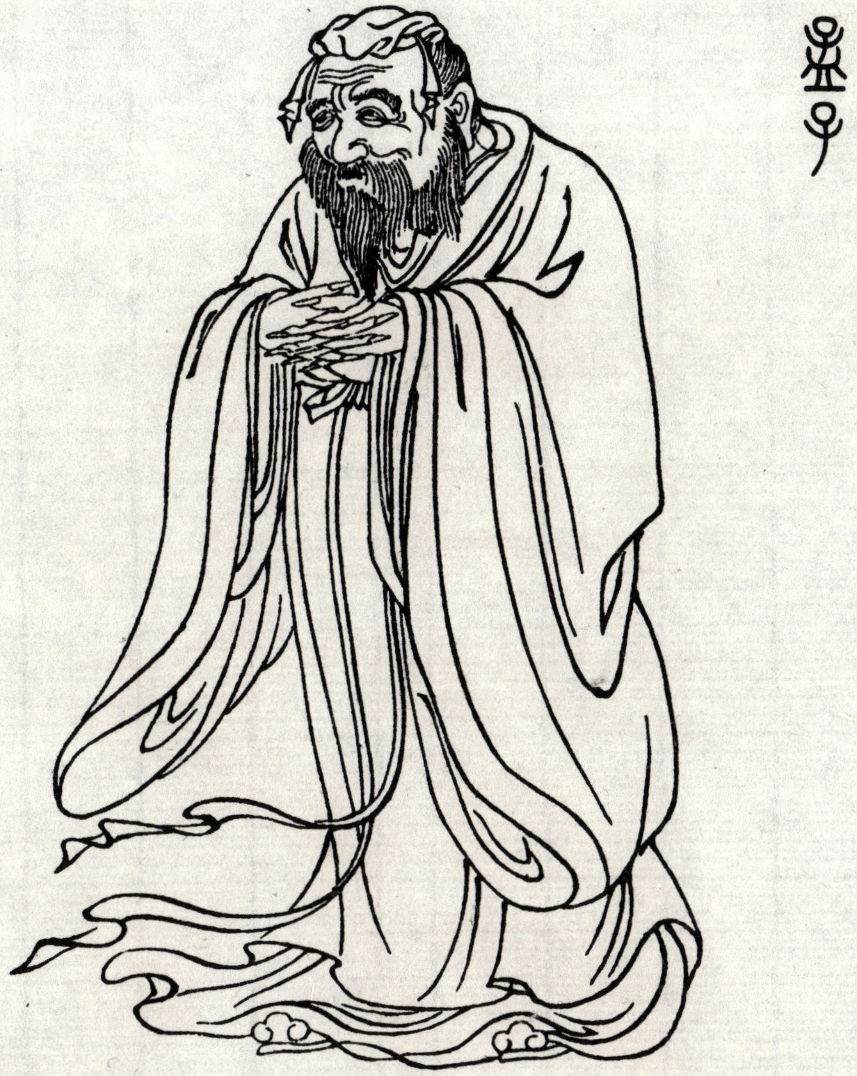

孟子（公元前372～前289年），享年八十三岁。名轲，字子舆（待考，一说字子车或子居）。山东邹城人，战国时期著名思想家、教育家，儒家代表人物。曾子的再传弟子，继承并发扬光大了孔子思想，成为仅次于孔子的一代儒家宗师，有"亚圣"之称，与孔子合称为"孔孟"。著有《孟子》七篇。

三〇

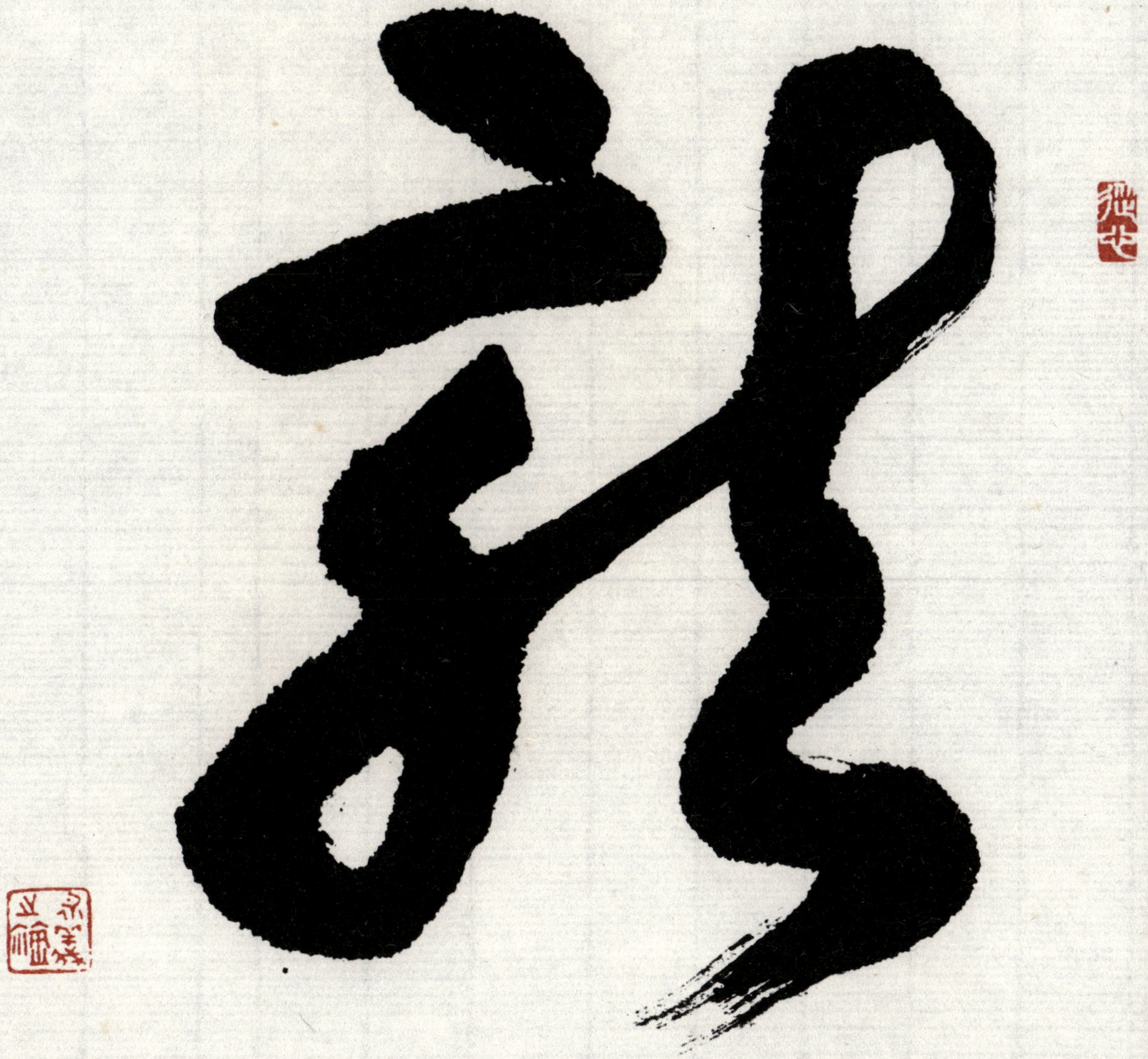

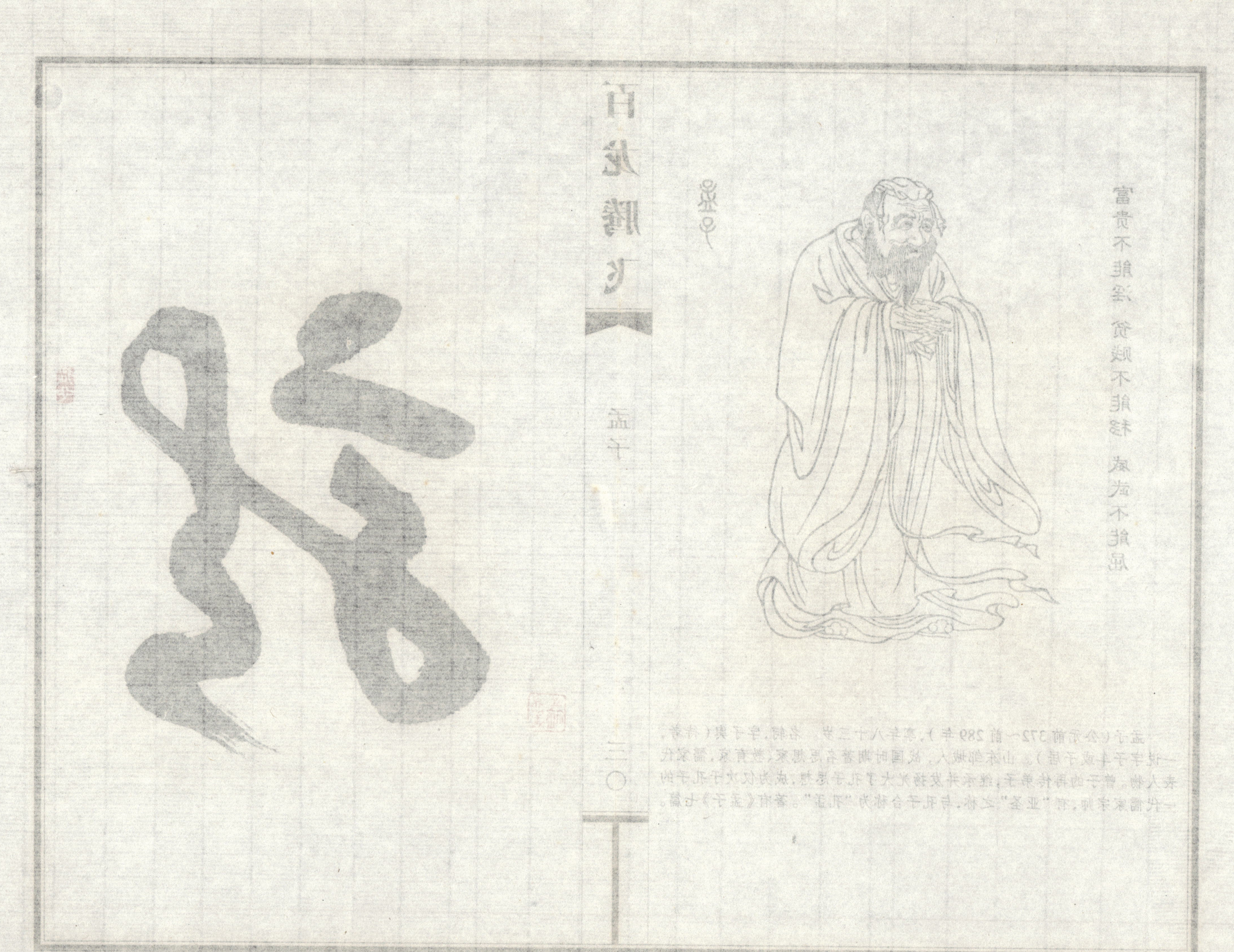

富贵不能淫　贫贱不能移　威武不能屈

孟子

百龙腾飞

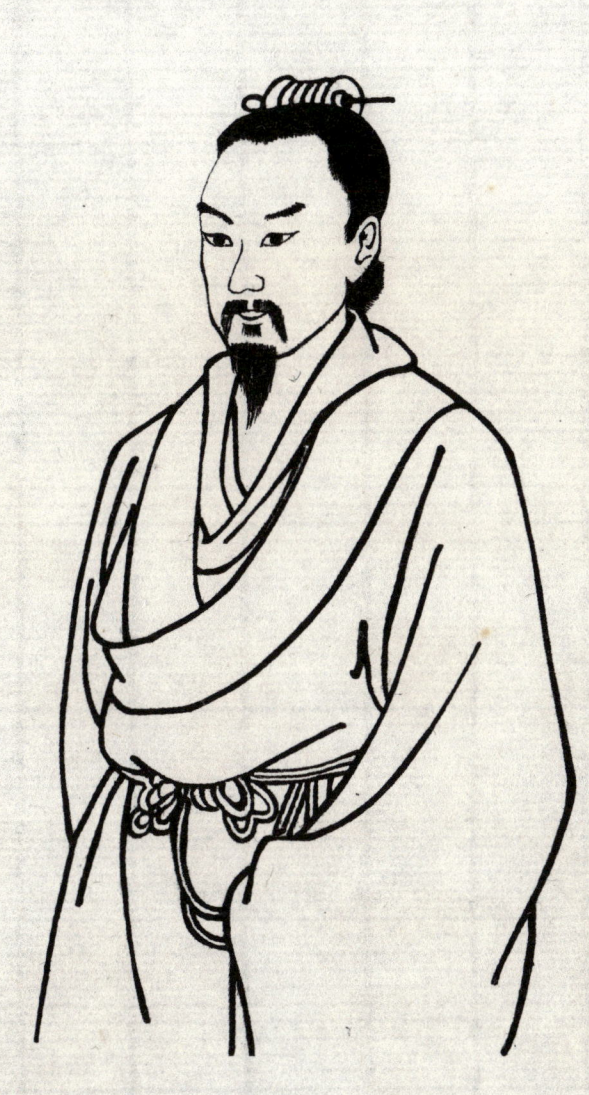

君子之交淡如水 小人之交甘若醴

庄子

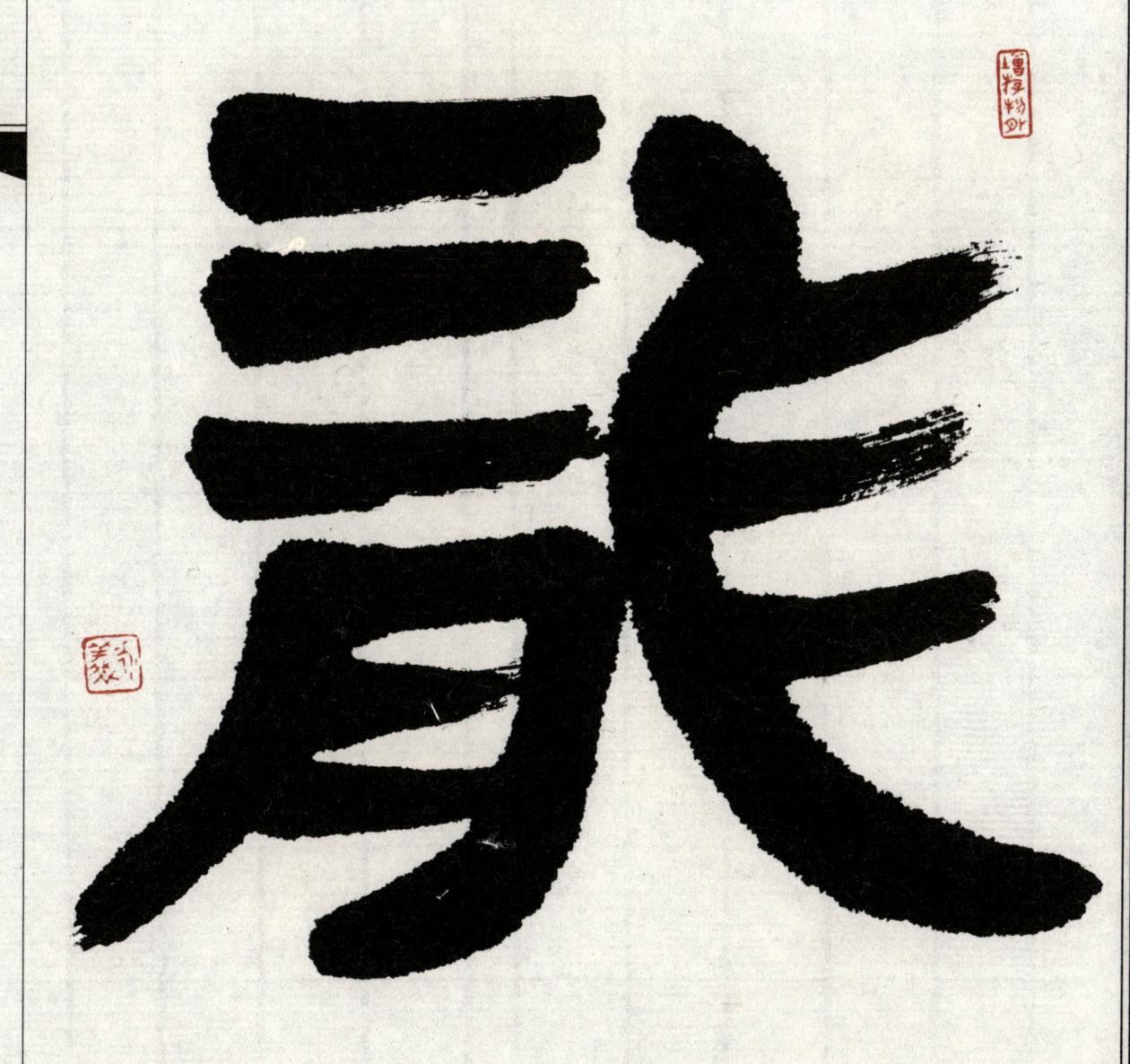

三一

庄子（约公元前 369～前 286 年），享年约八十三岁。庄氏，名周，字子休（一说子沐）。河南商丘（一说安徽蒙城）人，战国时期哲学家。庄子是我国先秦（战国）时期伟大的思想家、哲学家和文学家，是道家学说的主要创始人。他主张"天人合一"和"清静无为"。著有《庄子》。

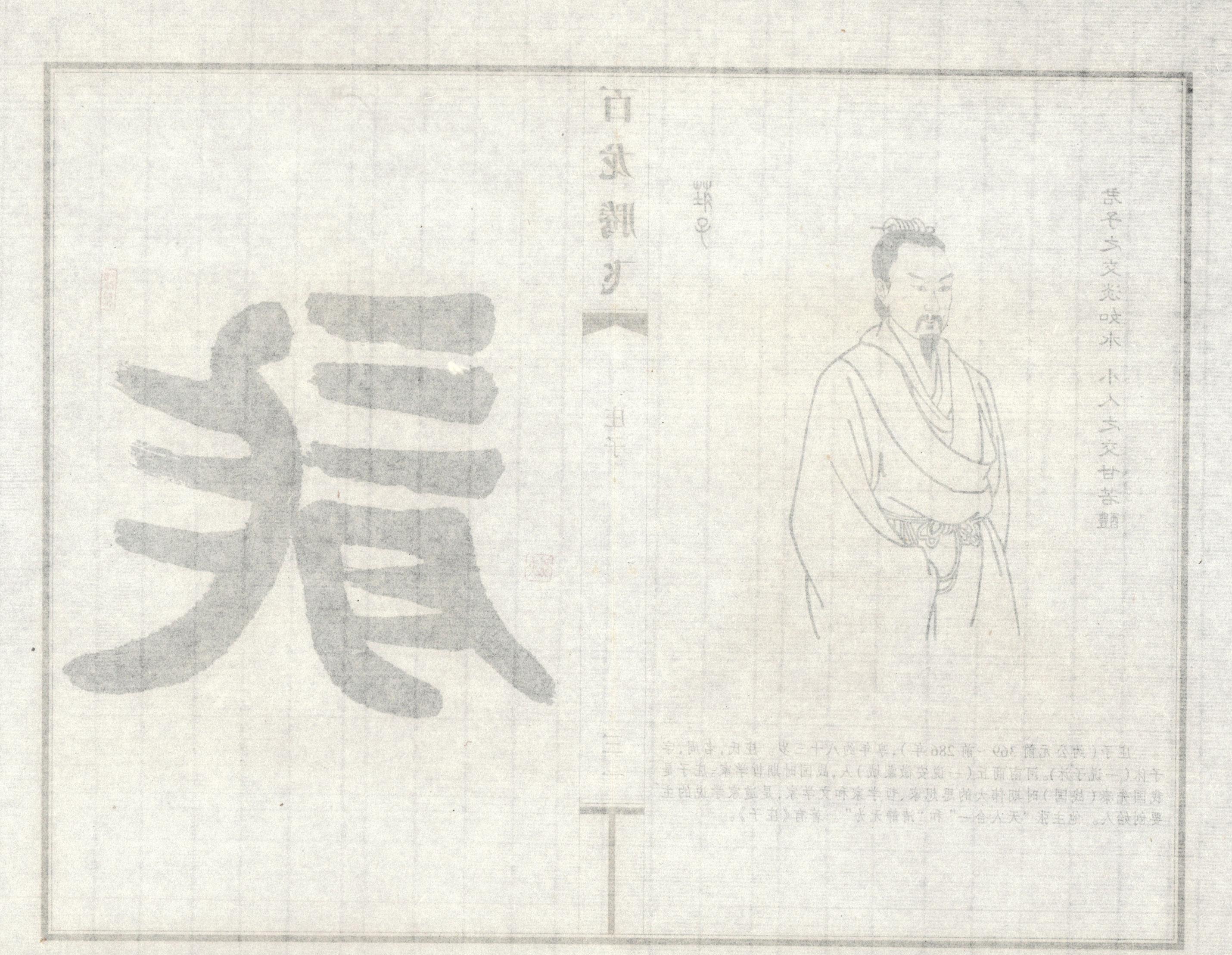

百龙腾飞

屈原

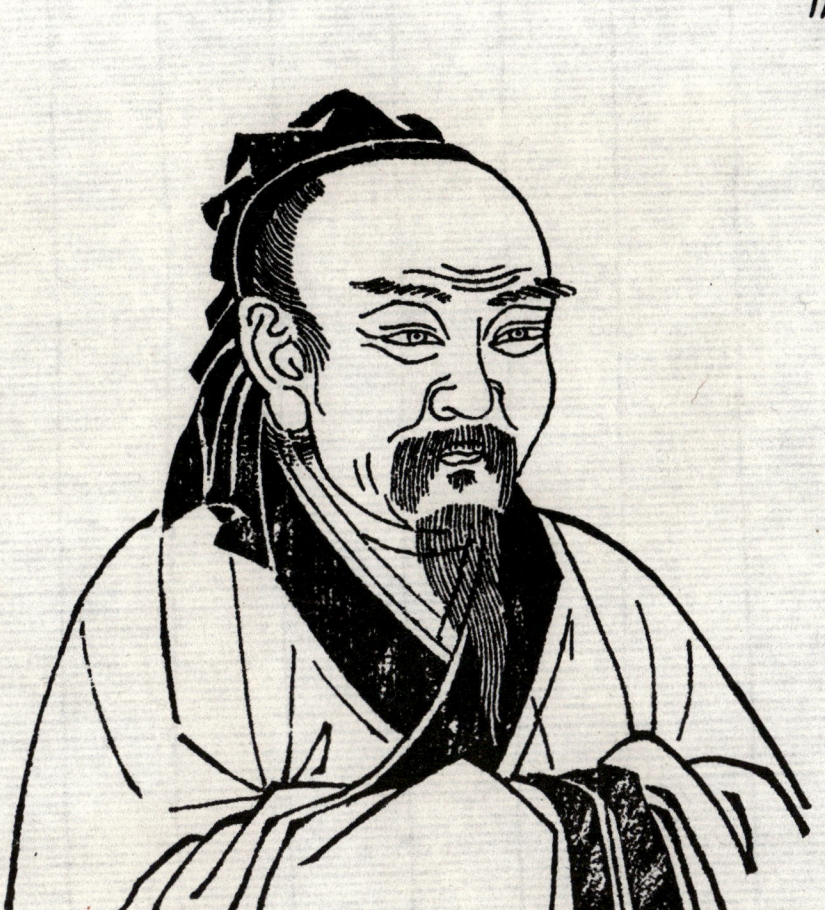

屈原

路漫漫其修远兮 吾将上下而求索

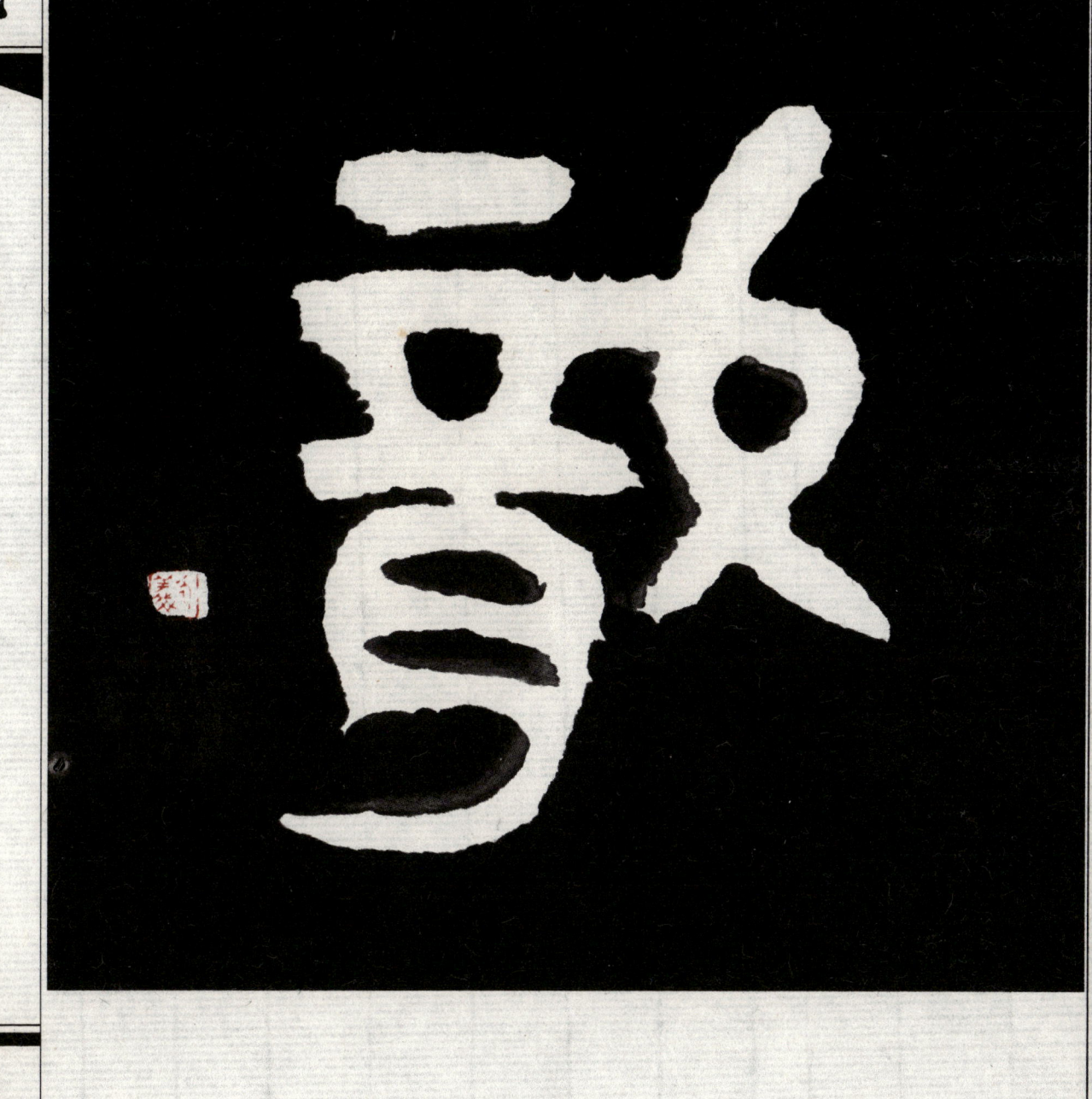

三二

　　屈原（公元前339～前278年），享年六十一岁。名平，字原，又名正则，字灵均。湖北秭归人，战国时期著名诗人、政治家。屈原是中国最伟大的浪漫主义诗人之一，也是我国已知最早的著名诗人，世界文化名人。他创立了"楚辞"这种文体，也开创了"香草美人"的传统。代表作品有《离骚》《九歌》等。

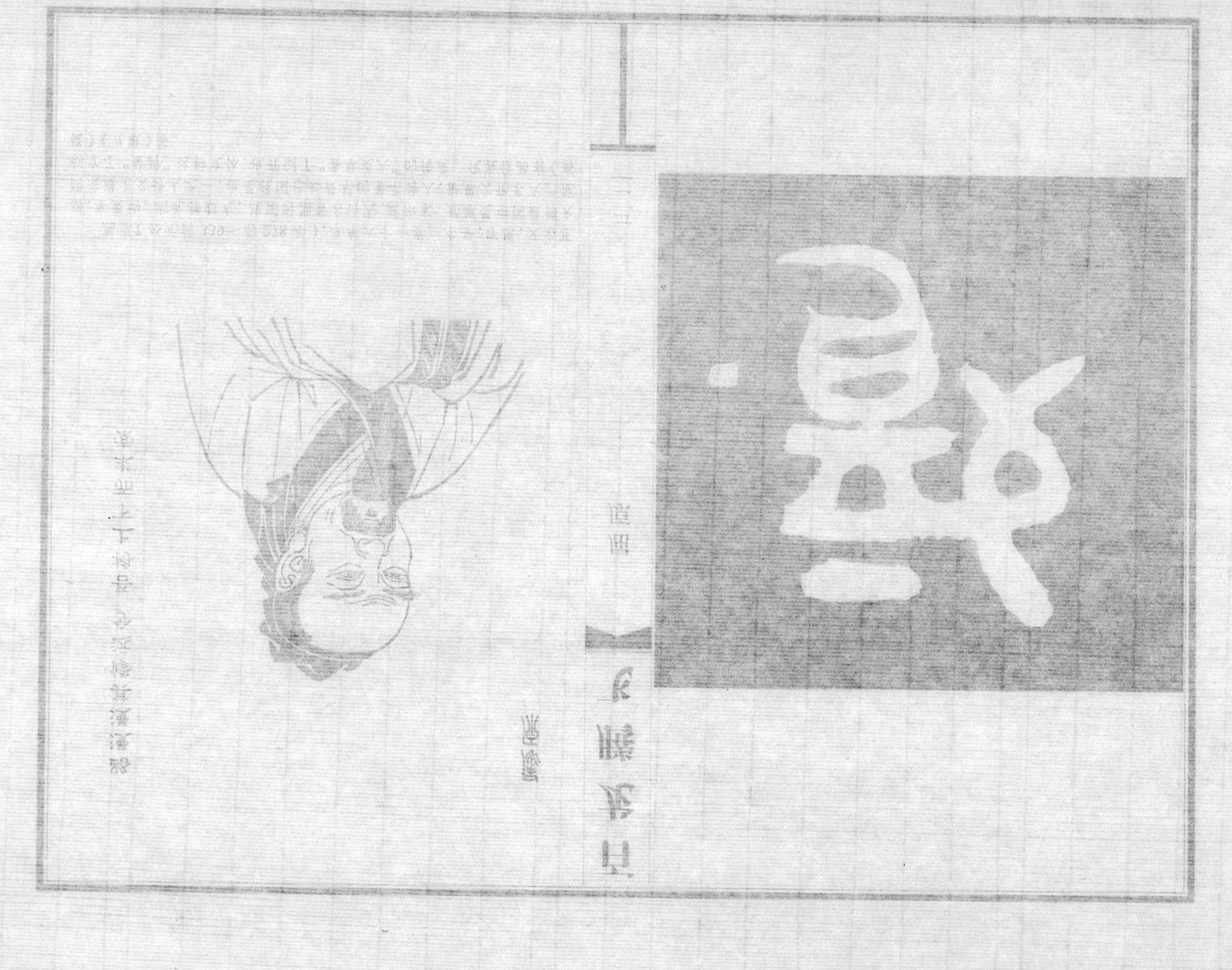

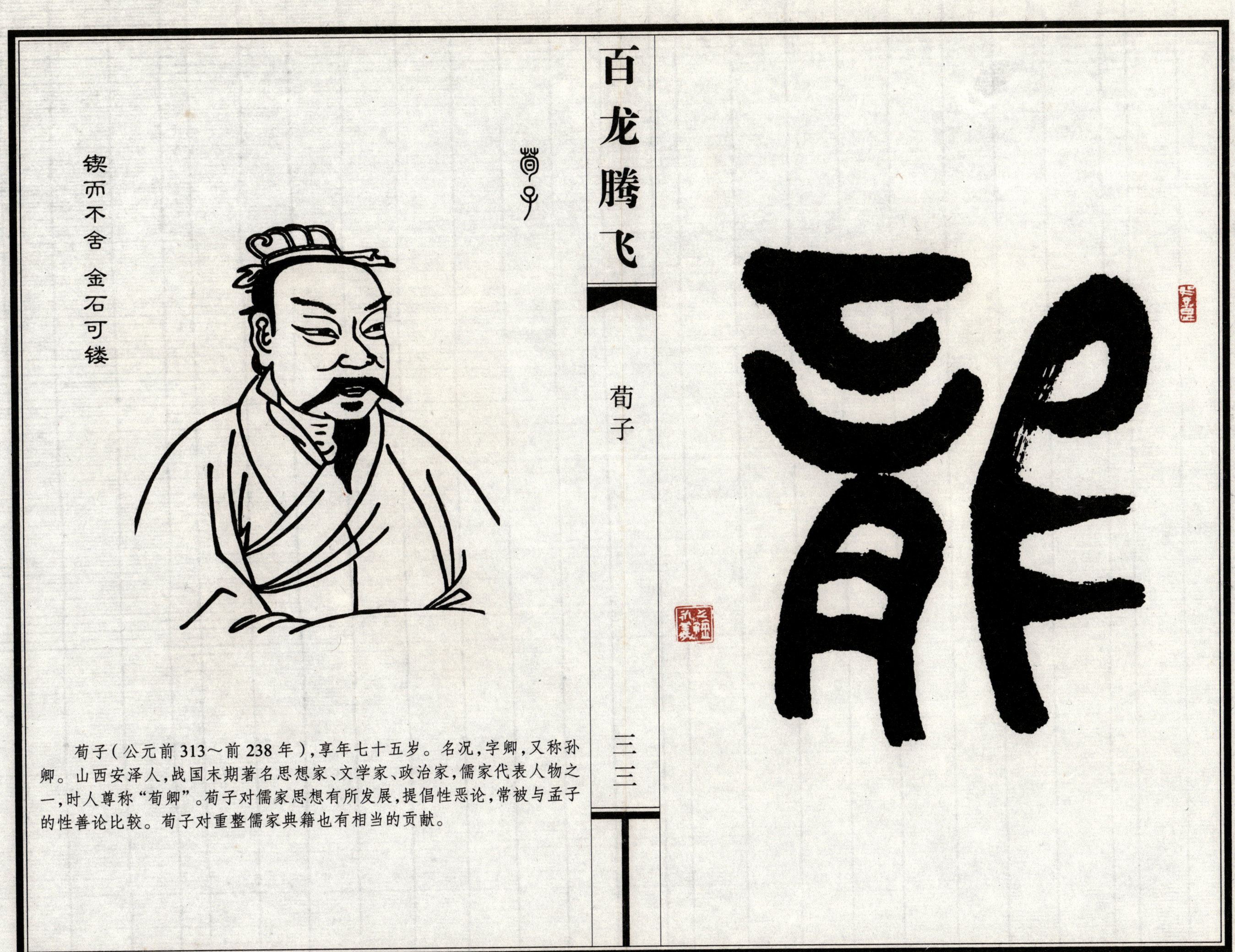

百龙腾飞

荀子

锲而不舍 金石可镂

三三

　　荀子（公元前 313～前 238 年），享年七十五岁。名况，字卿，又称孙卿。山西安泽人，战国末期著名思想家、文学家、政治家，儒家代表人物之一，时人尊称"荀卿"。荀子对儒家思想有所发展，提倡性恶论，常被与孟子的性善论比较。荀子对重整儒家典籍也有相当的贡献。

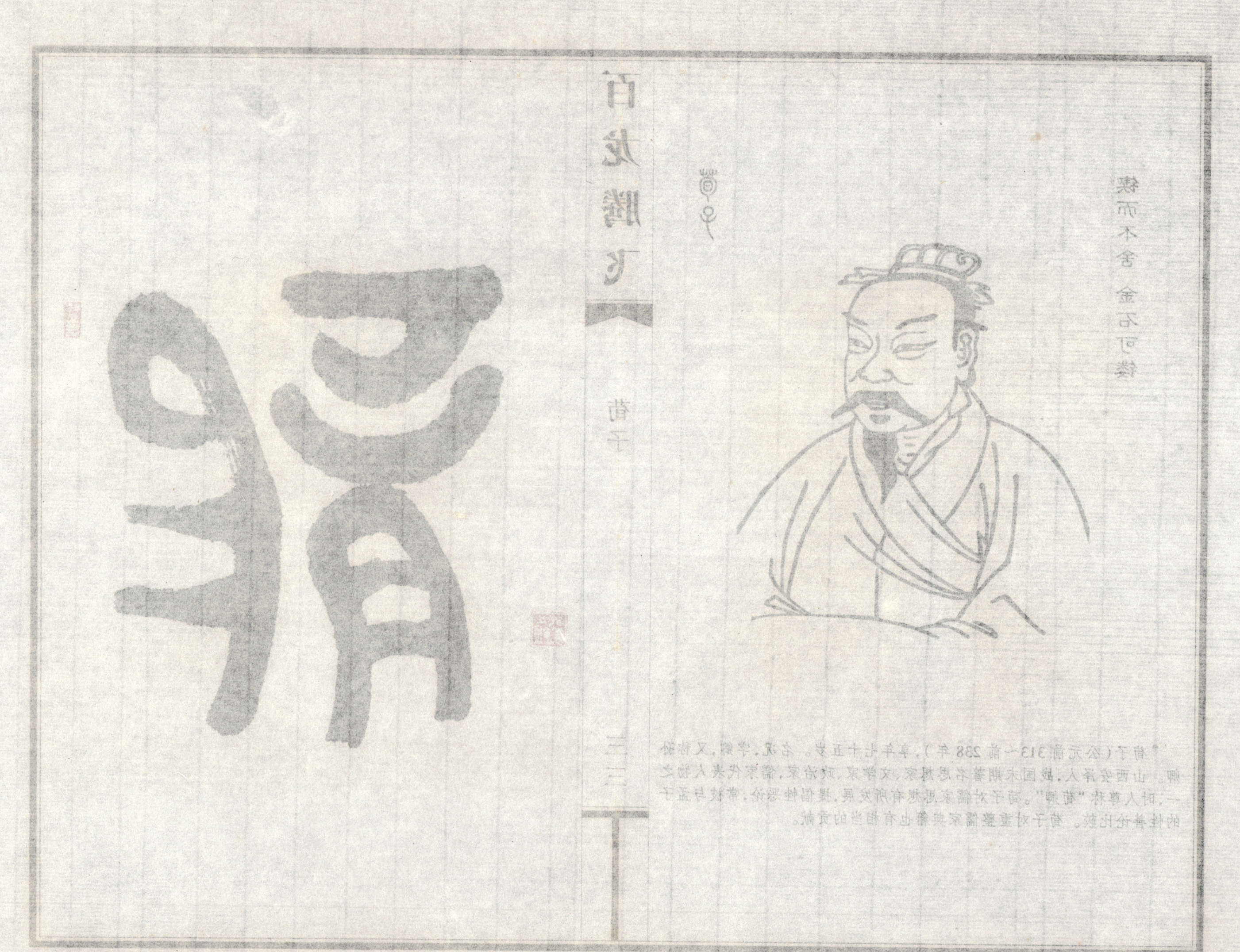

千里之堤 溃于蚁穴

百龙腾飞

韩非

韩非

三四

龙

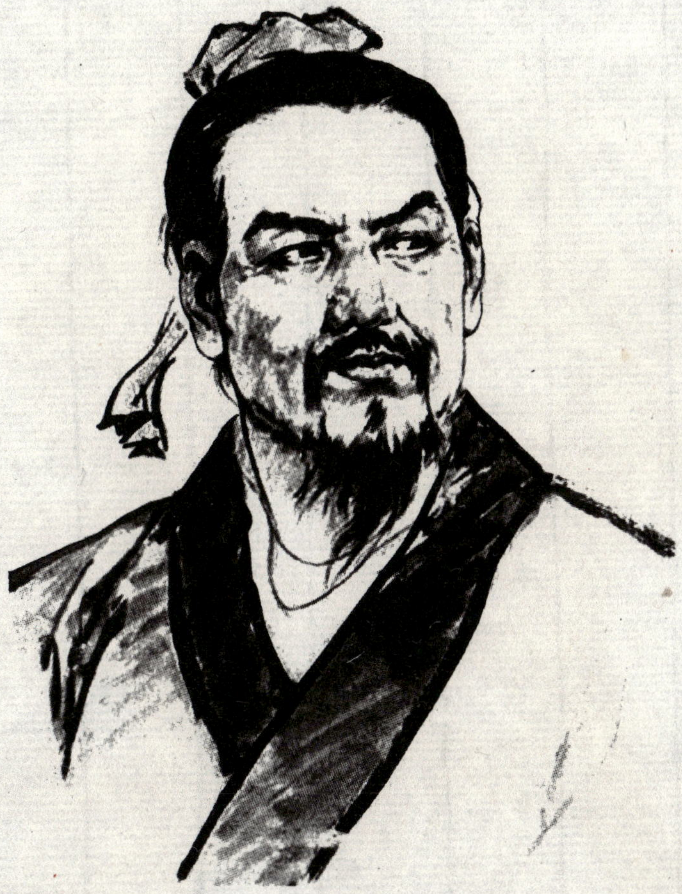

　　韩非（约公元前 280～前 233 年），享年约四十七岁。又名韩非子，河南新郑人，战国末期带有唯物主义色彩的哲学家，法家思想的集大成者。韩王室诸公子之一，在韩国不被任用后，便退而著书，写出了《孤愤》、《五蠹》、《内外储》、《说林》、《说难》等著作。

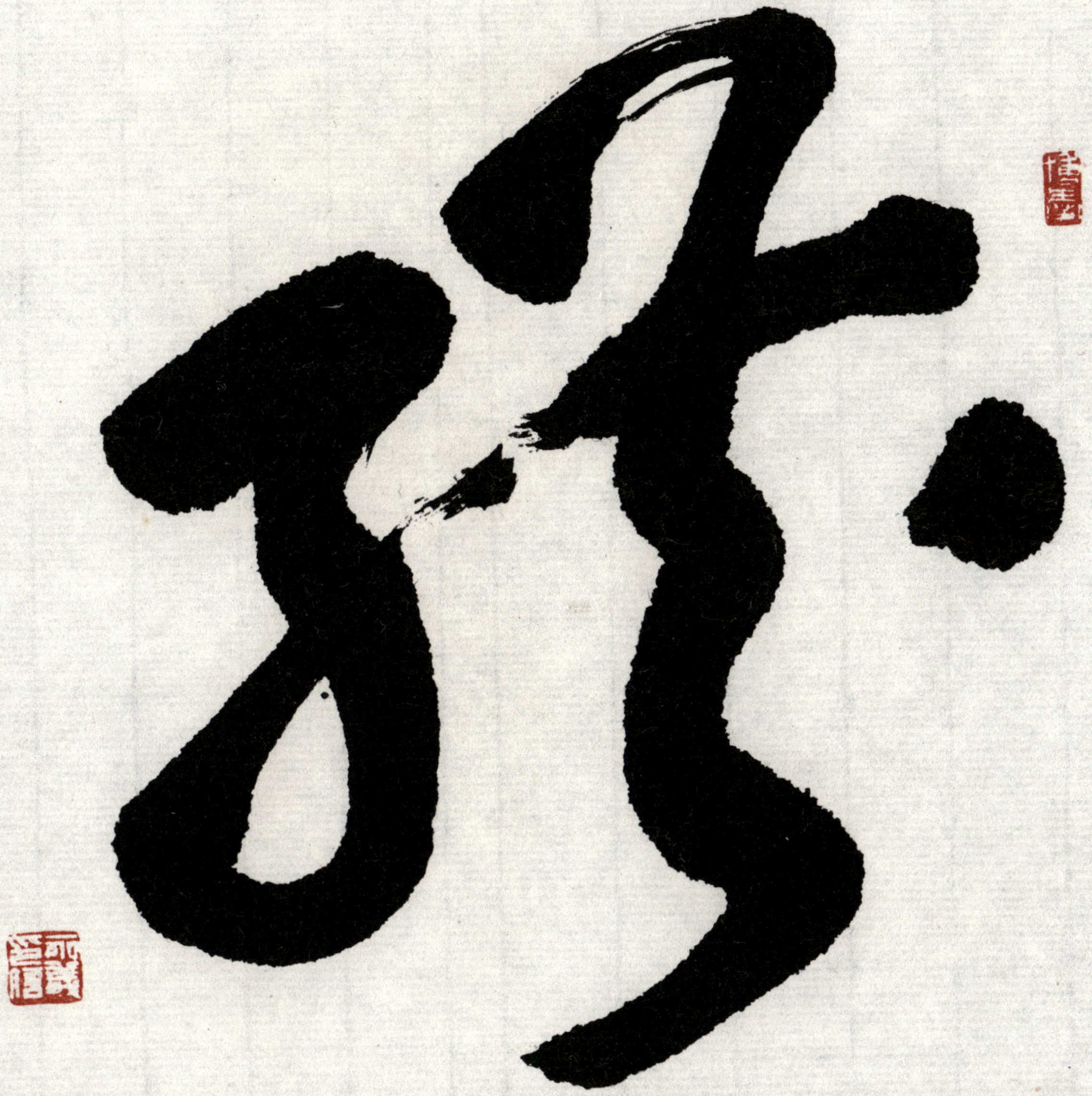

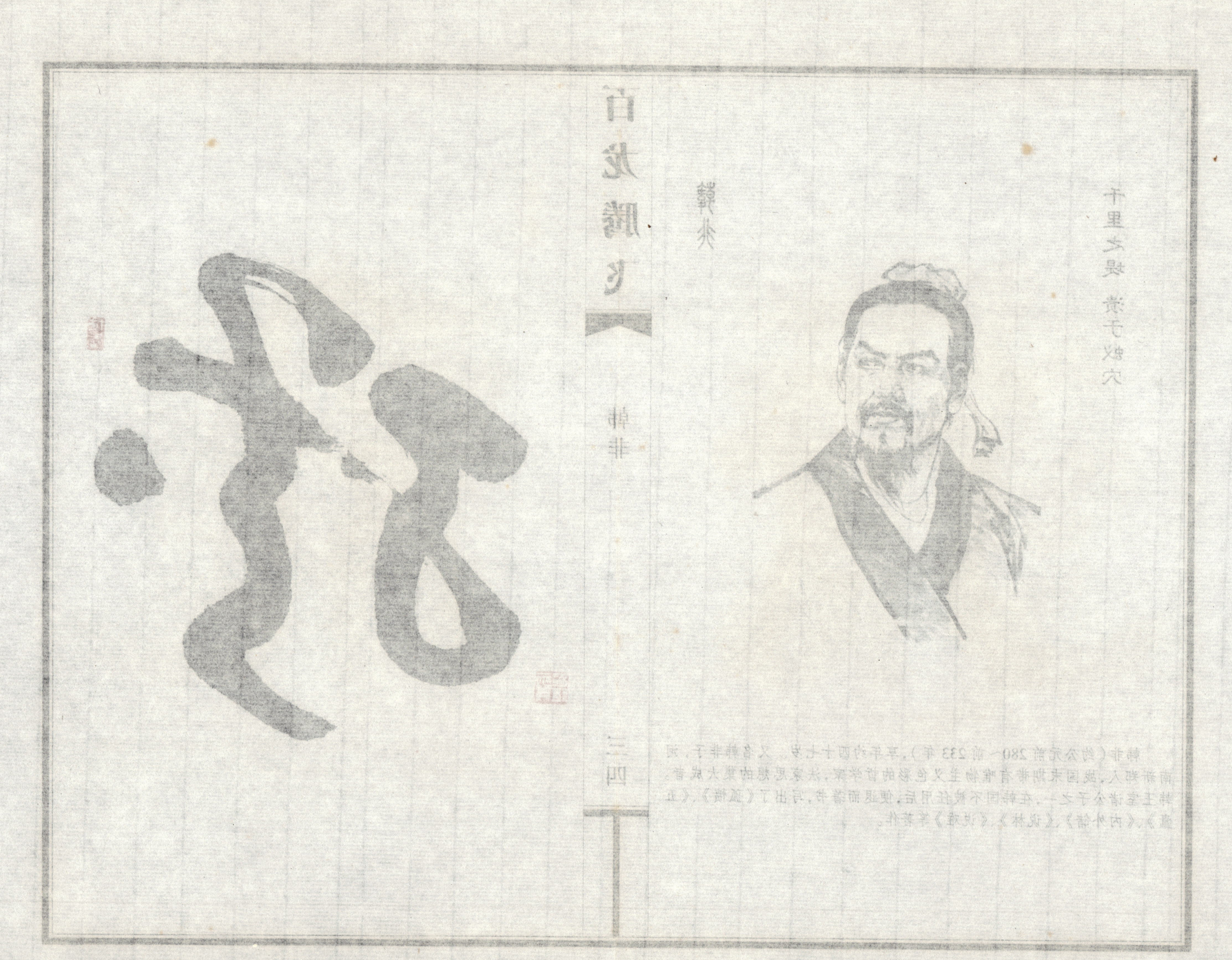

河海不择细流 故能就其深

百龙腾飞

李斯

三五

龍

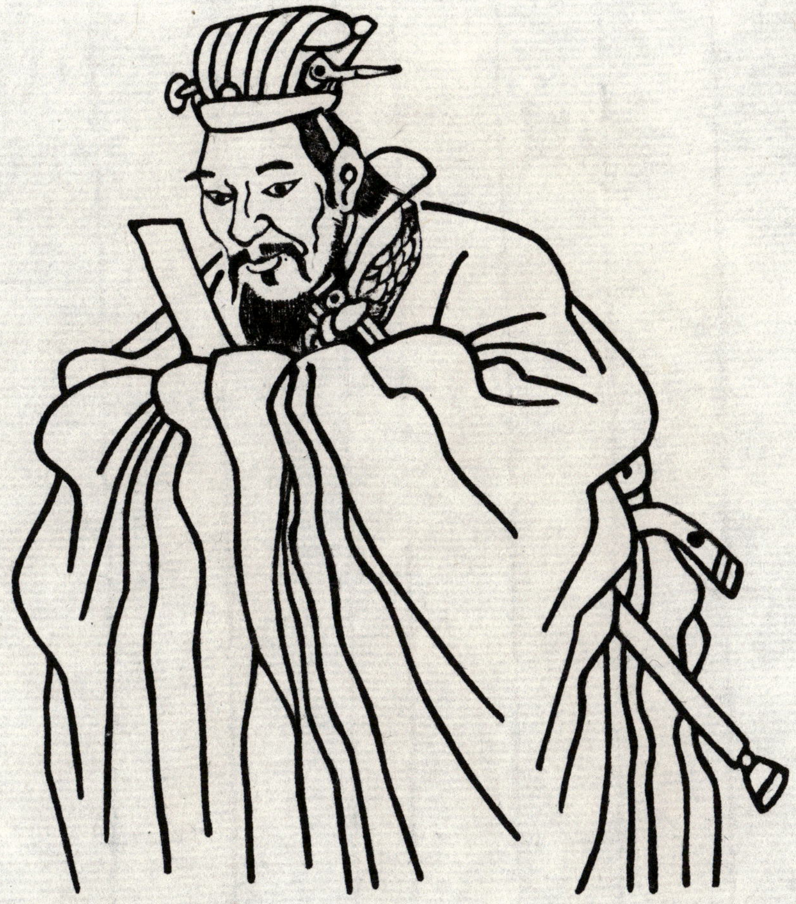

李斯（公元前？～前208年），享年不详。姓李，名斯，字通古。河南上蔡人，秦朝政治家、书法家。秦统一天下后，被任为丞相。他建议拆除郡县城墙，销毁民间的兵器；反对分封制，坚持郡县制；参与制定了法律，统一车轨、文字、度量衡制度。他还主张以小篆为当时的标准书体。

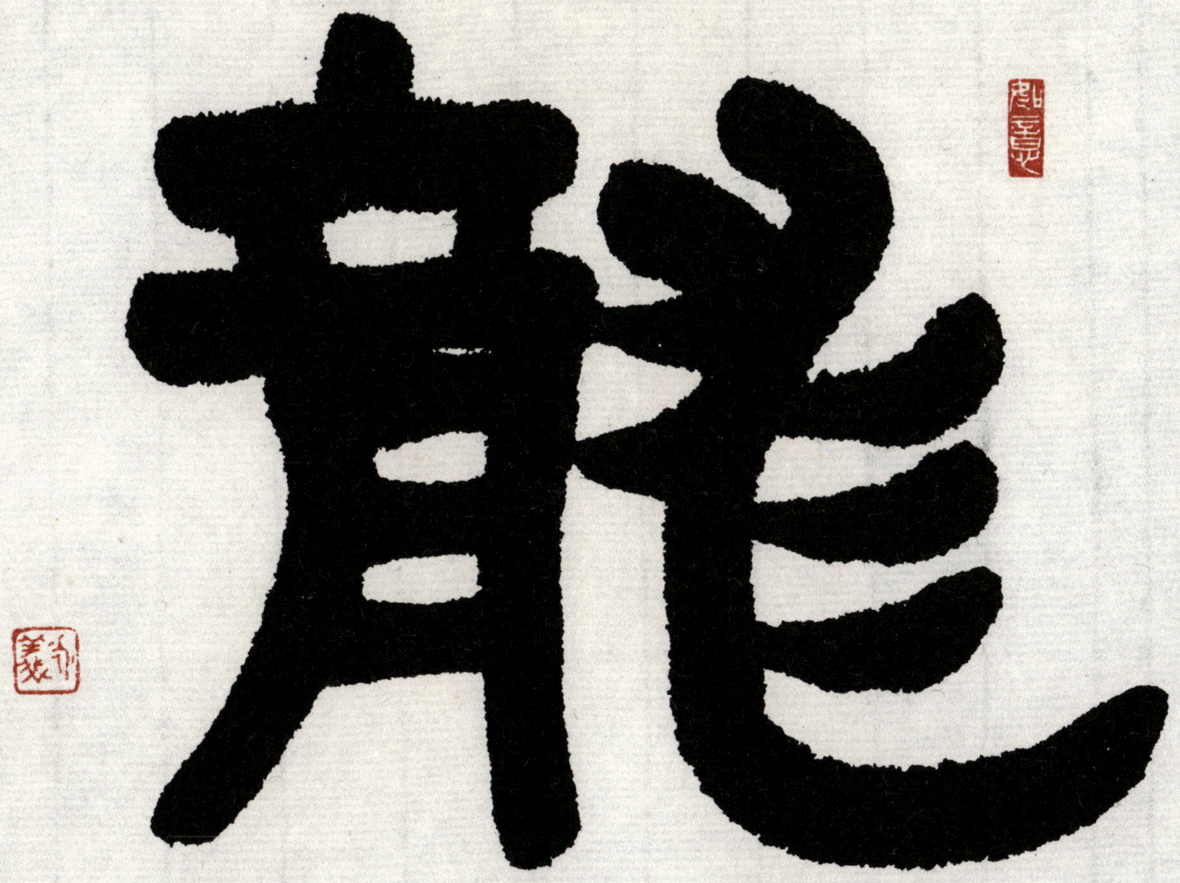

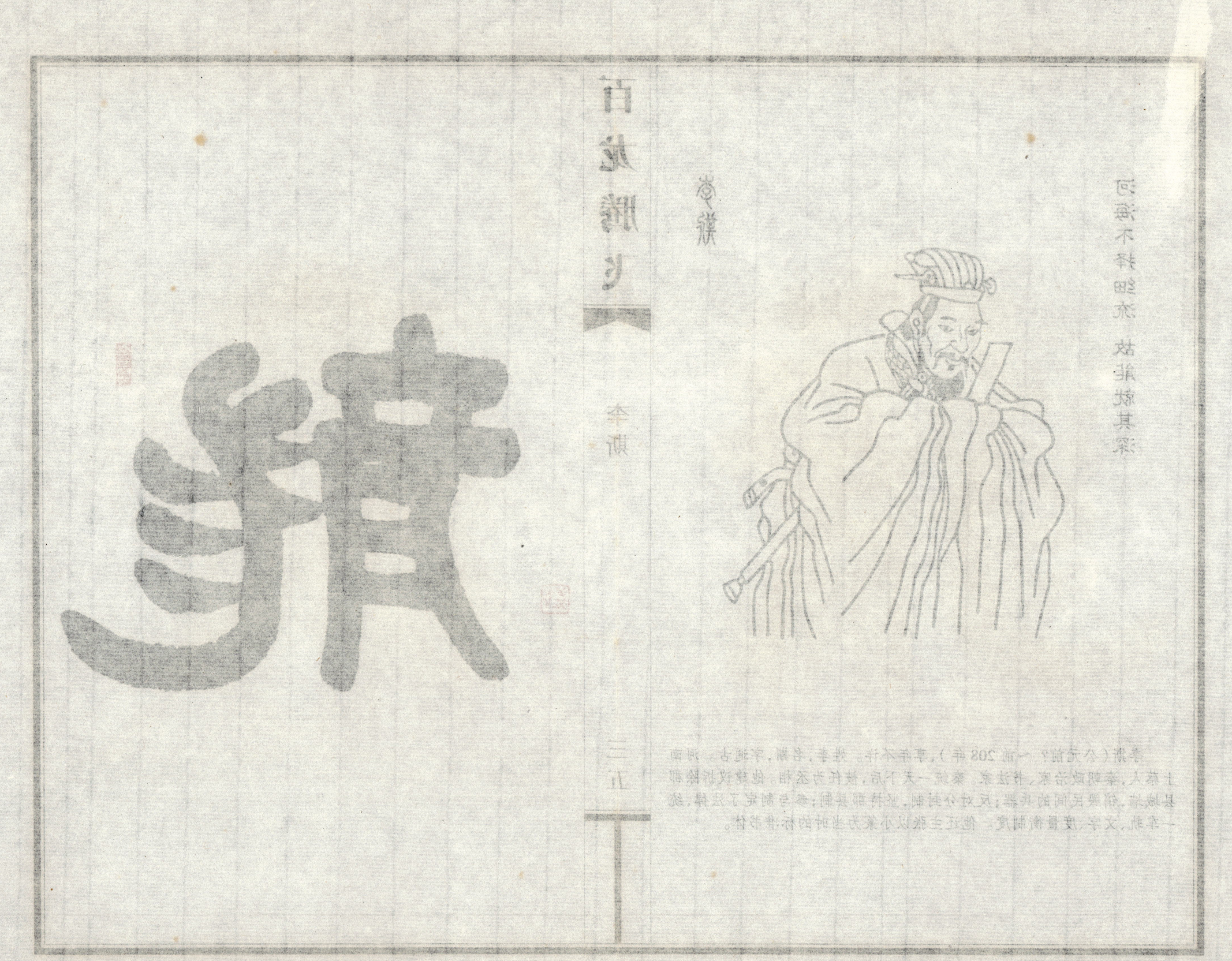

百龙腾飞

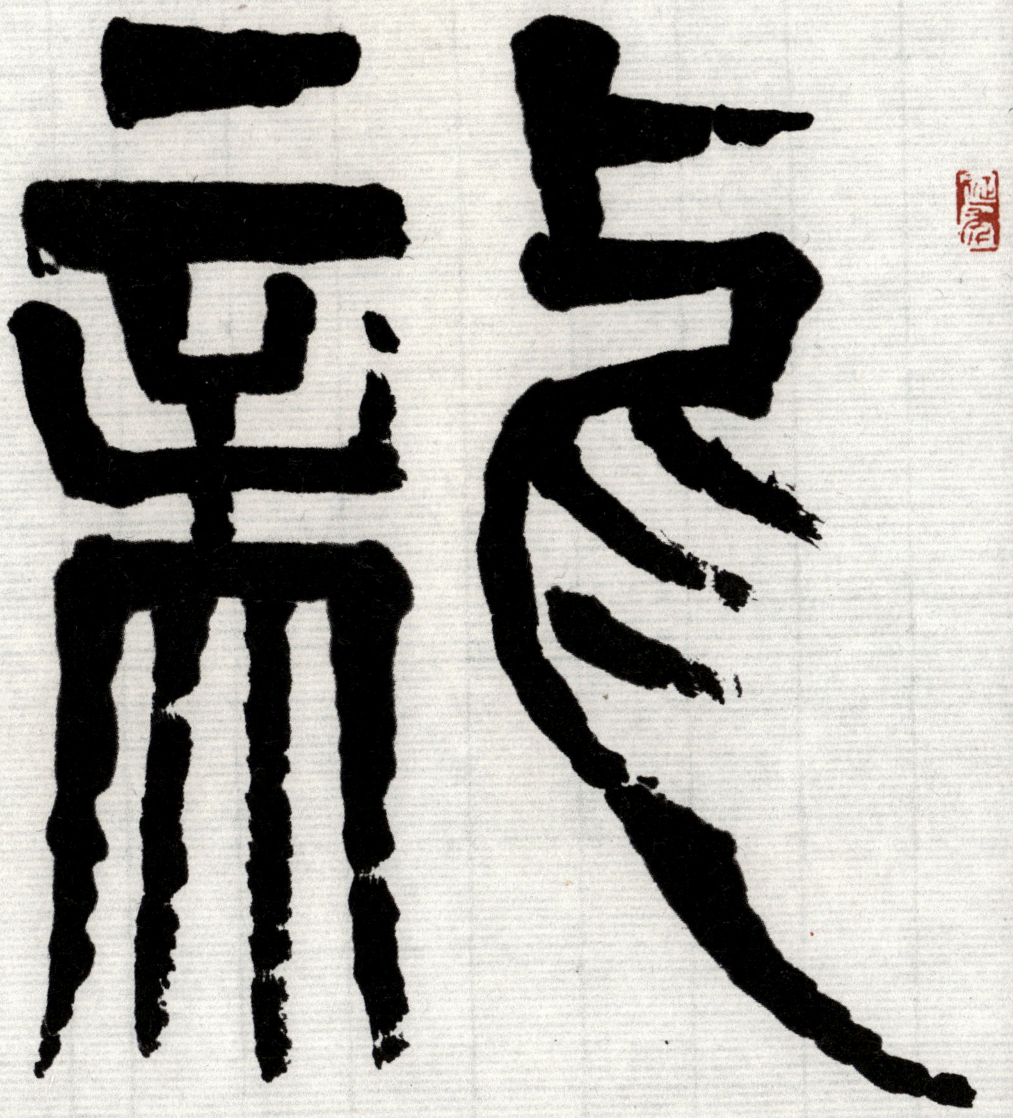

董仲舒

常玉不琢 不成文章 君子不学 不成其德

三六

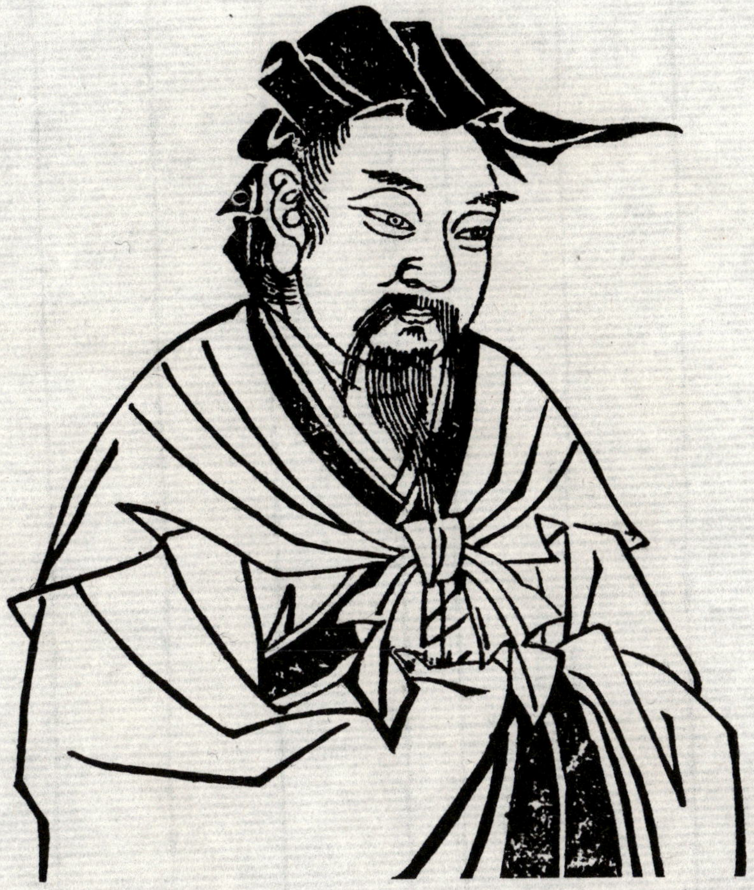

董仲舒（公元前179～前104年），享年七十五岁。河北枣强人，汉代思想家、哲学家、政治家、教育家。董仲舒以《公羊春秋》为依据，将周代以来的宗教天道观和阴阳、五行学说结合起来，吸收法家、道家、阴阳家思想，建立了一个新的思想体系，成为了汉代的官方统治哲学。

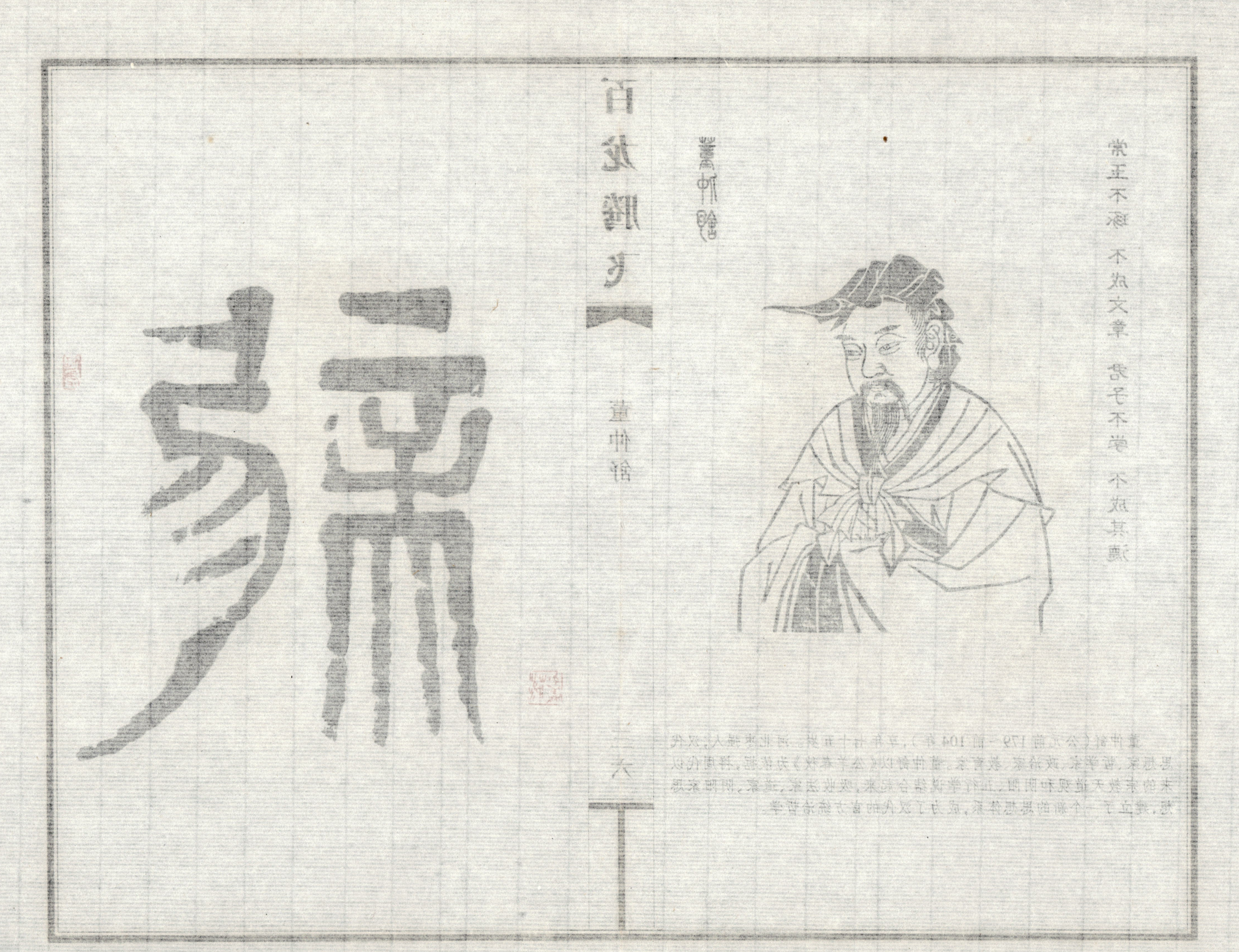

百龙腾飞

异乎寻常 以为奇异

张骞

张骞

勒

三七

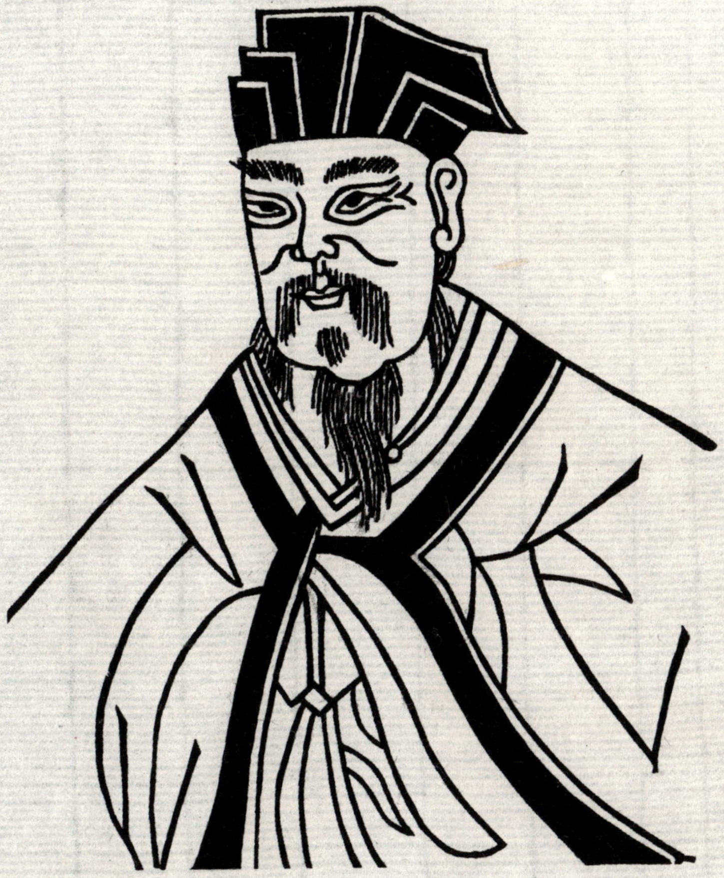

　　张骞(公元前?～前114年),享年不详。字子文,陕西城固人,汉代卓越的探险家、旅行家与外交家,对丝绸之路的开拓有着重大贡献。他开拓了汉朝通往西域的南北道路,并从西域诸国引进了汗血马、葡萄、苜蓿、石榴、胡桃、胡麻等。

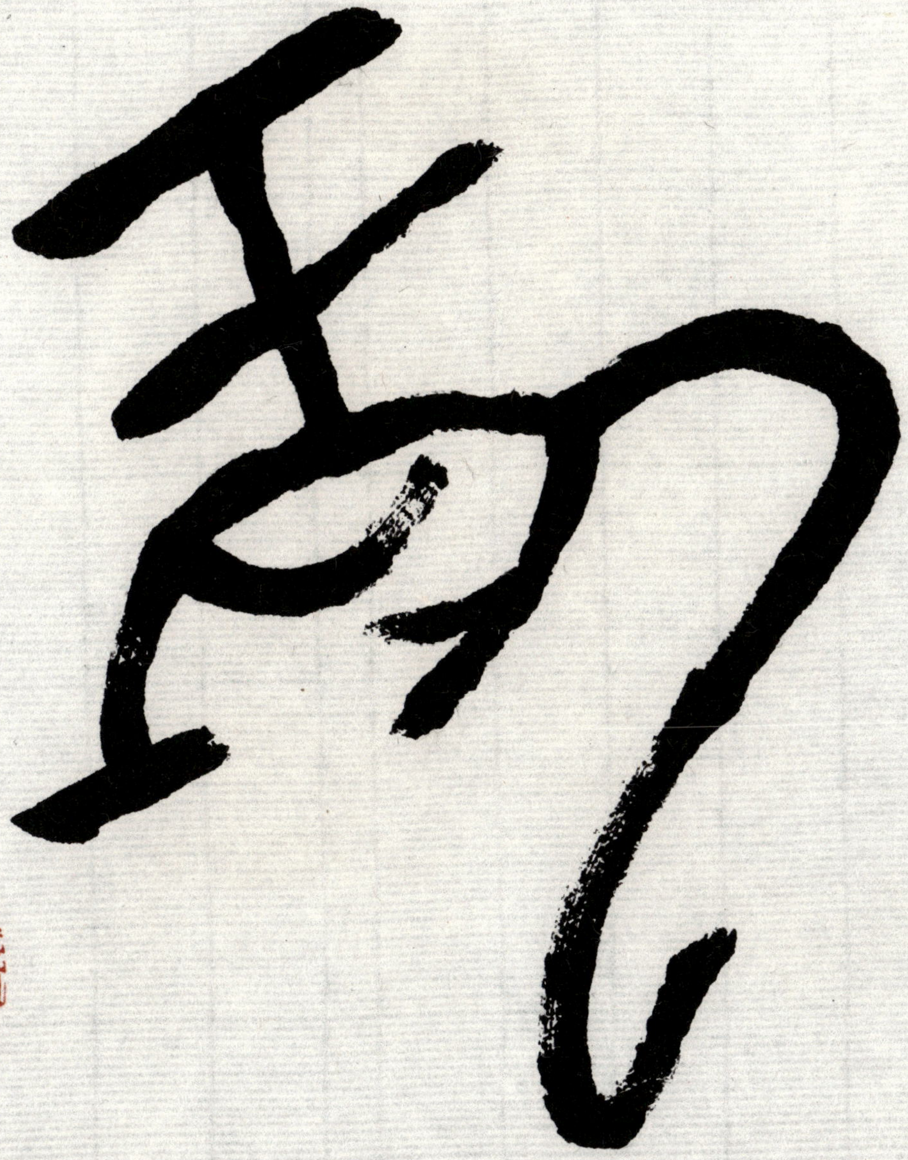

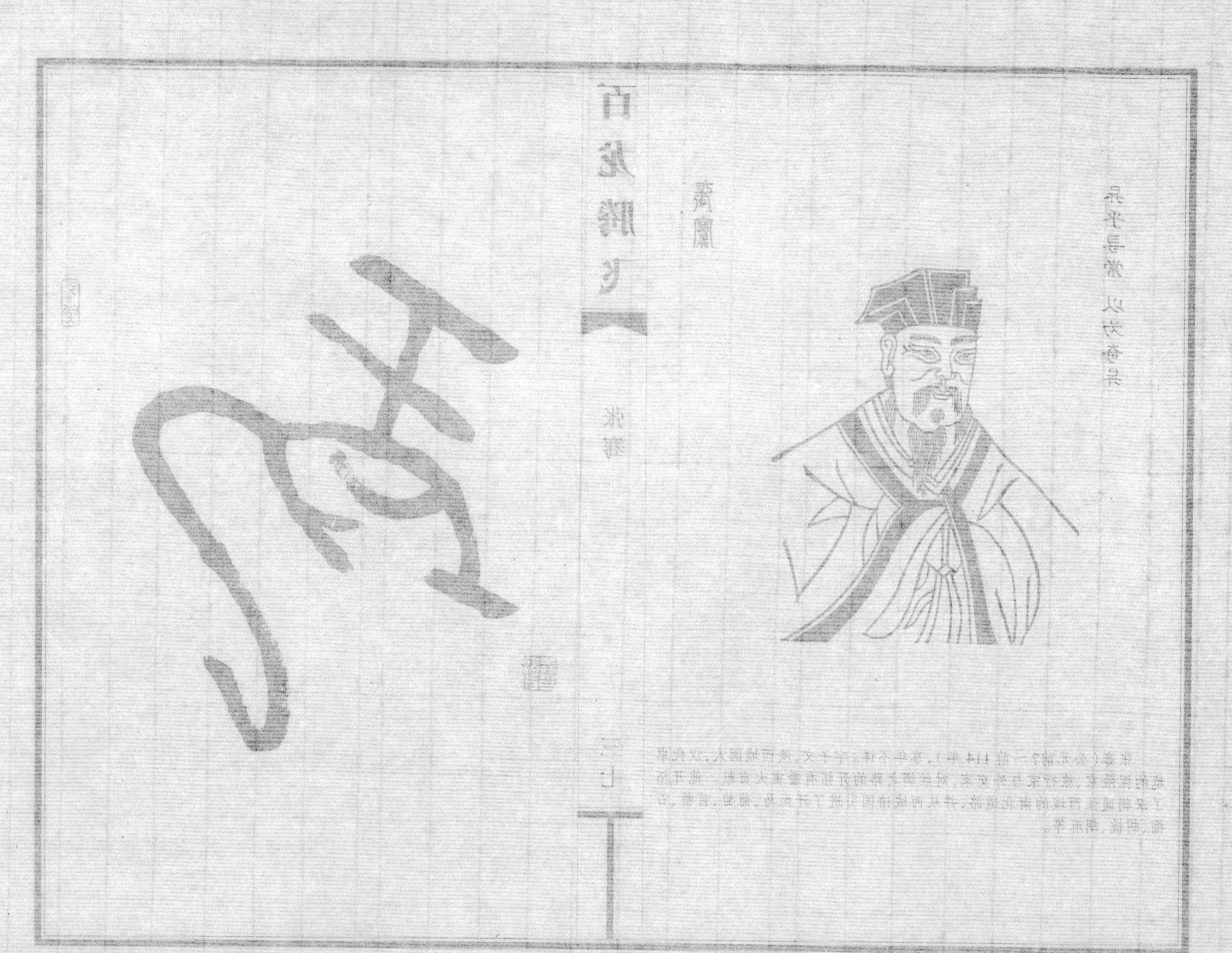

博开艺能之路　悉延百端之学

漢武帝

汉武帝

三八

龍

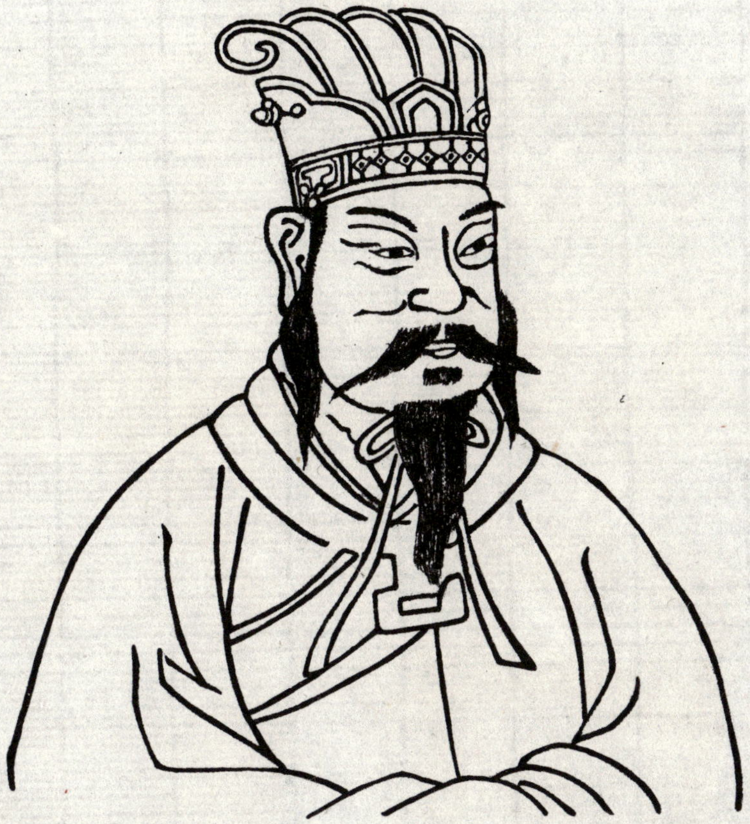

汉武帝（公元前156～前87年），享年六十九岁。陕西西安人，汉代伟大的政治家、战略家、诗人。他七岁时被册立为皇太子，十六岁登基。在位五十四年期间，汉武帝对内实行政治经济改革，对外用兵，开拓疆土。他尊儒术，倡仁义，罢黜百家，建太学，置五经博士。

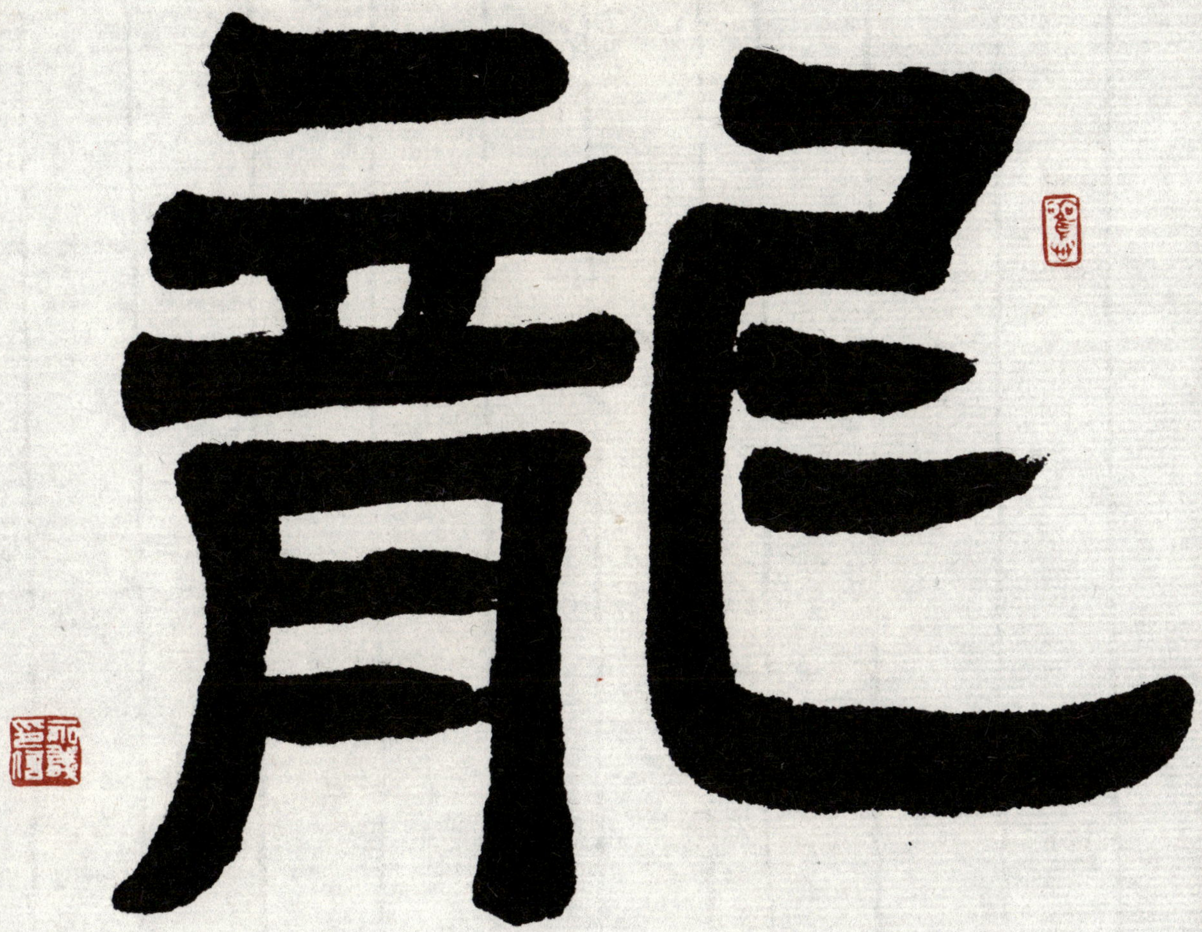

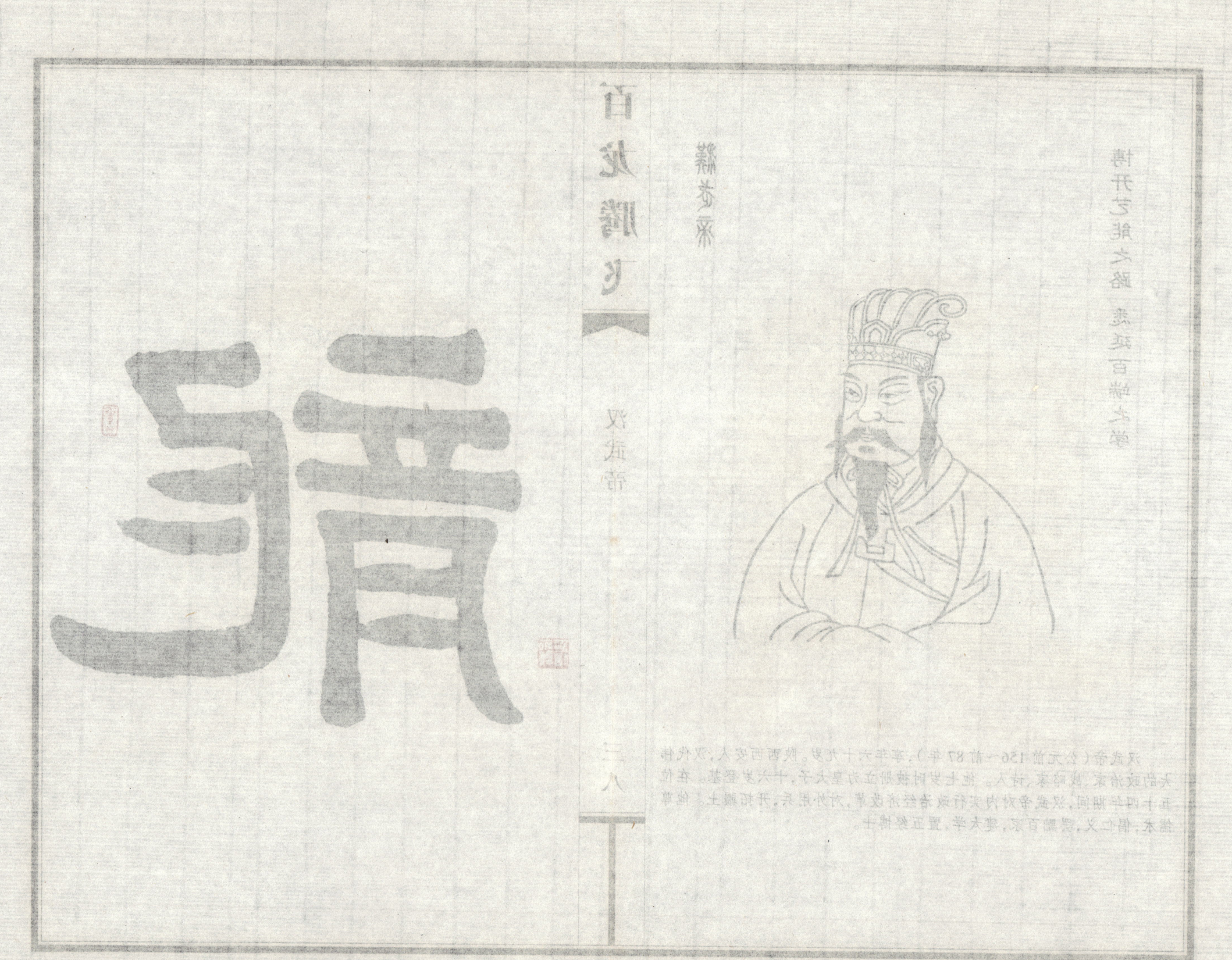

司马迁

司马赞

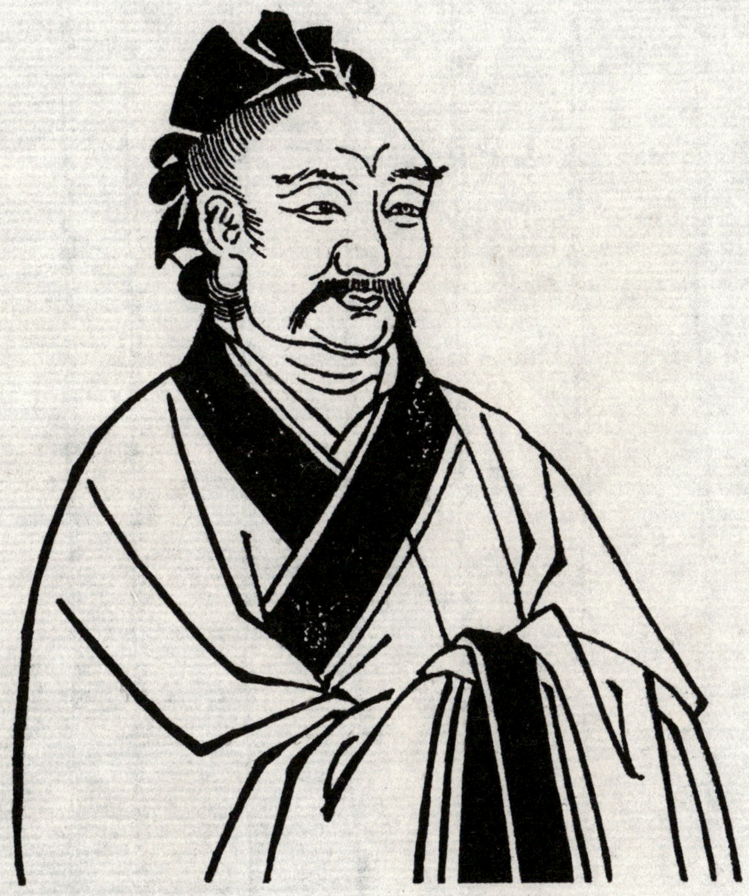

不飞则已 一飞冲天 不鸣则已 一鸣惊人

龙

三九

　　司马迁（公元前 145～约前 86 年），享年约五十九岁。字子长，陕西韩城（一说山西河津）人，汉代伟大的史学家、思想家、文学家，被后人尊称为"史圣"。他最大的贡献是创作了中国第一部纪传体通史《史记》（原名《太史公书》）。

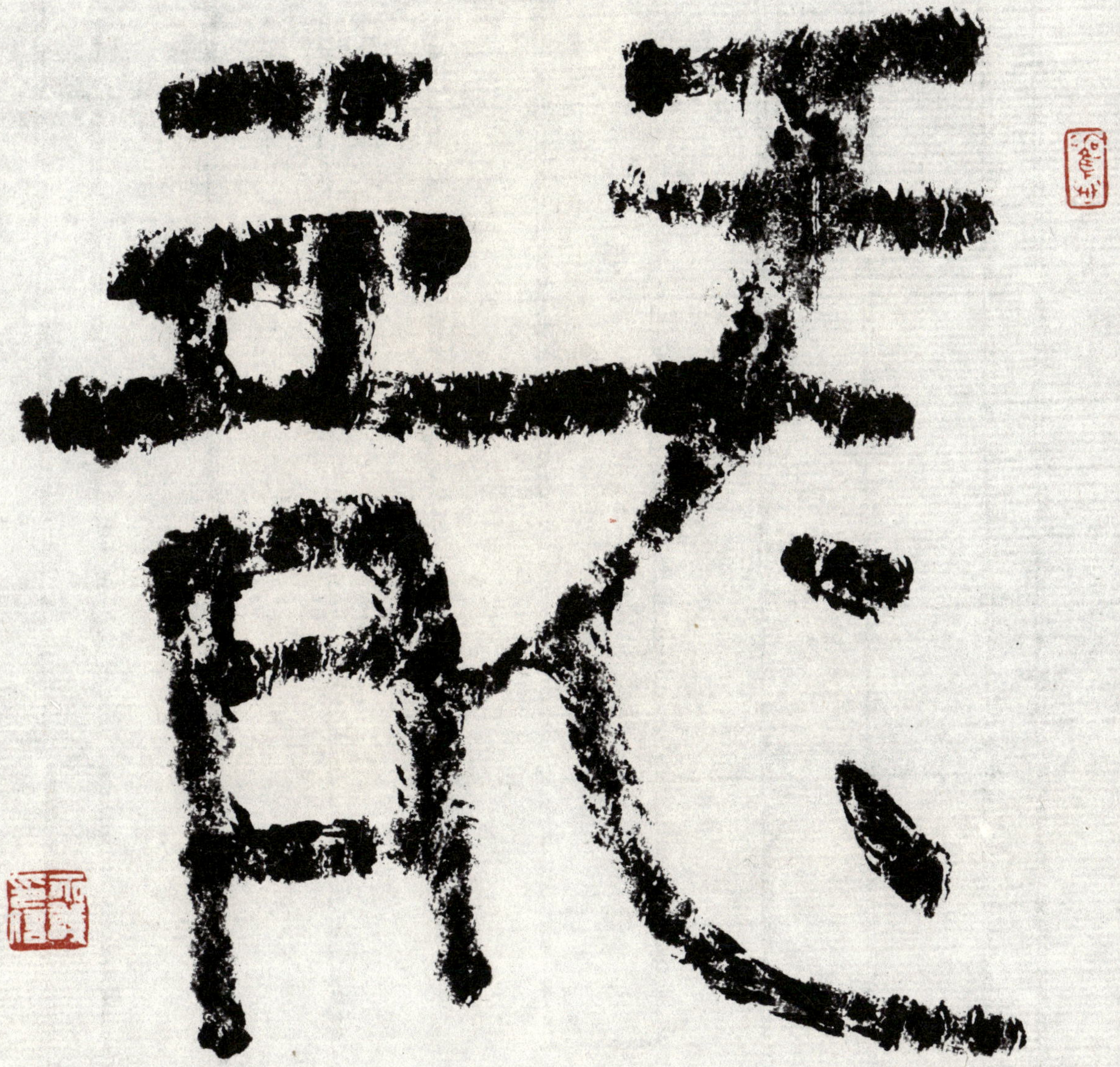

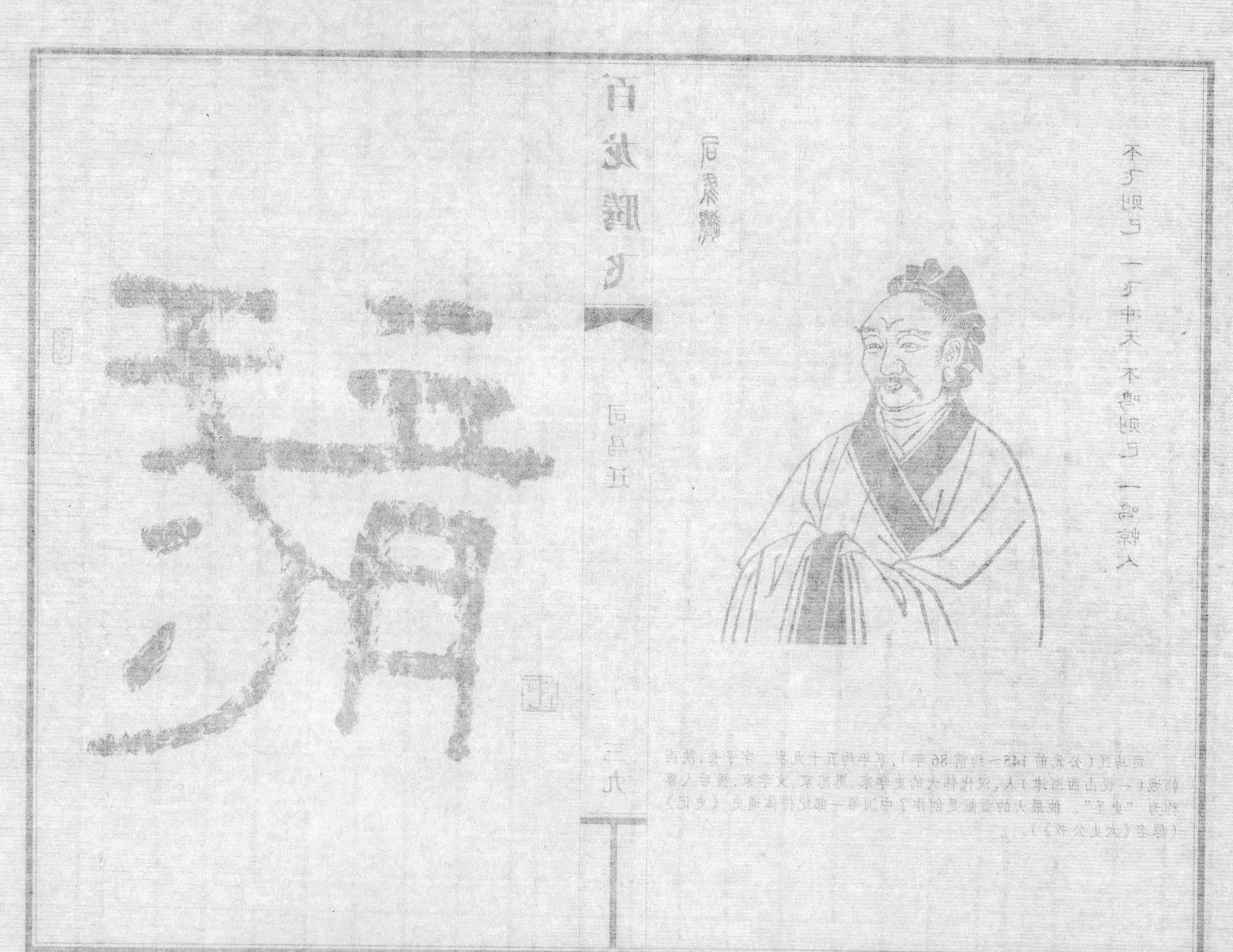

人臣奉法遵职而已 何与招士

百龙腾飞

卫青

龏青

四〇

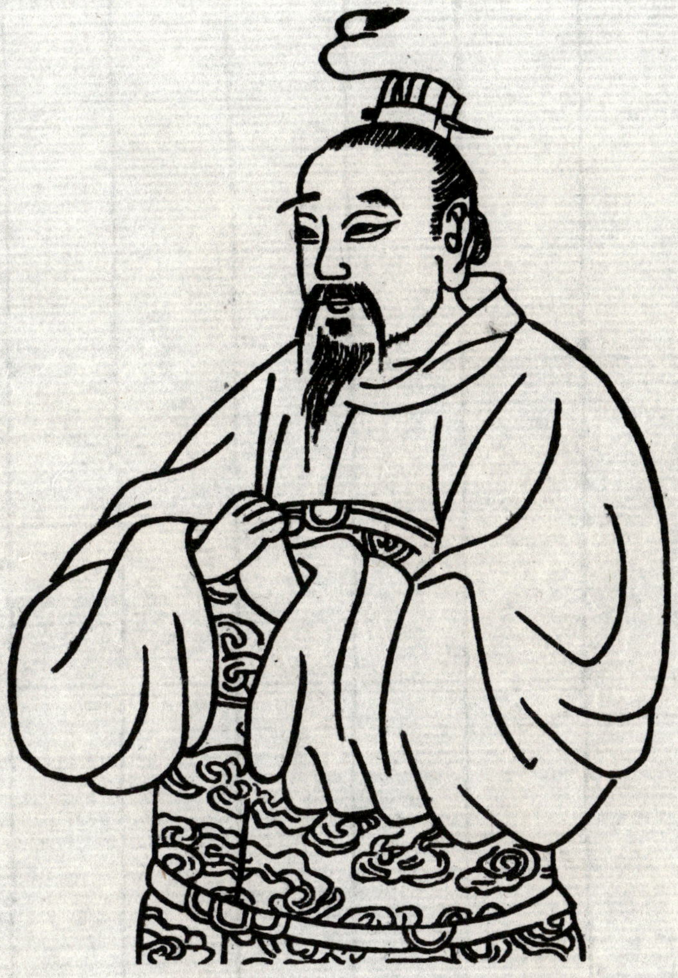

卫青（公元前？～前106年），享年不详。字仲卿，山西临汾人。他能征惯战，为汉朝北部疆域的开拓作出了重大贡献，亦是中国历史上为人熟知的常胜将军。卫青是霍去病的舅舅，二人并称"帝国双璧"。卫青先后七次出击匈奴，为西汉王朝的统一和巩固作出了贡献。

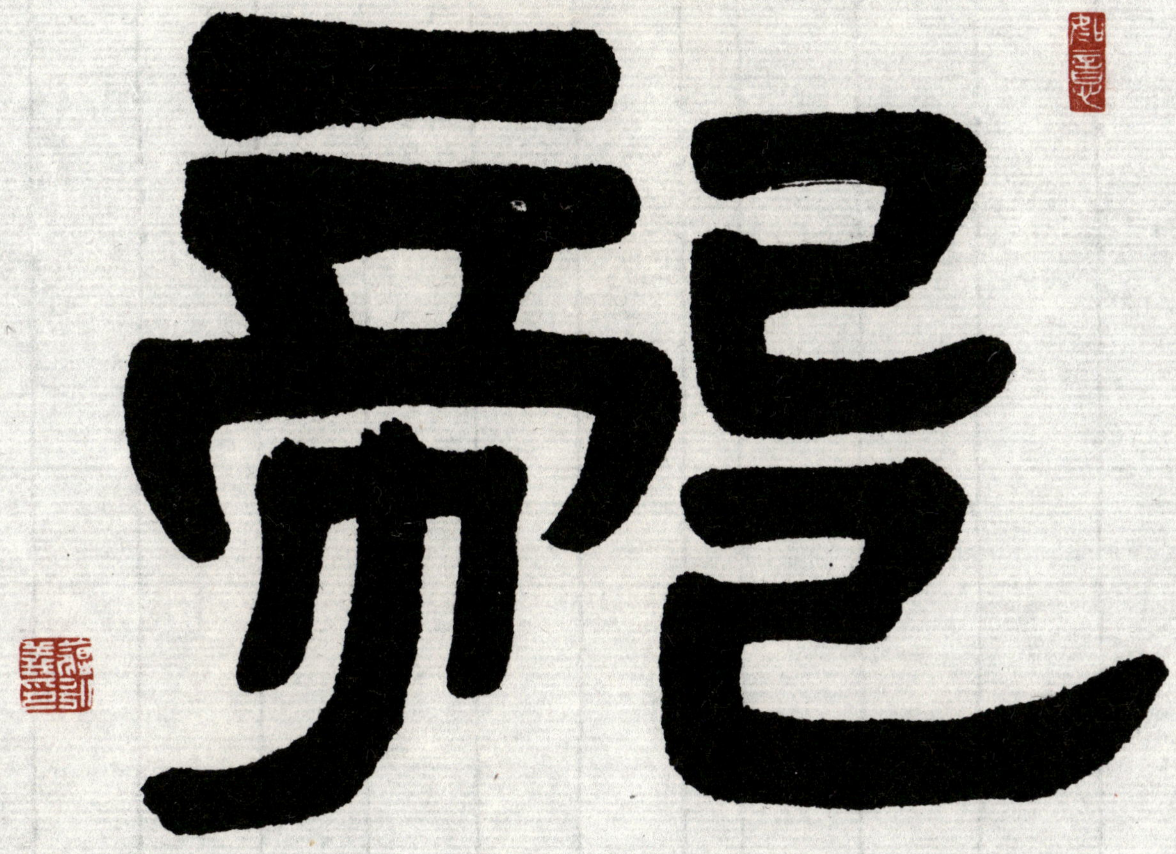

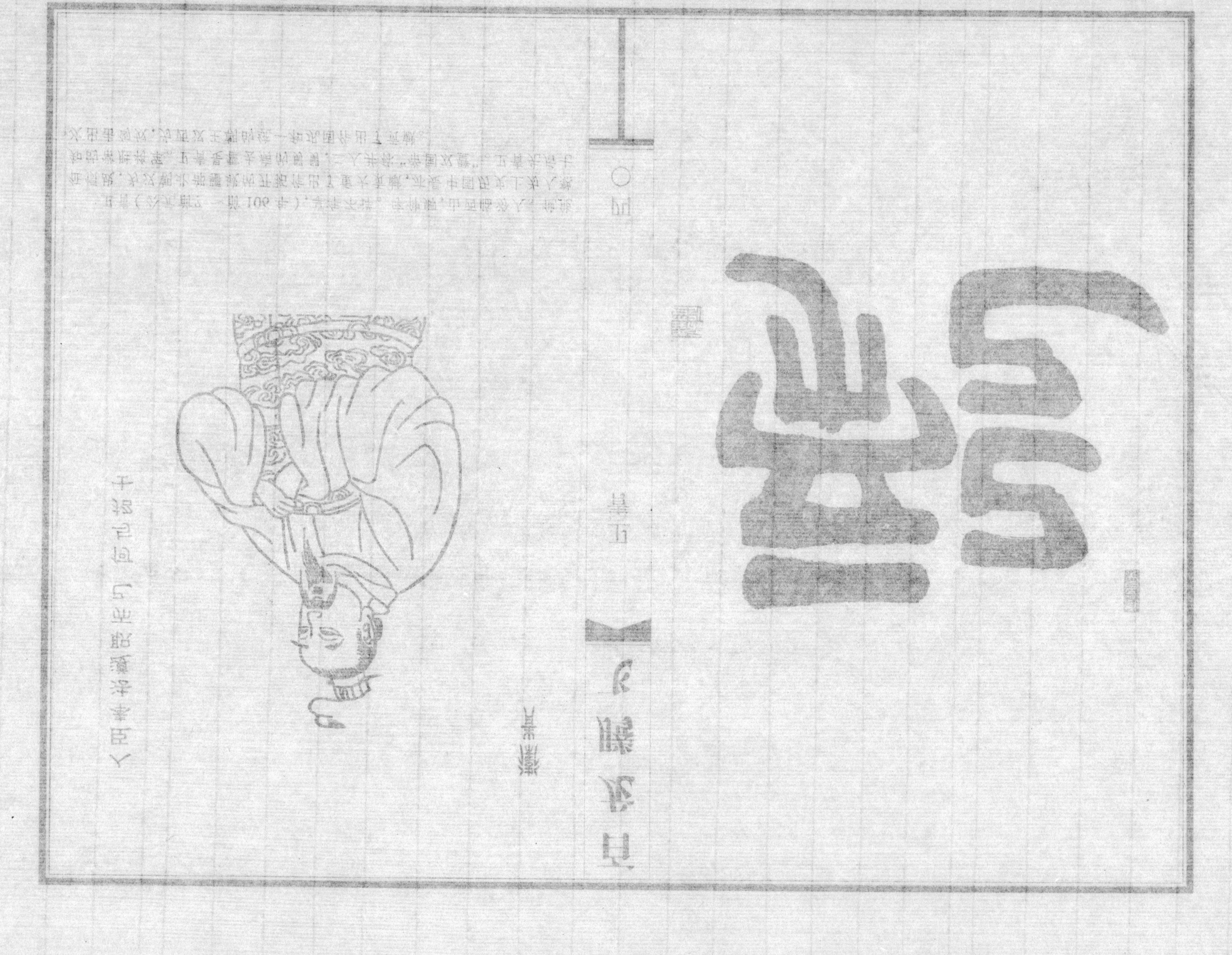

百龙腾飞

霍去病

匈奴未灭 何以家为

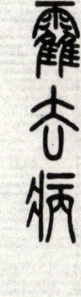

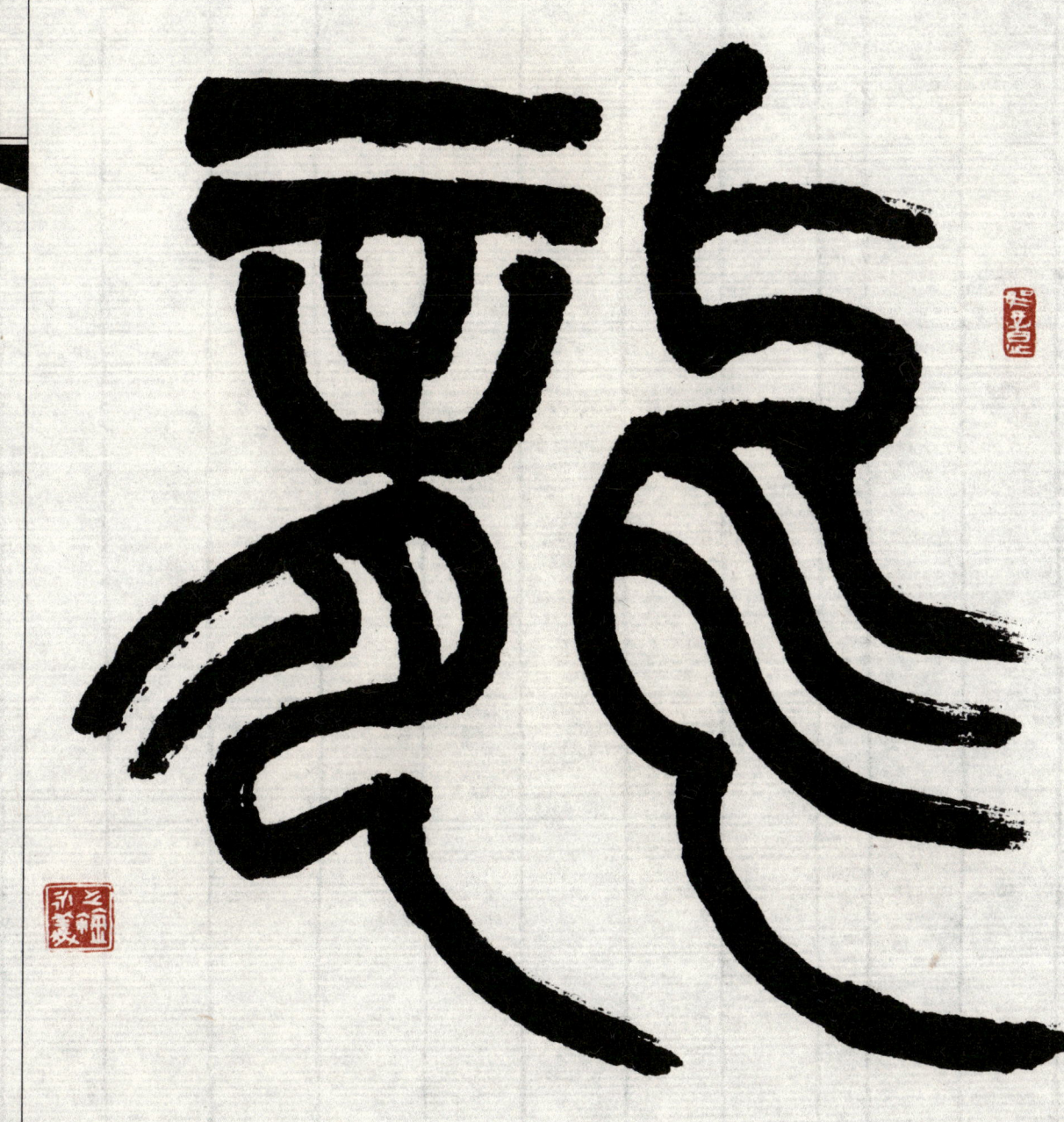

四一

霍去病（公元前 140～前 117 年），享年二十三岁。山西临汾人，汉代杰出军事家，是名将卫青的外甥，任大司马骠骑将军。好骑射，善于长途奔袭。霍去病多次率军与匈奴交战，在他的带领下，匈奴被汉军杀得节节败退，霍去病也留下了"封狼居胥"的佳话，与卫青并称为"帝国双璧"。

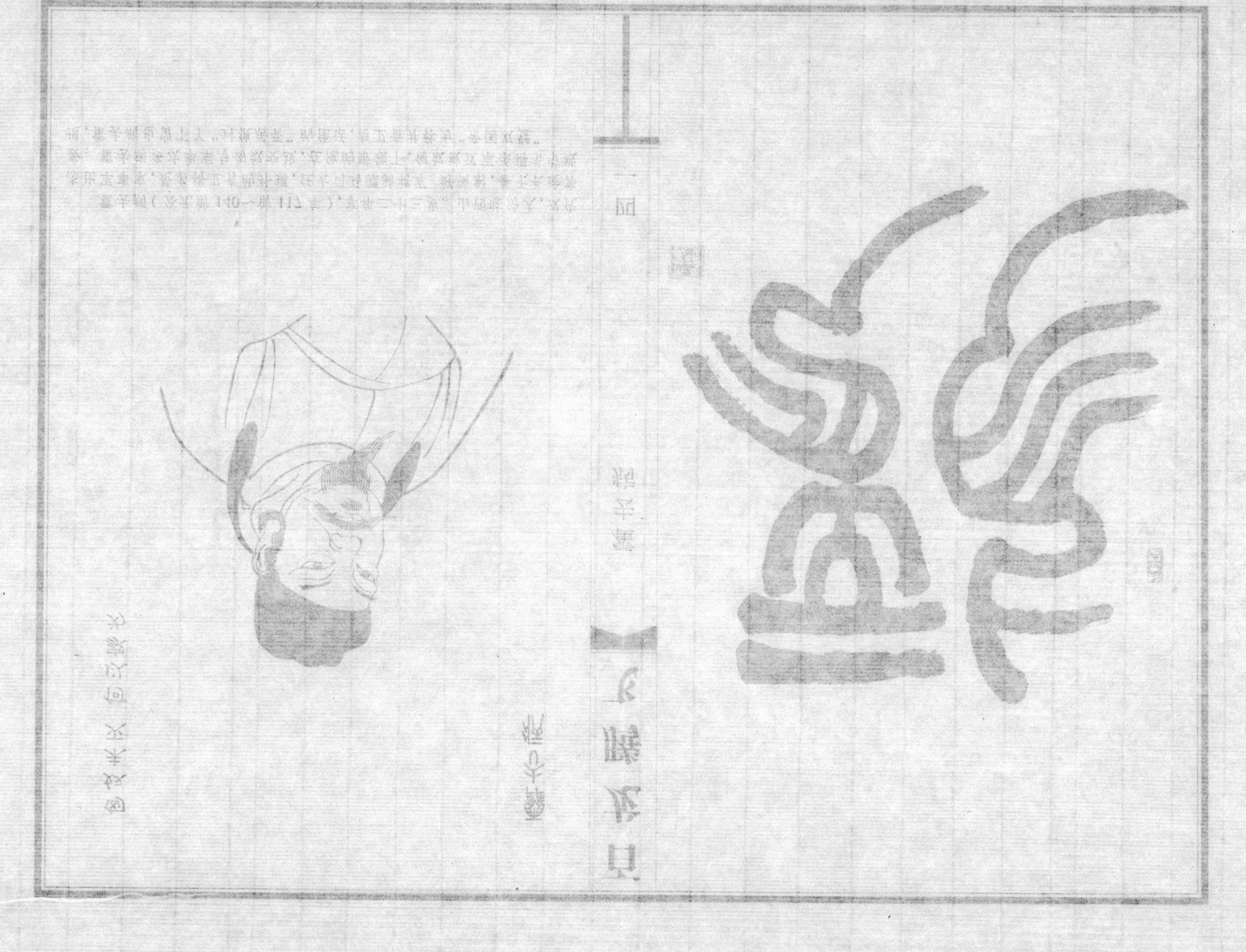

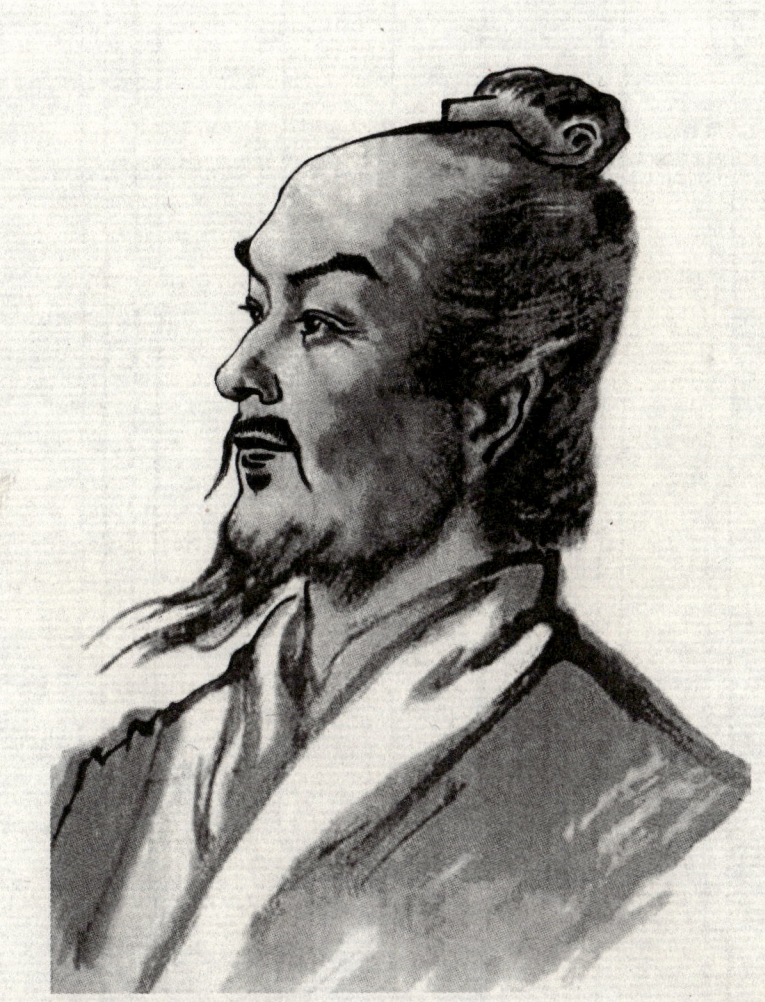

人生在勤 不索何获

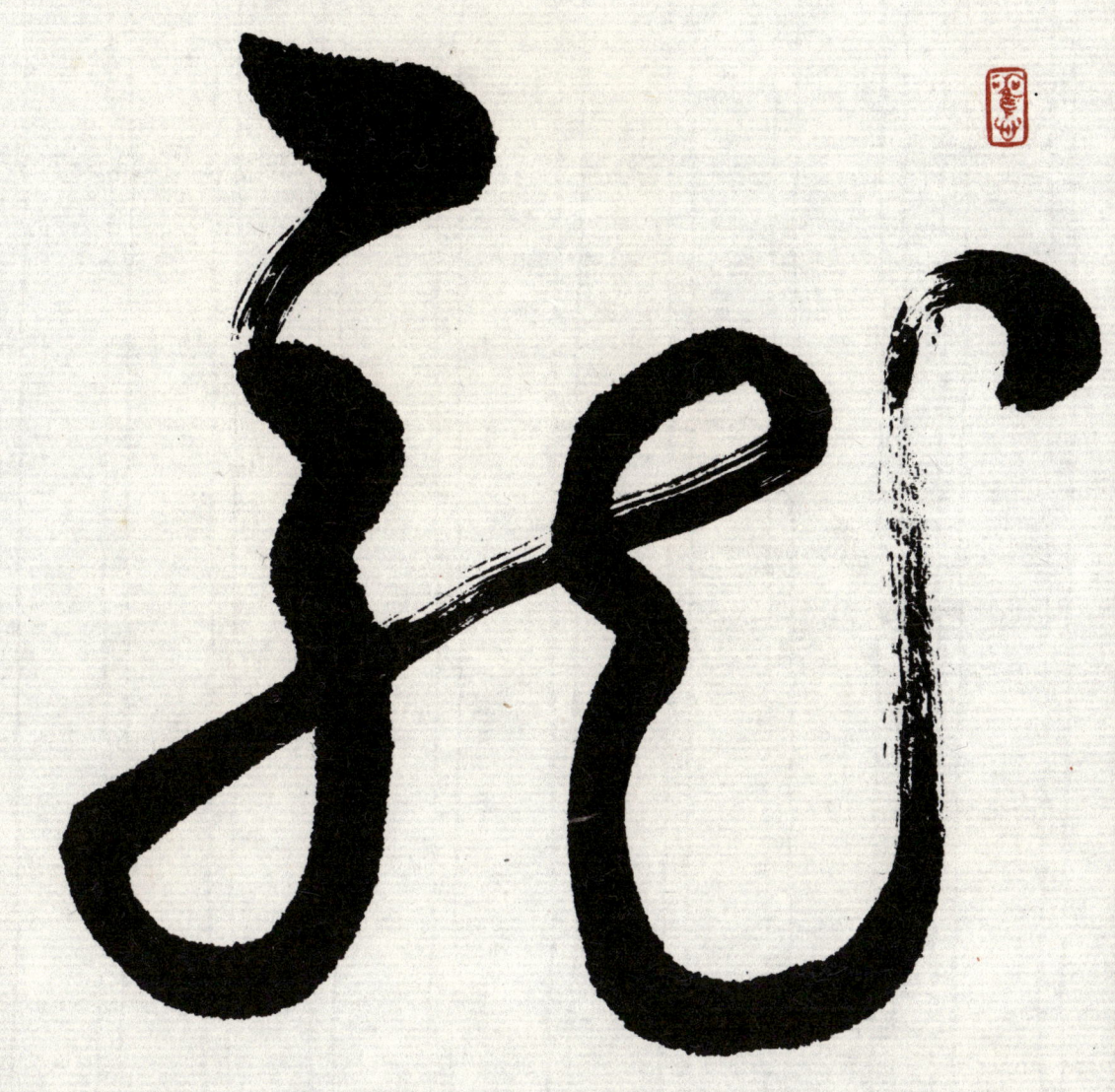

张衡

张衡（公元 78～139 年），享年六十一岁。字平子，河南南阳人，东汉时期伟大的天文学家、数学家、发明家、地理学家、制图学家、文学家、学者。官至尚书，为我国天文学、机械技术、地震学的发展作出了不可磨灭的贡献。张衡共著有科学、哲学和文学著作三十二篇，其中天文著作有《灵宪》和《灵宪图》等。

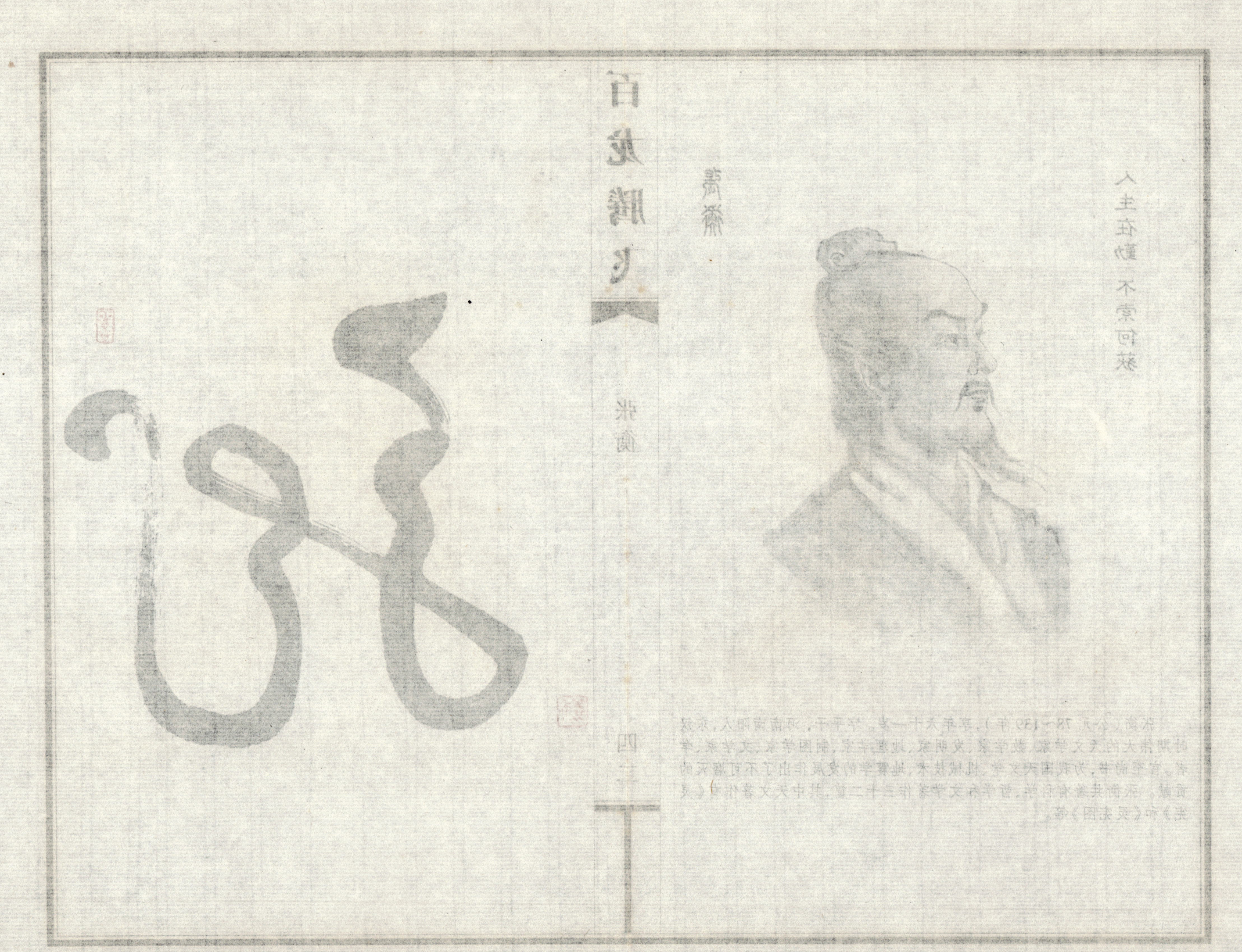

刘洪

龍

明历兴废 以天为节

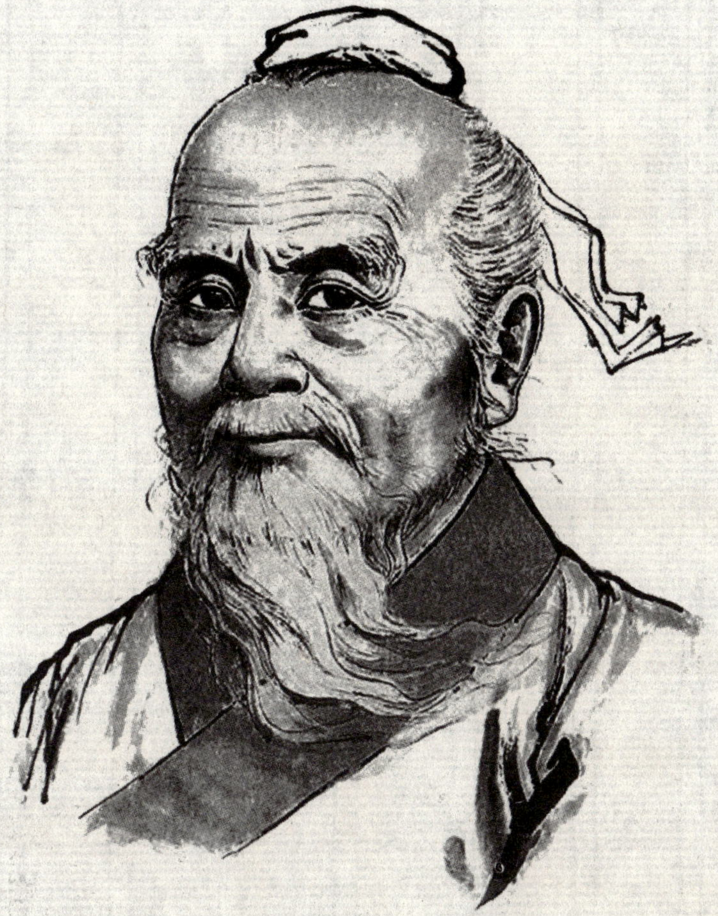

刘洪（约公元 130～196 年），享年约六十六岁。字元卓，山东蒙阴人，东汉杰出的天文学家和数学家。他专门从事历法研究。写成了《乾象历》、《九章算术》等专著，创造了我国第一部历法《乾象历》，调整了传统历法的岁差。他还发明了用算盘来做为运算的工具。

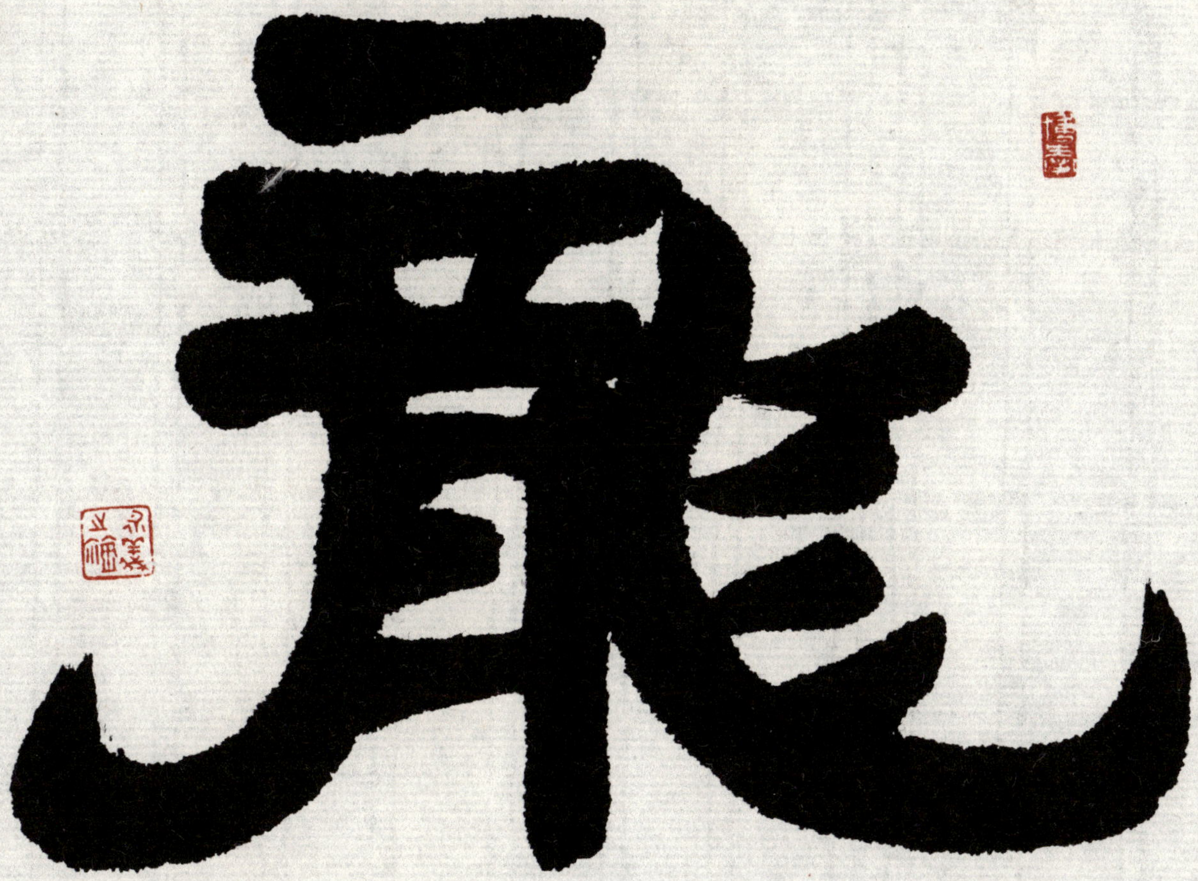

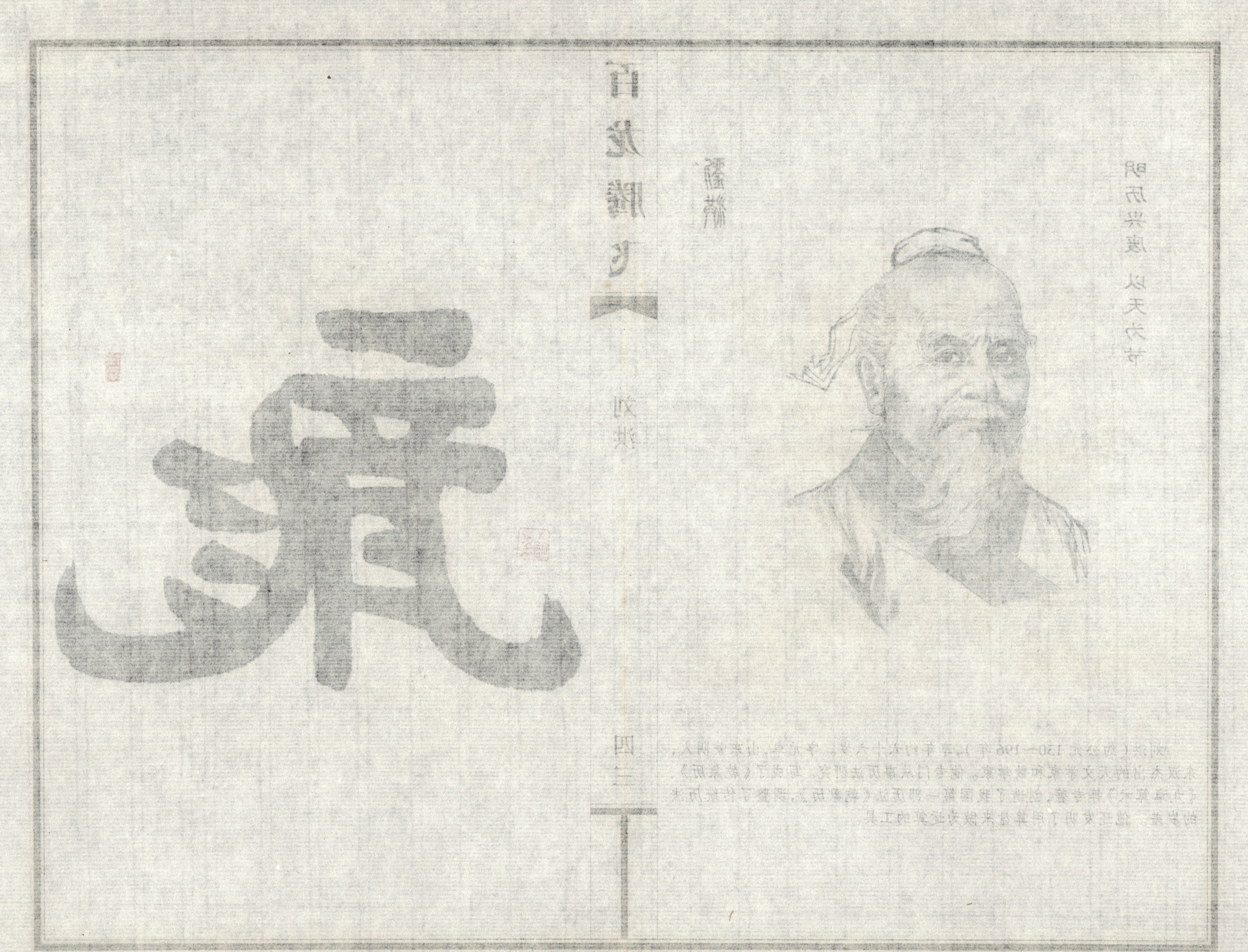

百龙腾飞

华佗

医者不能自医

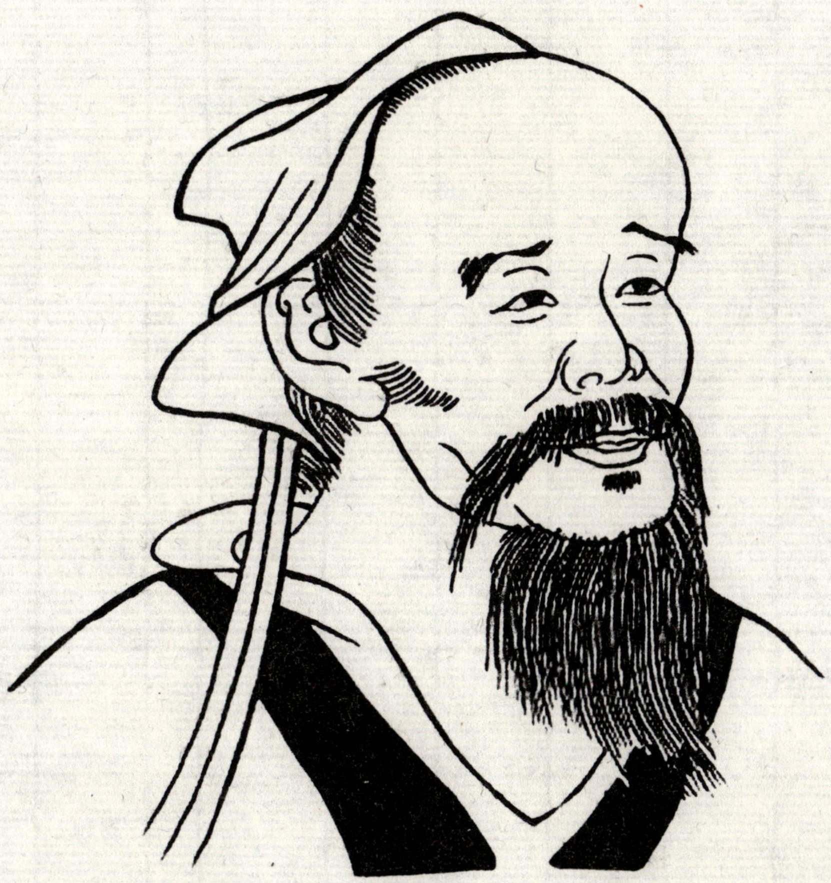

华佗（生卒年不详），享年不详。字元化，一名旉，安徽亳州人，东汉末医学家。他医术全面，尤其擅长外科，精于手术，被后人称为"外科圣手"。他曾用"麻沸散"使病人麻醉后施行剖腹手术，是世界医学史上应用全身麻醉进行手术治疗的最早记载。他又仿虎、鹿、熊、猿、鸟的动态创作了名为"五禽戏"的体操。

四四

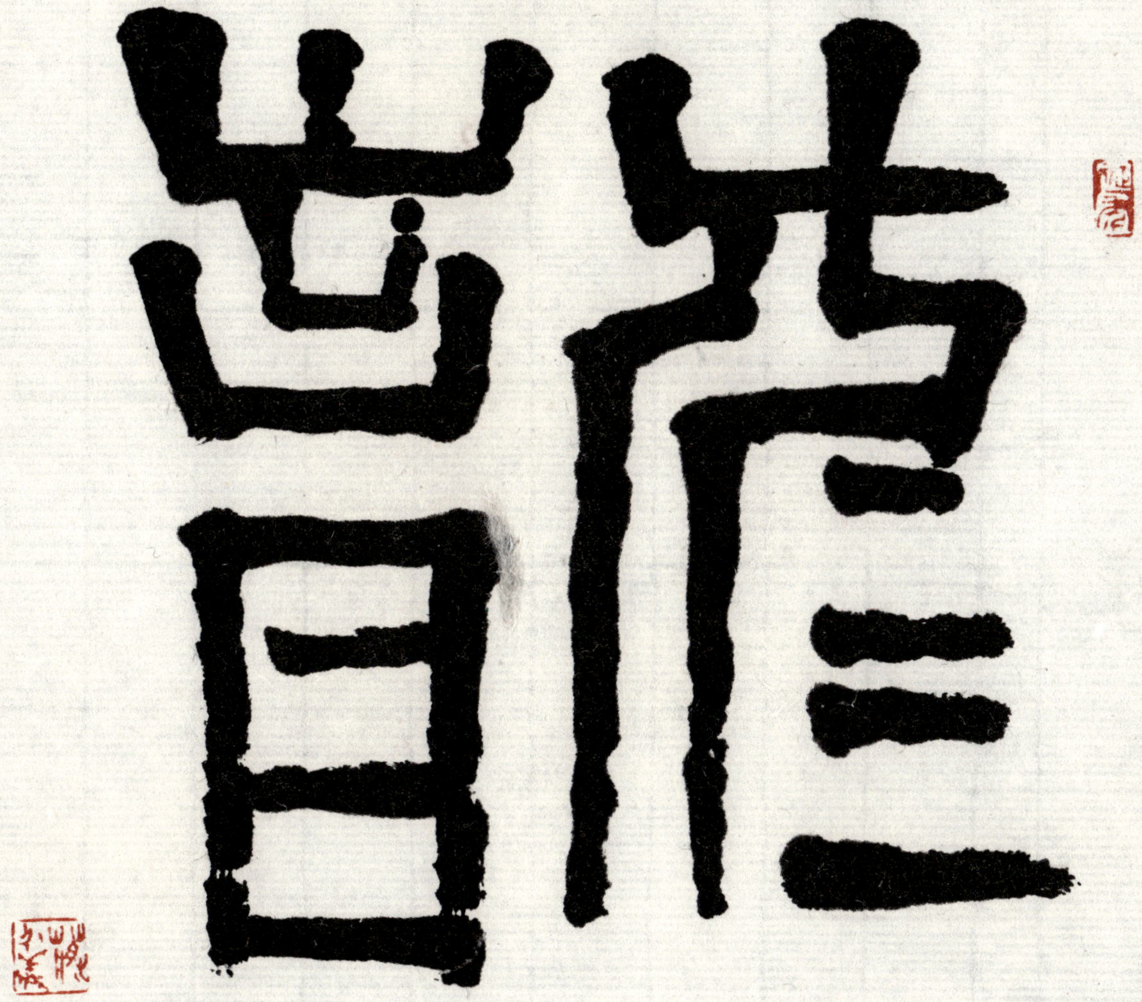

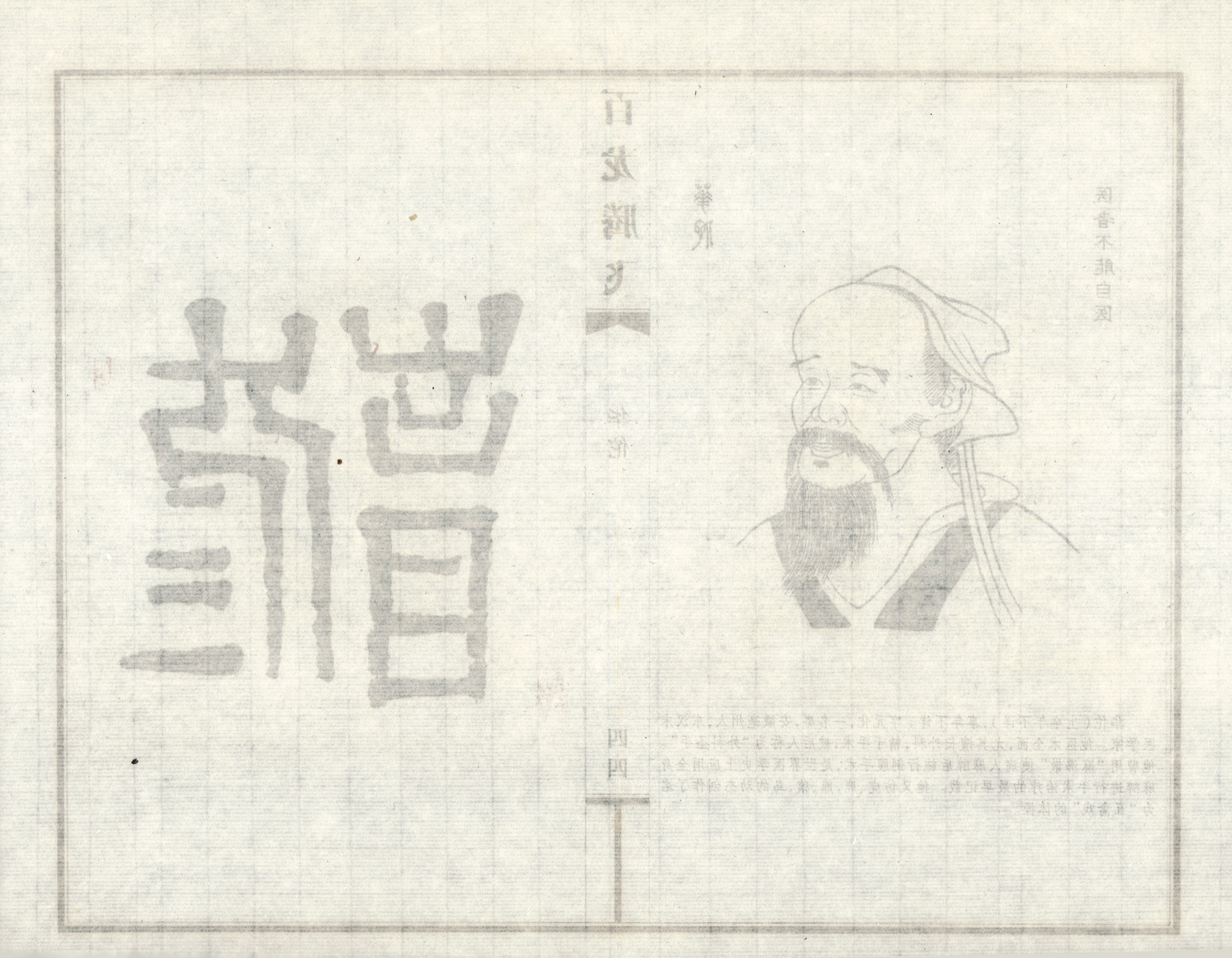

勤求古训　博采众方

张仲景

张仲景

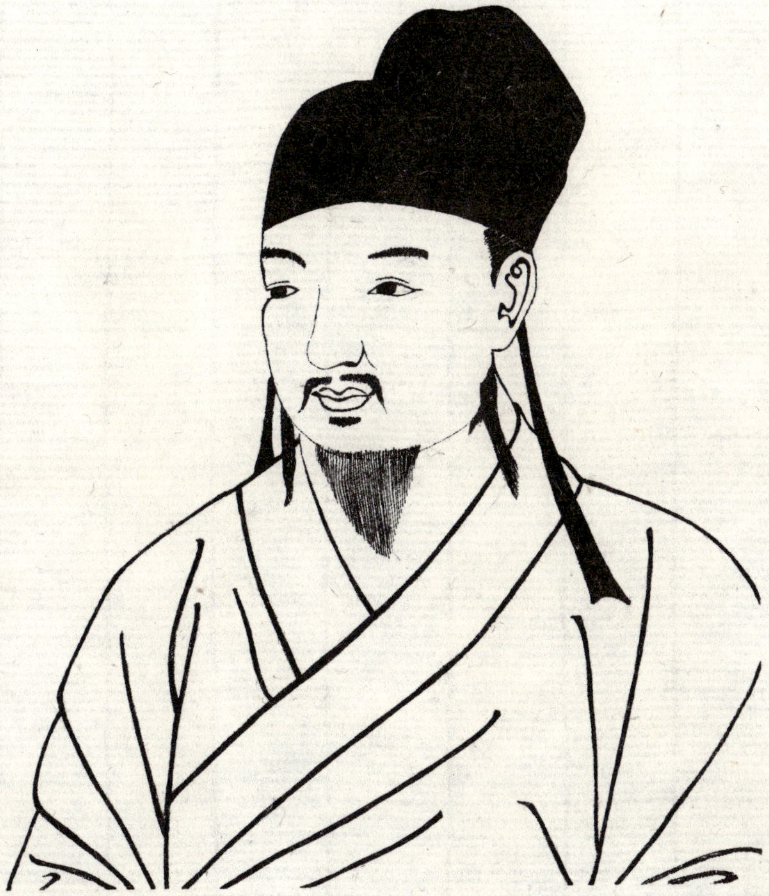

张仲景（生卒年不详），享年不详。别名张机，河南南阳人。东汉末年著名医学家，被称为医圣。张仲景广泛收集医方，写出了传世巨著《伤寒杂病论》。他确立的辨证论治原则，是中医临床的基本原则，是中医的灵魂所在；他确立的六经辨证治疗原则，受到历代医学家的推崇。

四五

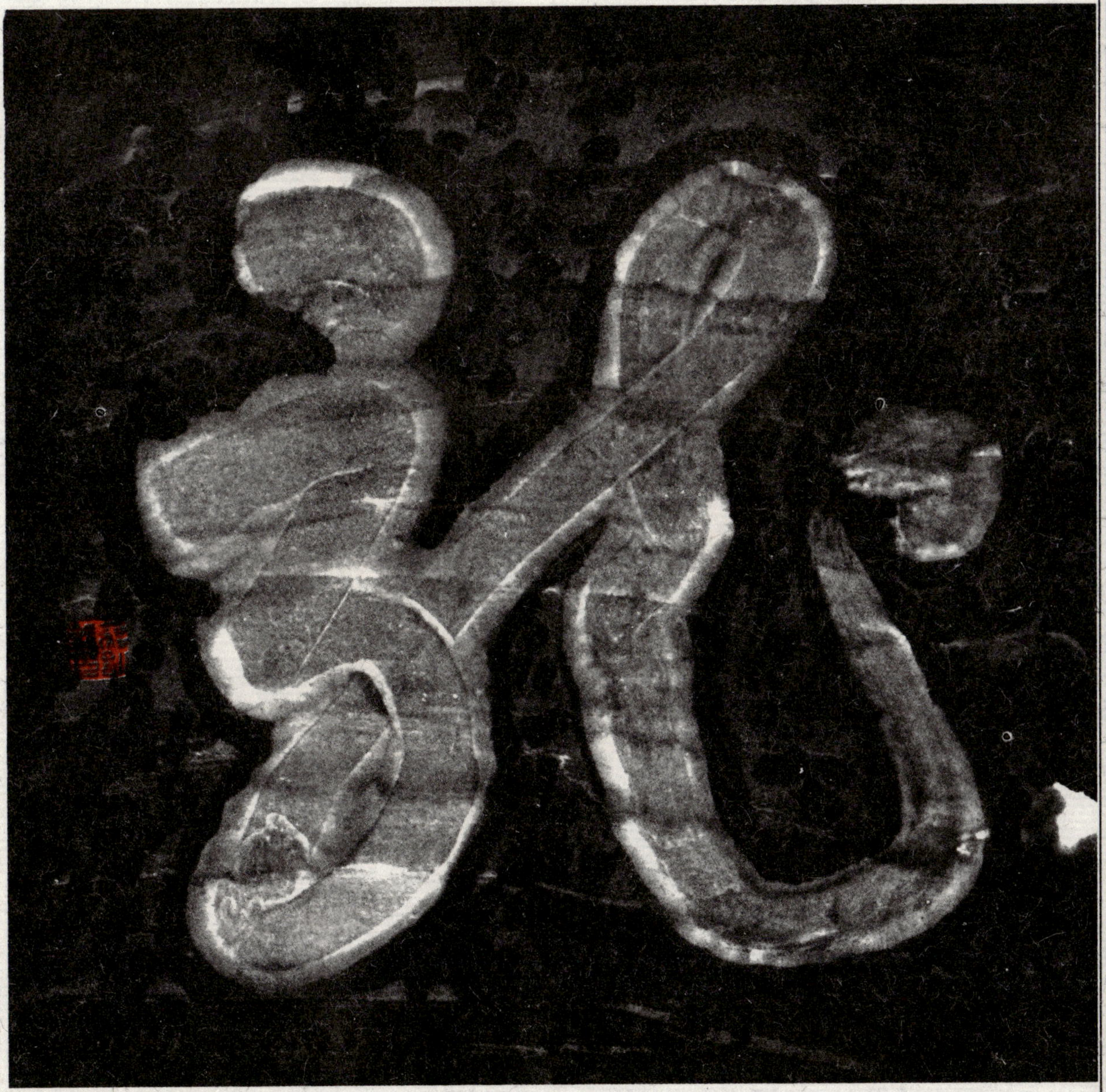

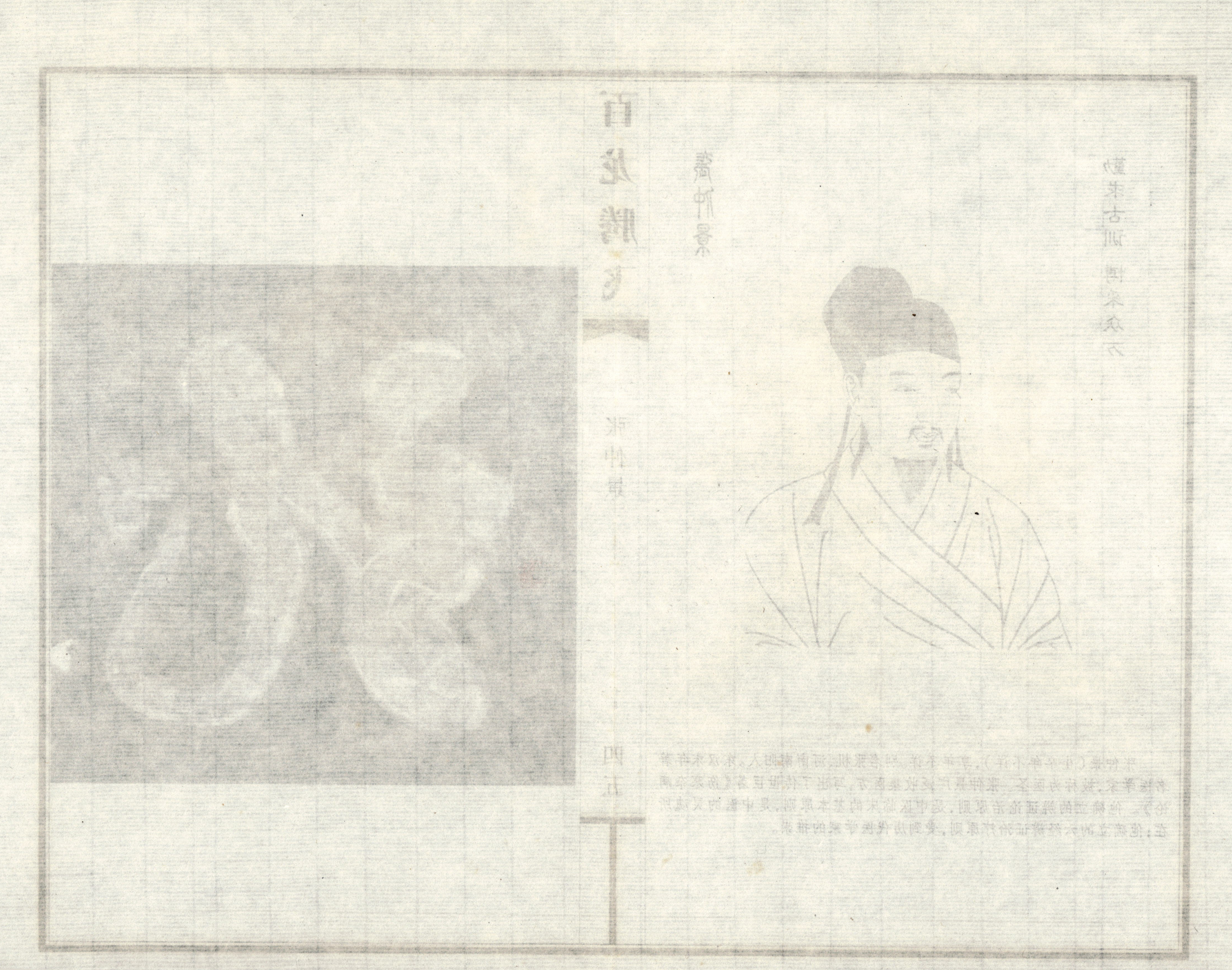

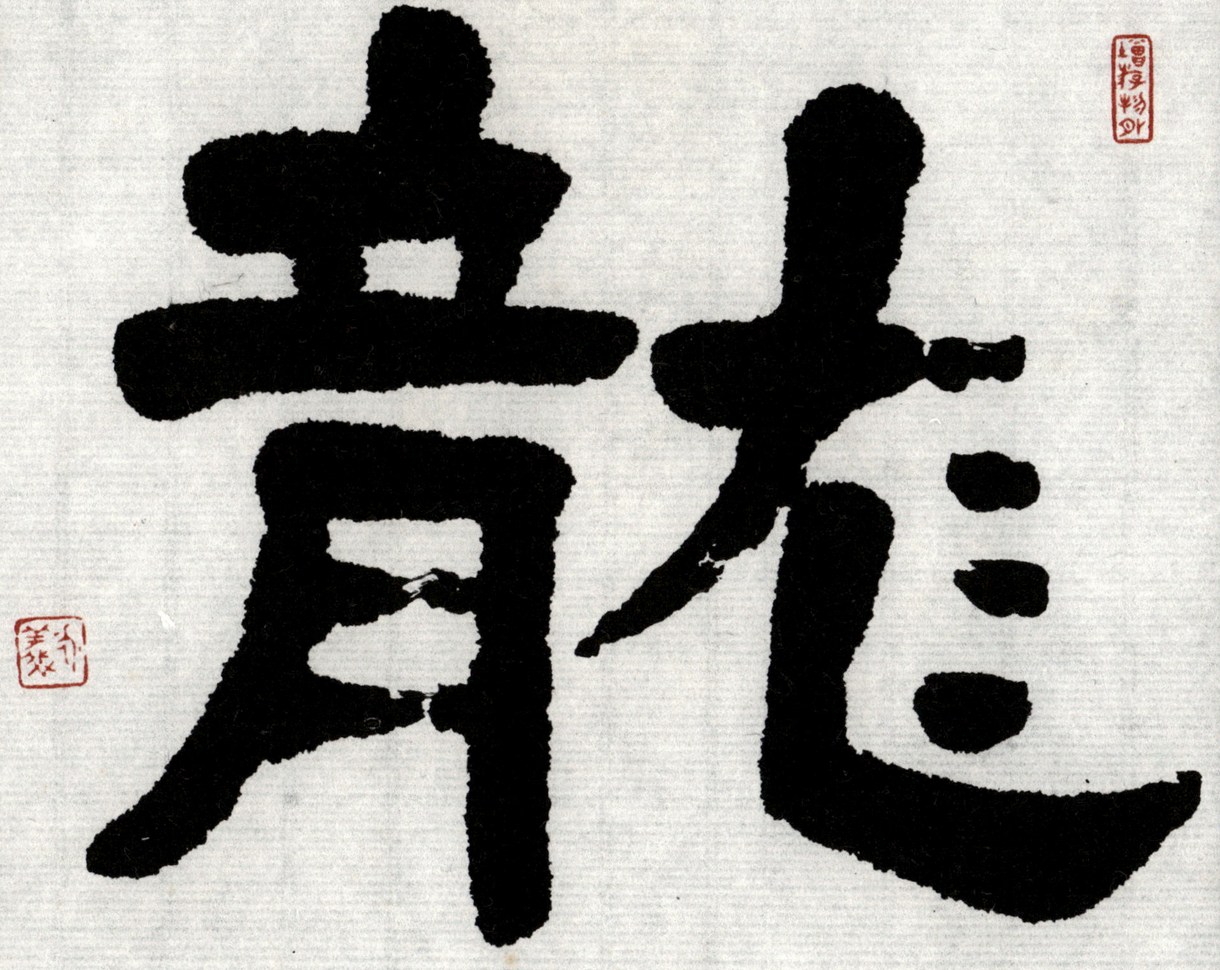

笔迹者 界也 流美者 人也

钟繇

钟繇

龍

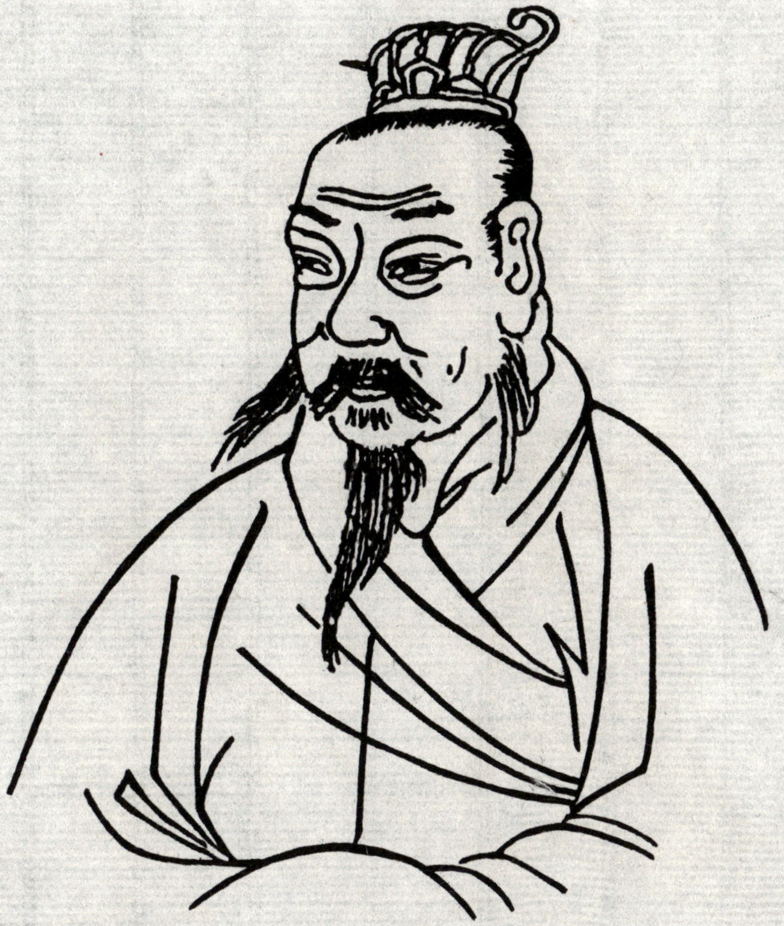

钟繇（公元151～230年），享年七十九岁。字元常。河南长葛人，三国时期曹魏著名书法家、政治家。据传是楷书（小楷）的创始人，与晋代书法家王羲之并称为"钟王"。留有书法作品《宣示表》、《荐季直表》、《贺捷表》等。

四六

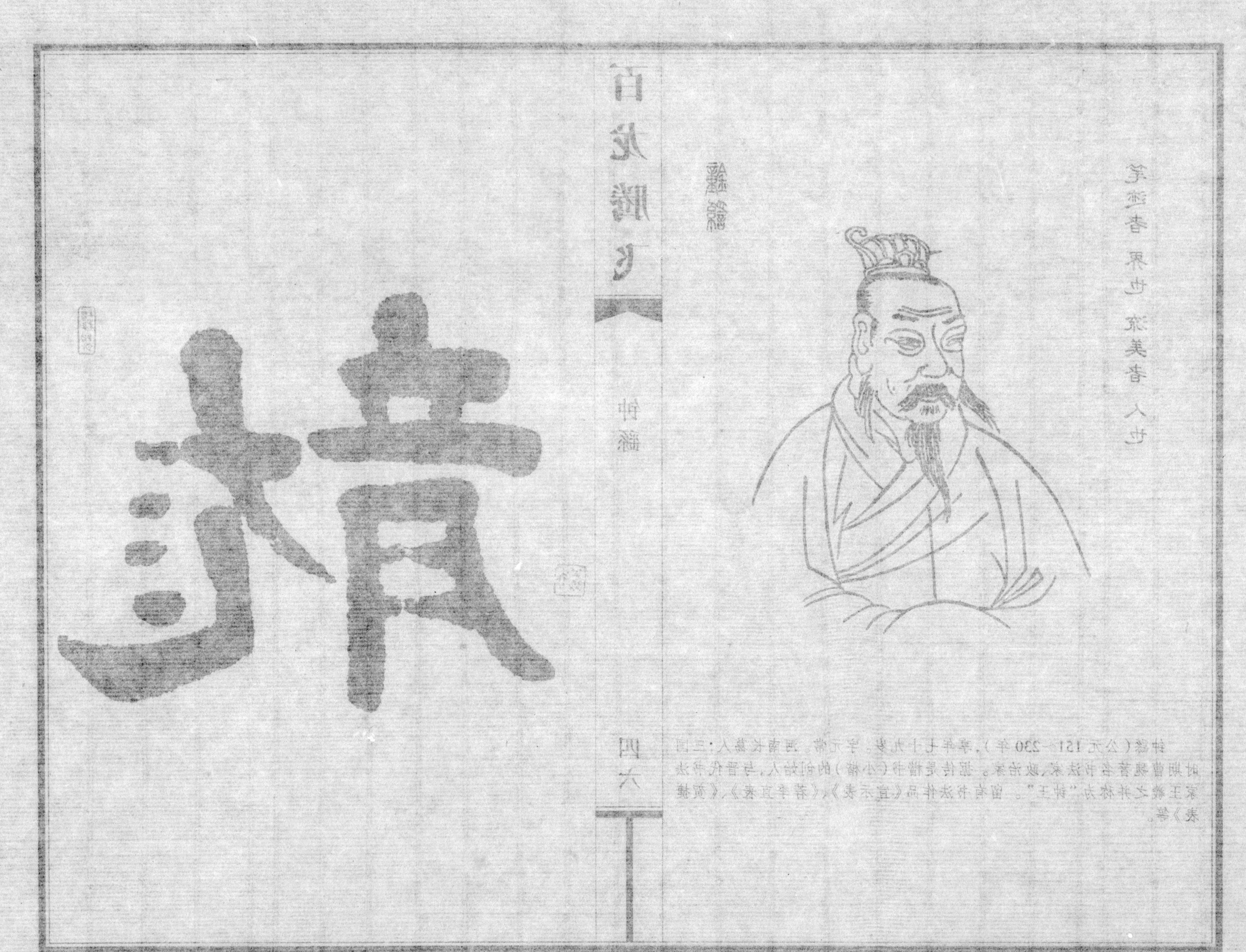

钟繇

钟繇（公元151～230年），字元常，颍川长社人（三国）。三国魏著名书法家，被传为楷书（小楷）的创始人，与晋代书法家王羲之并称为"钟王"。他的主要传世作品《宣示表》《荐季直表》《贺捷表》《力命表》等。

百龙腾飞

诸葛亮

鞠躬尽瘁 死而后已

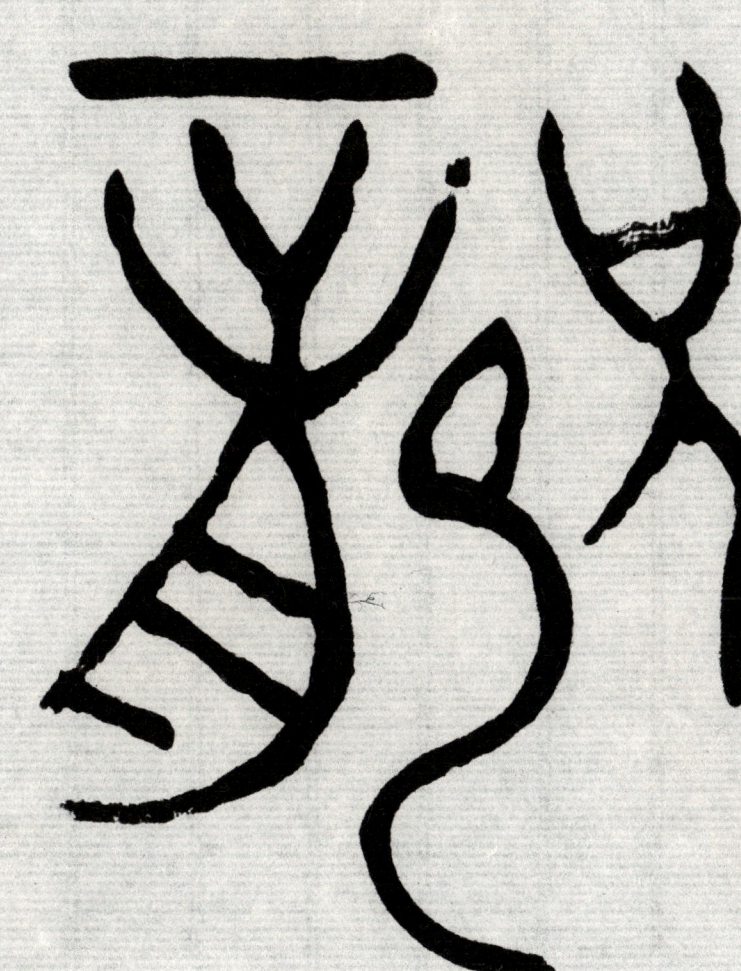

诸葛亮（公元181～234年），享年五十三岁。字孔明，号卧龙（也作伏龙），山东临沂人，三国时期蜀汉丞相，杰出的政治家、军事家、发明家、文学家。在世时被封为武乡侯，死后追谥忠武侯。诸葛亮为匡扶蜀汉政权，呕心沥血，鞠躬尽瘁，死而后已。其代表作有《前出师表》等，曾发明木牛流马、孔明灯等。

四七

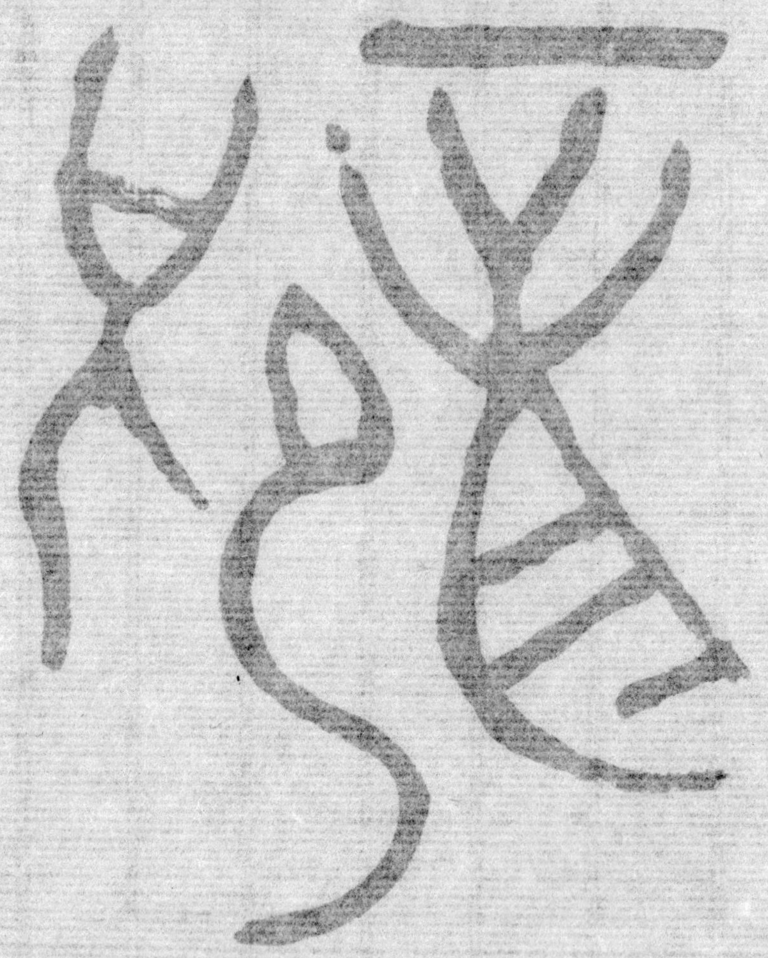

百子全书【诸葛亮】

诸葛亮像

诸葛亮（公元181～234年），字孔明，号卧龙（也作伏龙），山东琅邪人，三国时期蜀汉政治家、杰出的军事家、散文家、发明家、文学家。在世时被封为武乡侯，死后追谥忠武侯，后世常以武侯尊称诸葛亮。其代表作有《前出师表》等，曾发明木牛流马、孔明灯等。

四十子

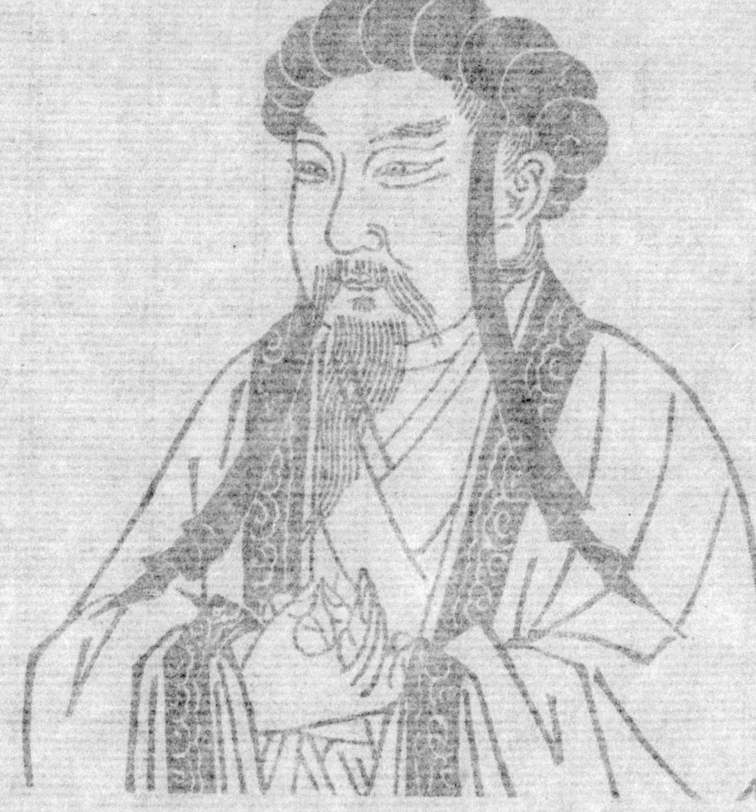

百龙腾飞

关羽

玉可碎不可改其质　竹可焚不可毁其节

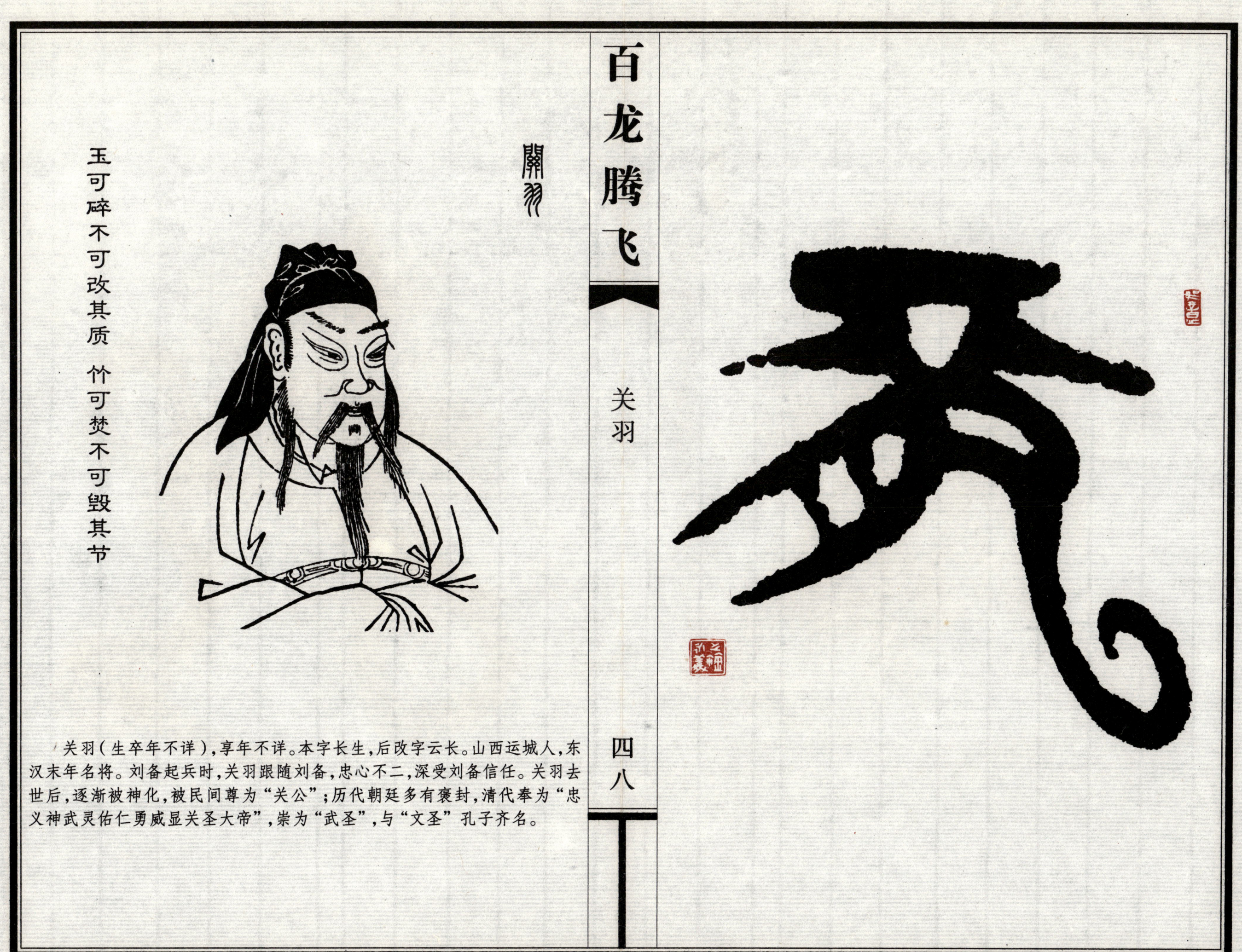

关羽（生卒年不详），享年不详。本字长生，后改字云长。山西运城人，东汉末年名将。刘备起兵时，关羽跟随刘备，忠心不二，深受刘备信任。关羽去世后，逐渐被神化，被民间尊为"关公"；历代朝廷多有褒封，清代奉为"忠义神武灵佑仁勇威显关圣大帝"，崇为"武圣"，与"文圣"孔子齐名。

四八

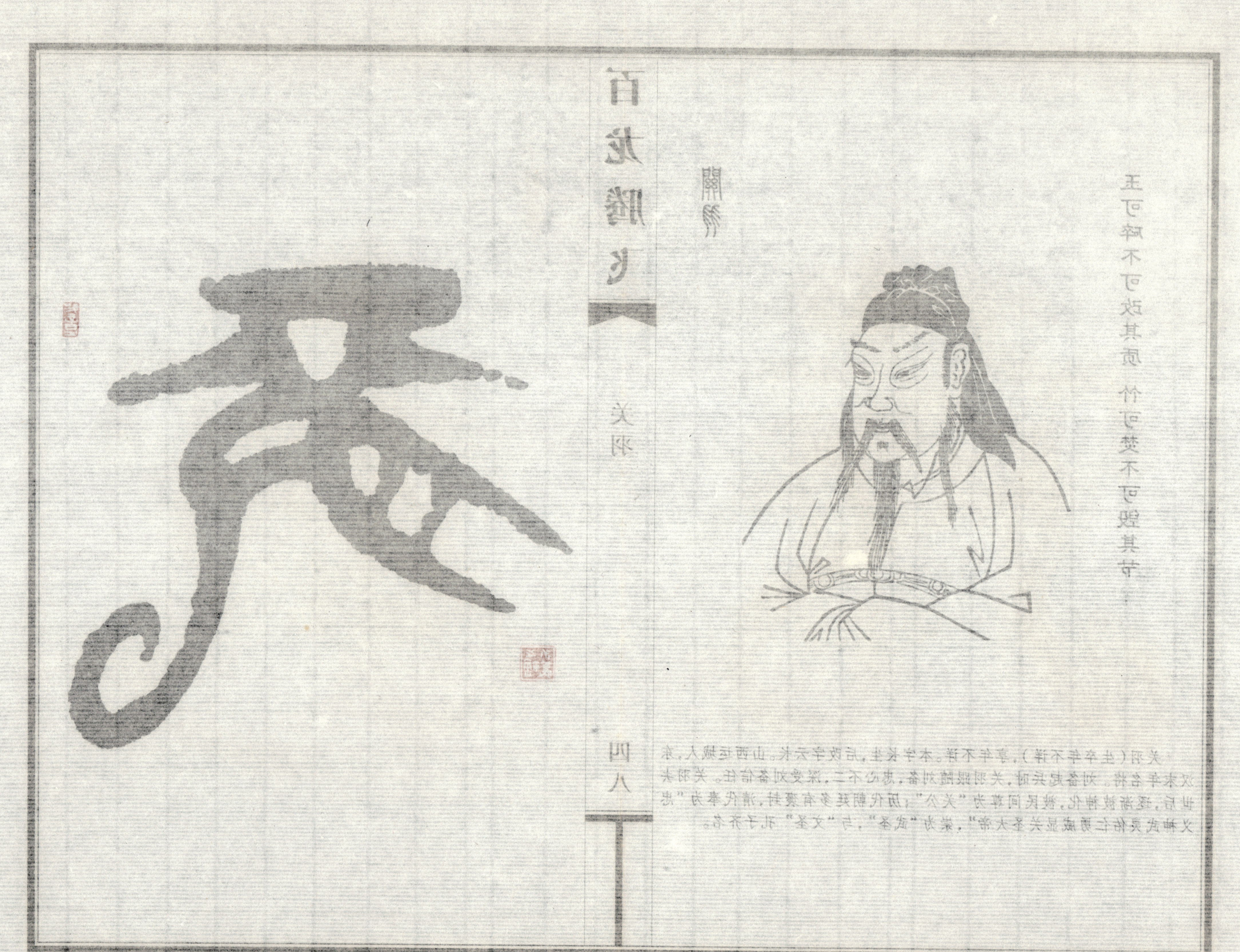

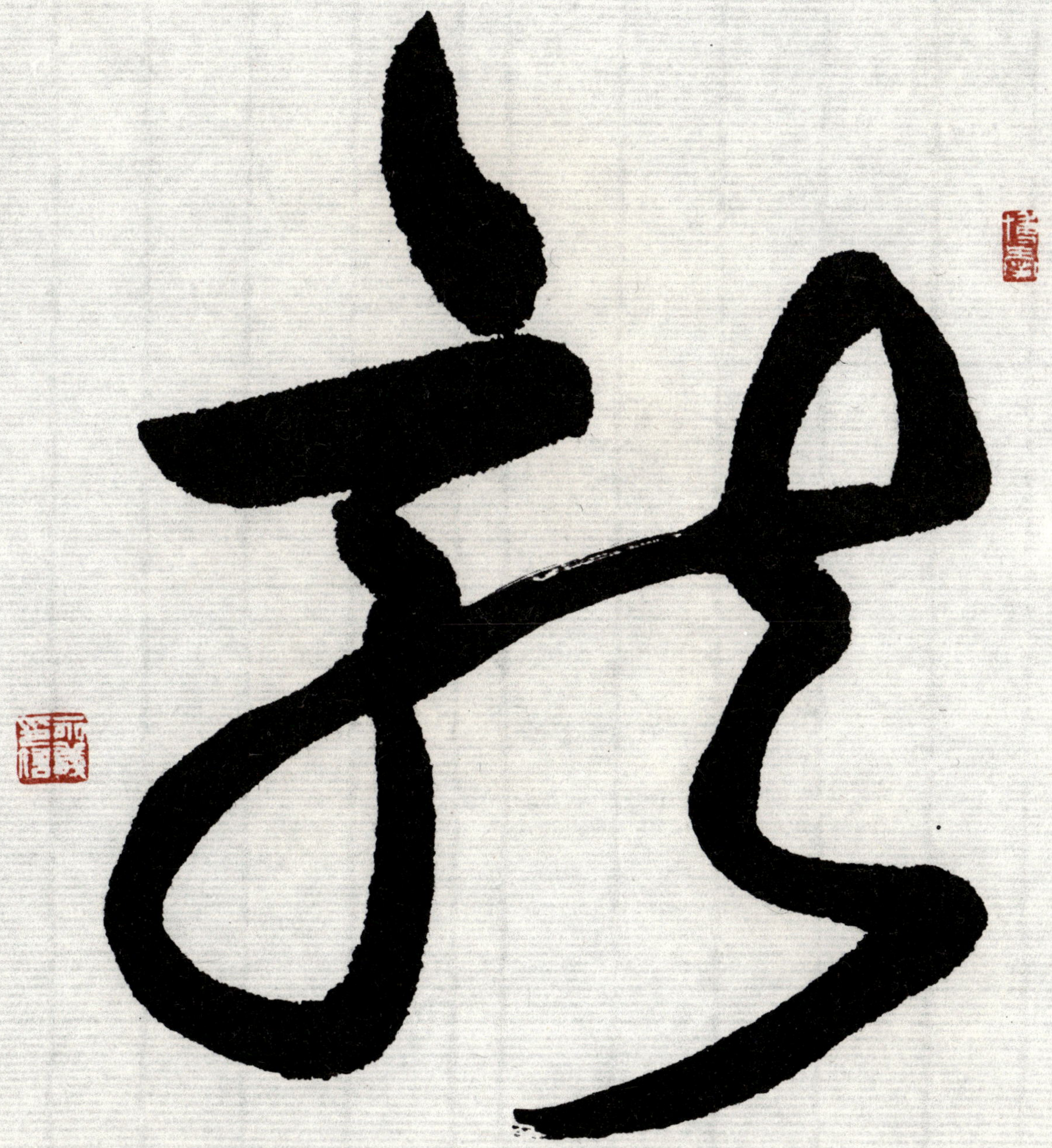

王羲之

知足一生得自在 静观万类无人为

王羲之

龙

四九

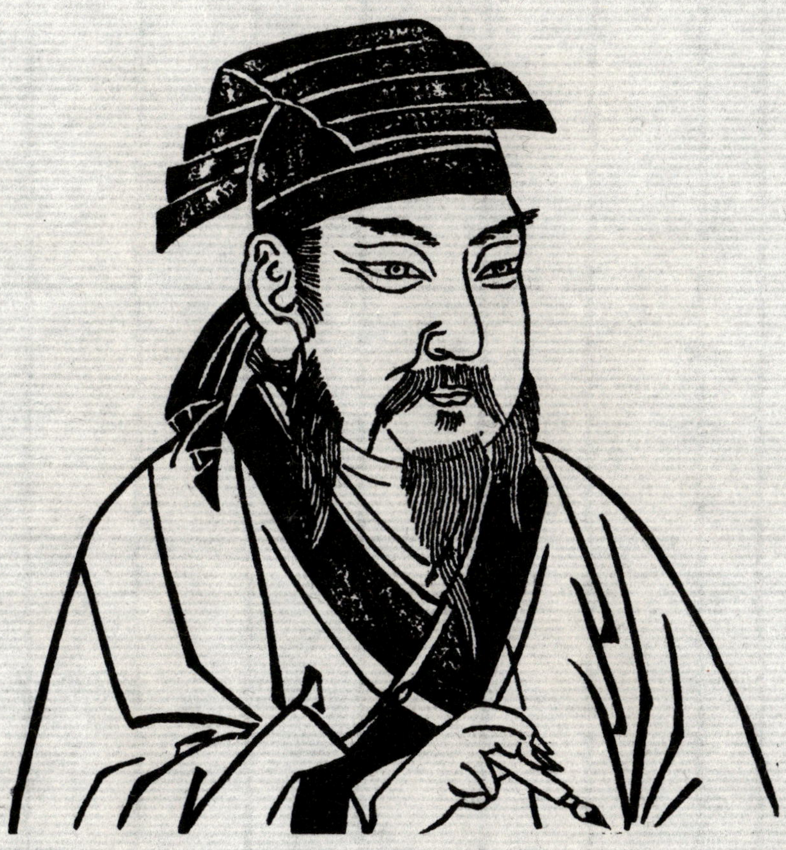

王羲之(公元 303~361 年），享年五十八岁。字逸少,号澹斋。浙江绍兴(祖籍琅琊)人,晚年隐居会稽下辖剡县金庭。东晋著名书法家,有"书圣"之称。他博采众长,精研体势,一变汉魏以来波挑用笔,独创圆转流利之风格,隶、草、正、行各体皆精。其作品真迹无存,传世者均为临摹本。存有书法作品《兰亭集序》等。

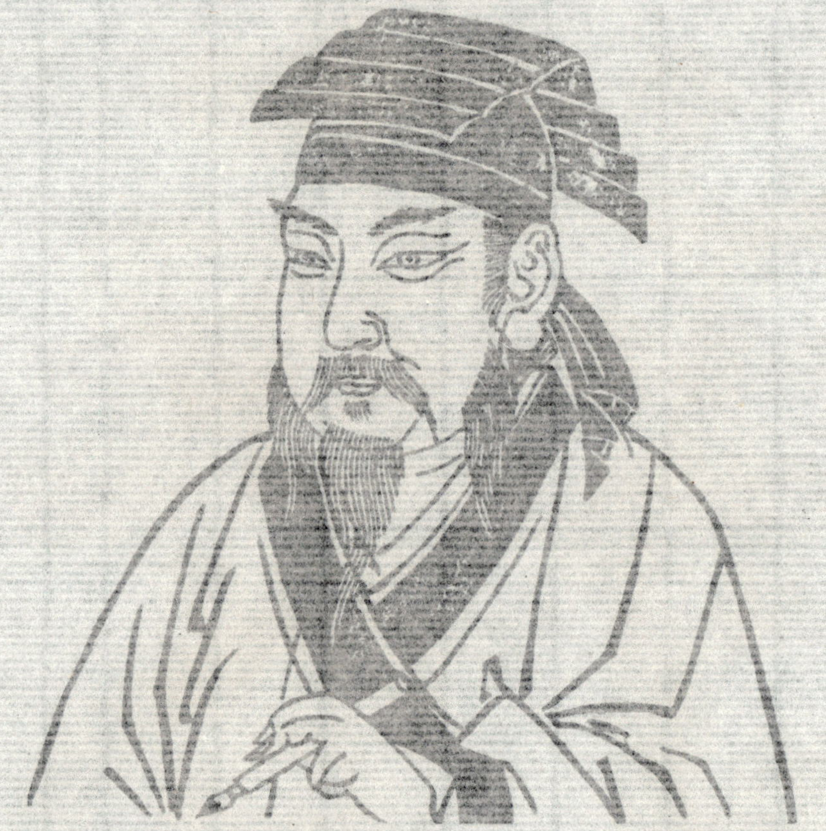

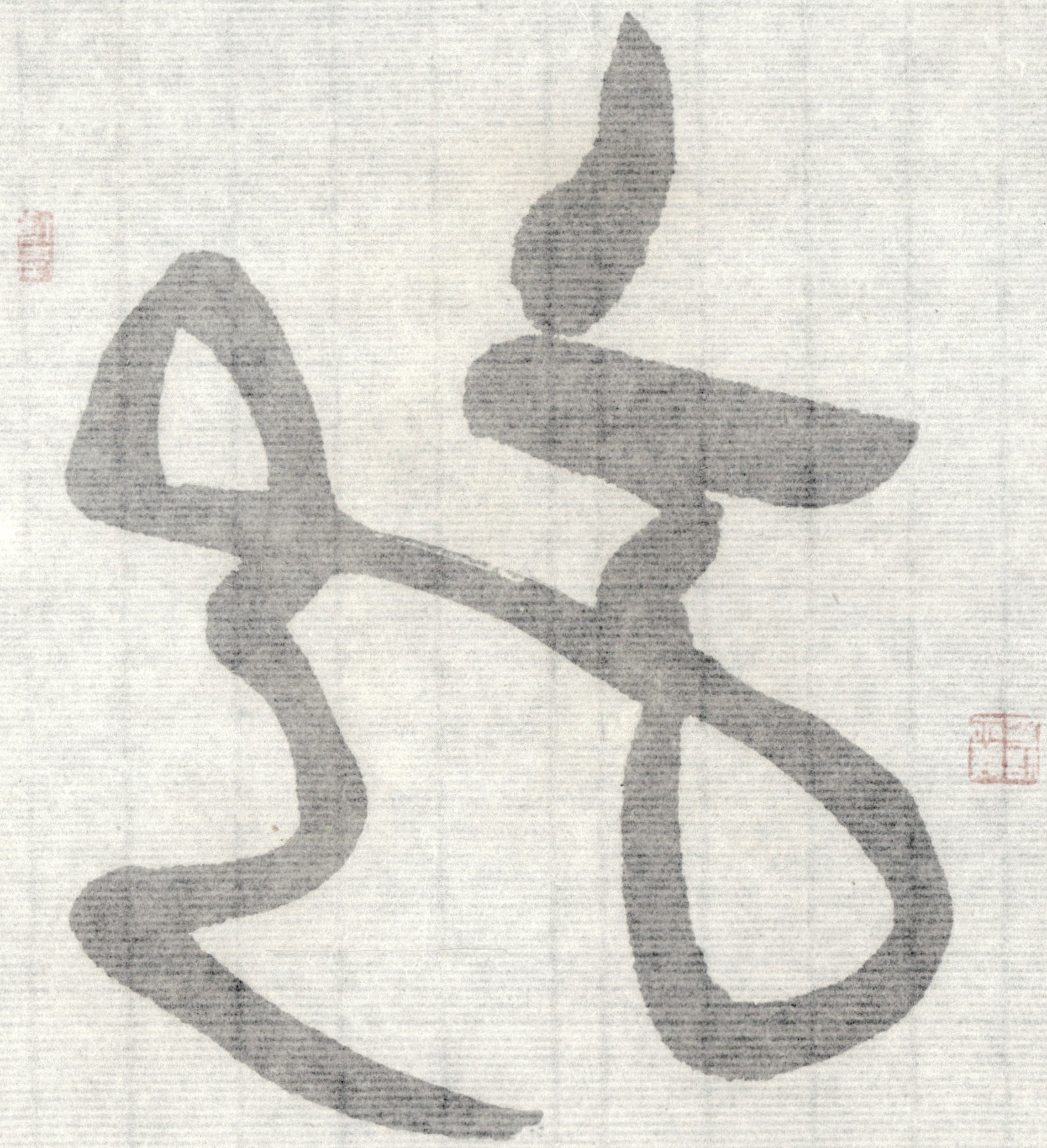

陶潜

奇文共欣赏 疑义相与析

陶潜

龍

五〇

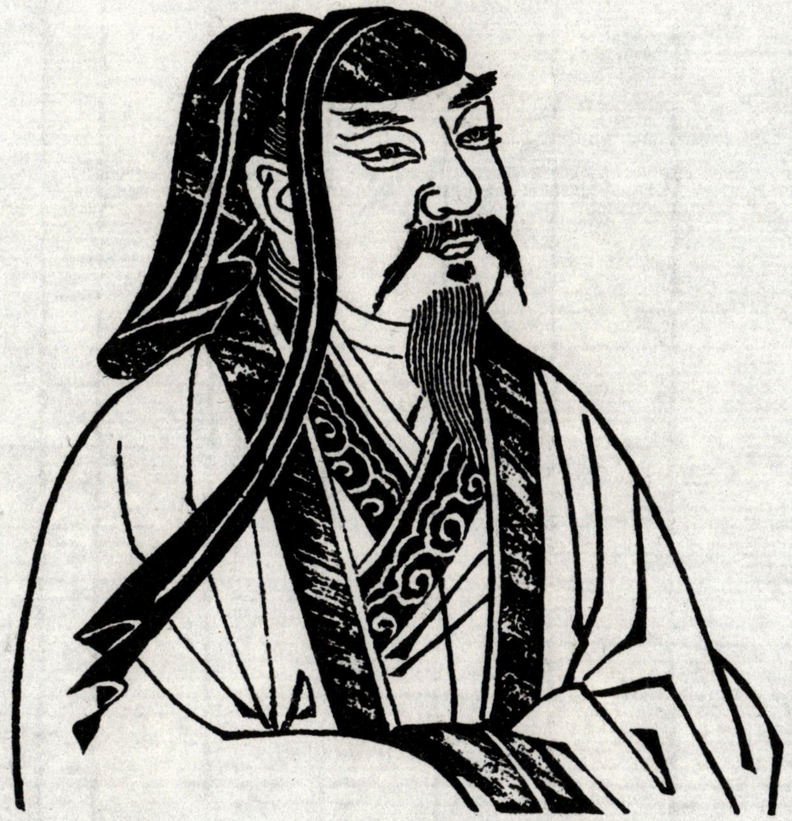

陶潜（公元 365～427 年），享年六十二岁。一名渊明，字元亮，号五柳先生，世称靖节先生，入刘宋后改名潜。江西九江人，东晋末期南朝宋初期诗人、文学家、辞赋家、散文家。曾做过几年小官，后辞官回家，从此隐居。田园生活是陶渊明诗的主要题材，相关作品有《桃花源记》等。

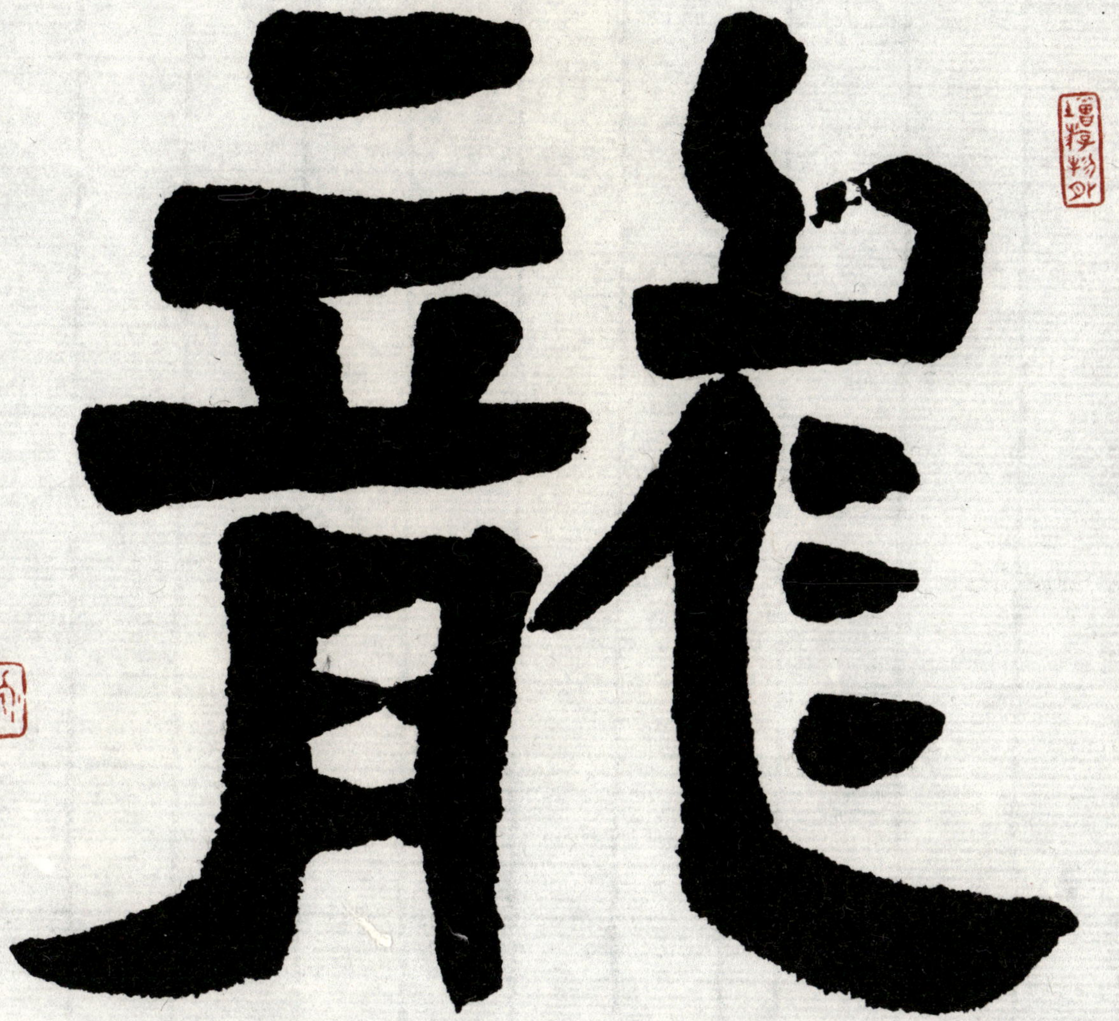

奇文共欣赏　疑义相与析

百年经典

名人字画

陶潜

靖

陶潜（公元365—427年），字元亮，一名渊明，字元亮，号正节先生，世称靖节先生，入仕不得志故去。江西九江人，东晋末期南朝宋初期诗人、文学家、辞赋家、散文家。曾做过几年小官，后辞官回家，从此隐居。田园生活是陶渊明诗的主要题材，相关作品主要还有《桃花源记》等。

二〇

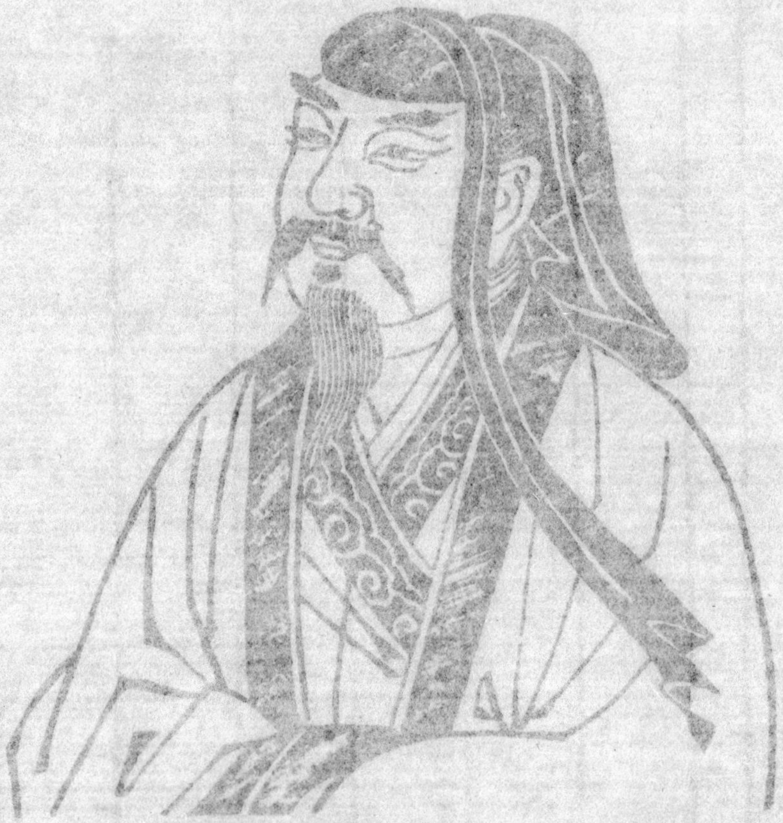

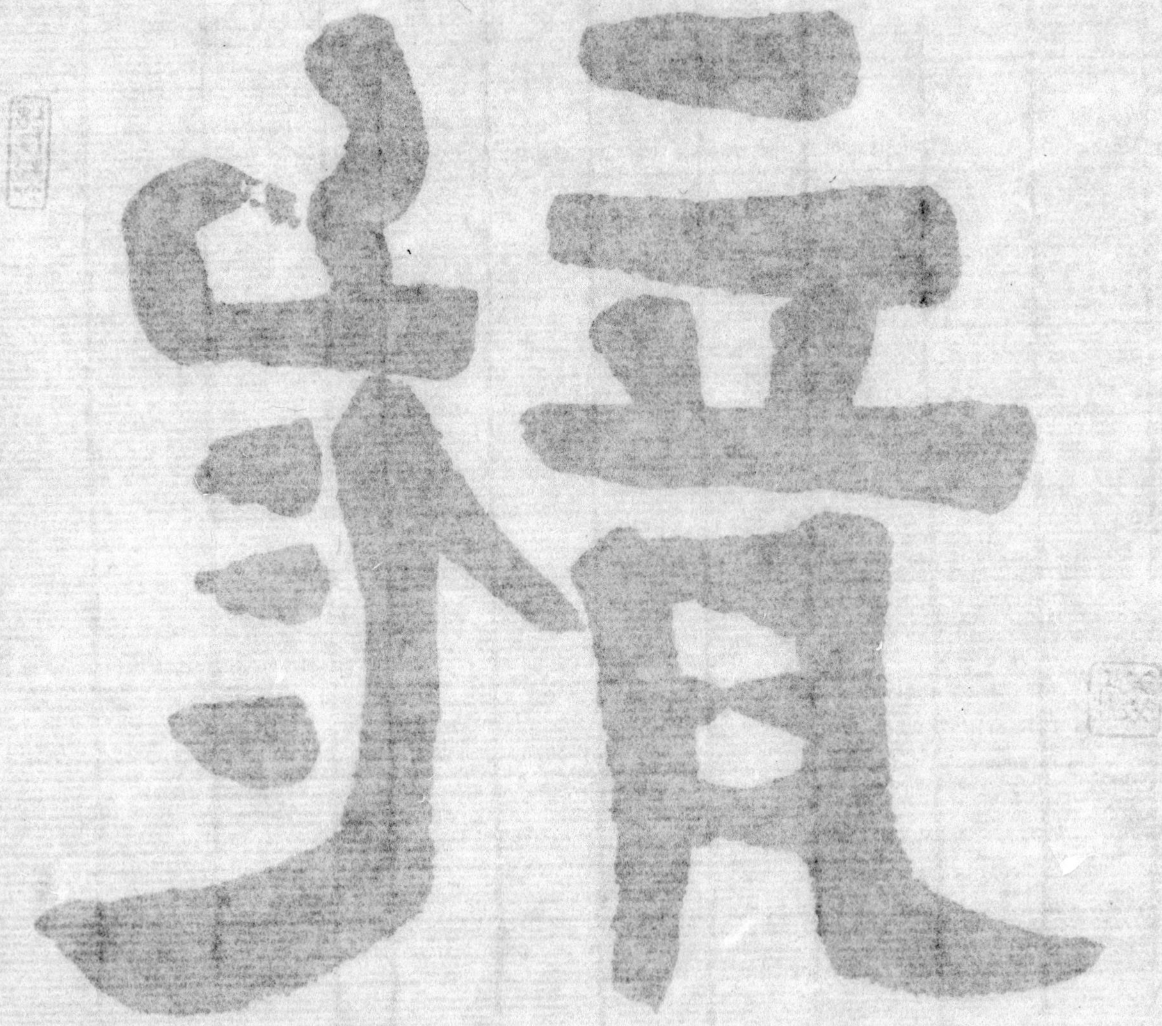

祖冲之

迟序之数 非出神怪 有形可检 有数可推

祖衍业

龍

五一

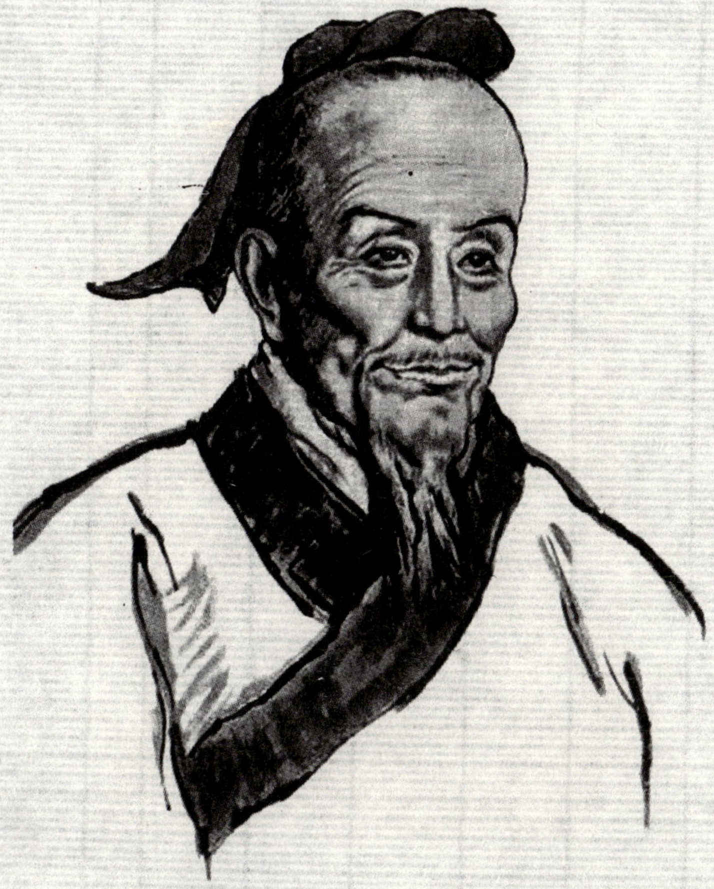

祖冲之（公元 429～500 年），享年七十一岁。字文远。河北涞水人，南北朝杰出的数学家、天文学家、文学家、地质学家、地理学家和科学家。在世界数学史上，祖冲之第一次将圆周率（π）值计算到小数点后六位，比欧洲早一千多年，所以有人主张叫它"祖率"，也就是圆周率的祖先。

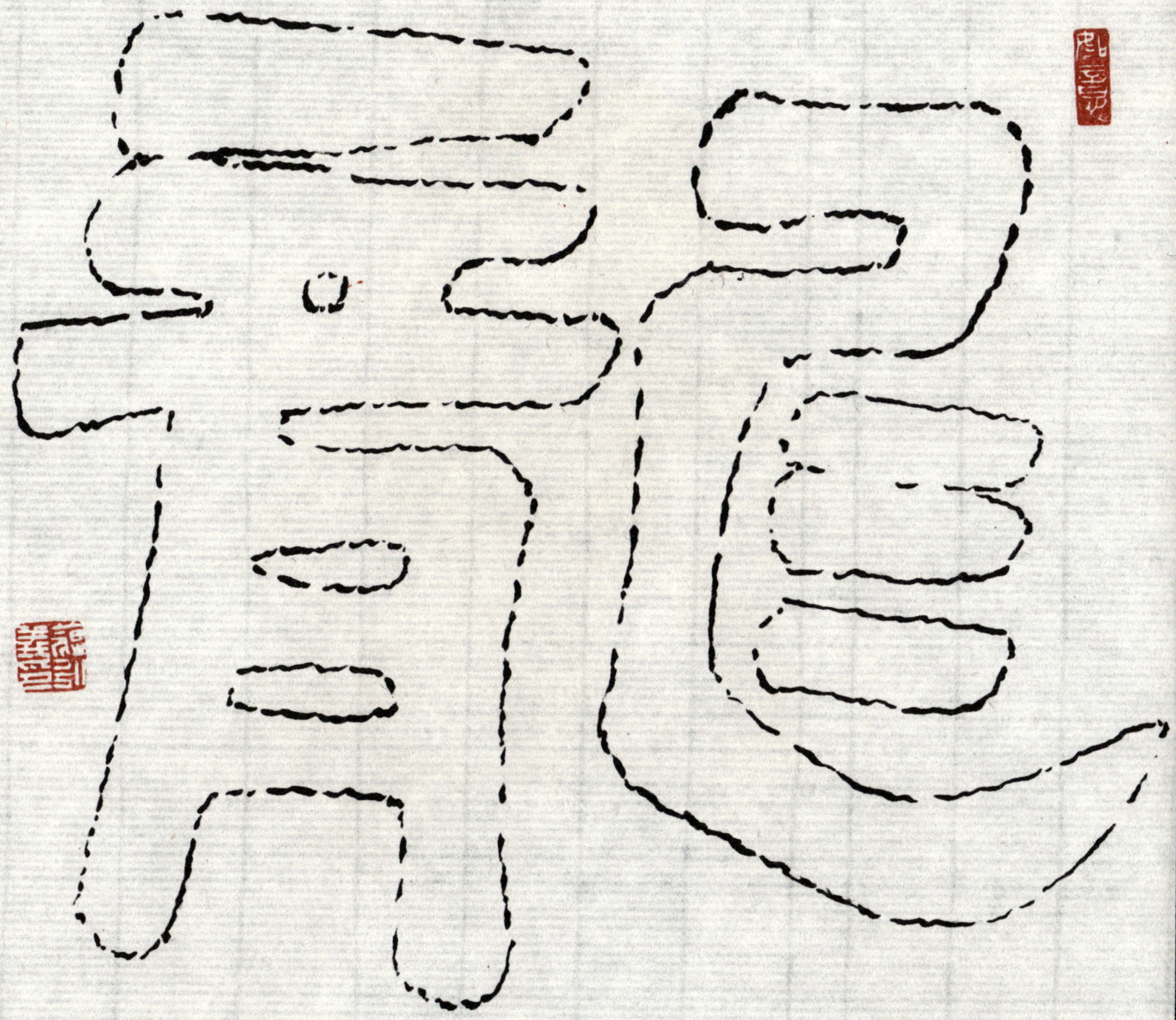

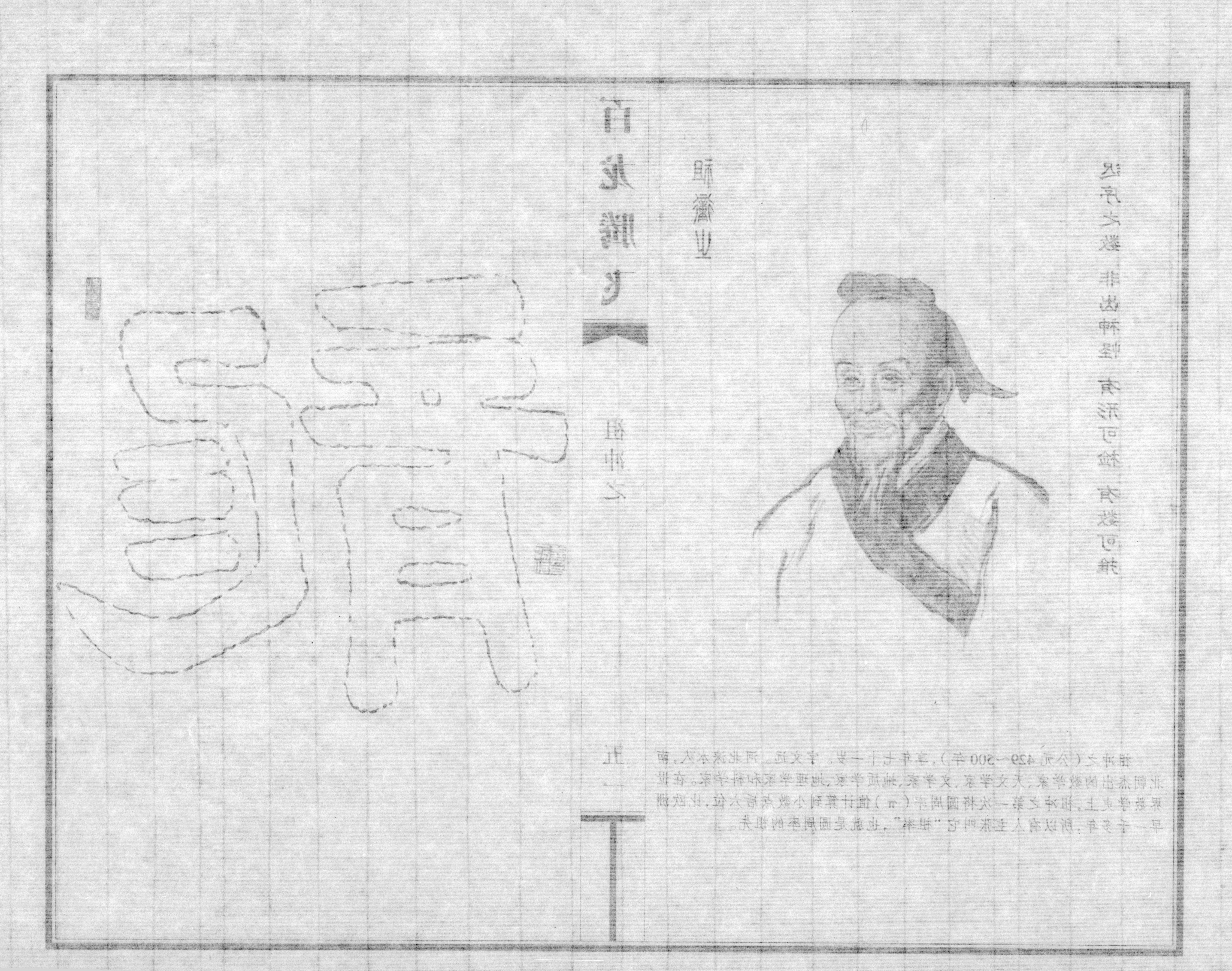

祖冲之

祖冲之像

我国古代杰出的科学家

祖冲之（公元429～500年），字文远，河北涞水人，是我国南北朝时期杰出的数学家、文学家、地理学家、天文学家。他第一次把圆周率（π）推算到小数点后第七位，比欧洲早一千多年，因此有人把圆周率叫做"祖率"，也就是圆周率的意思。

五

百龙腾飞

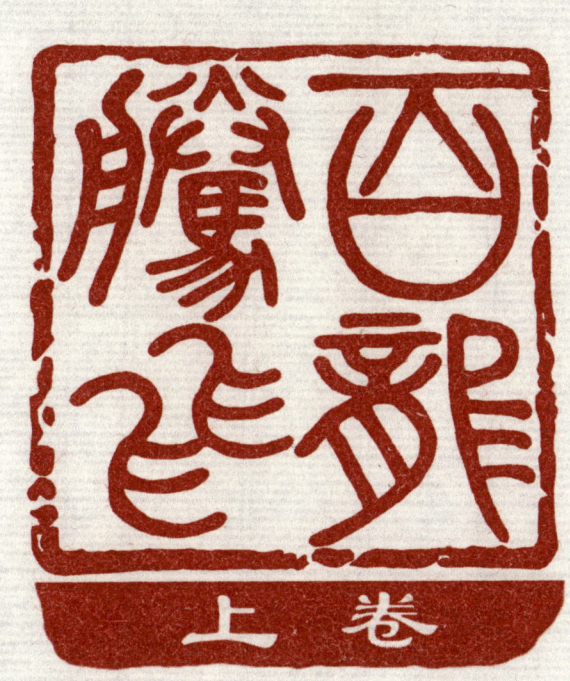

上卷